U0074645

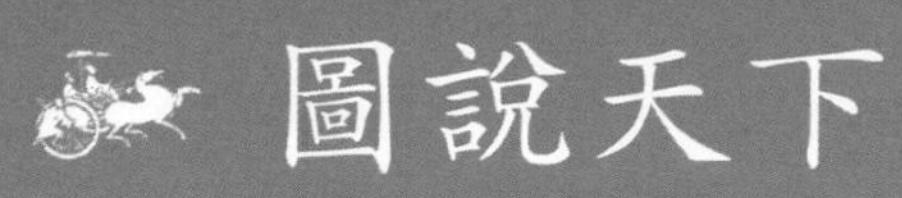

中國大歷史

◎主編 童超

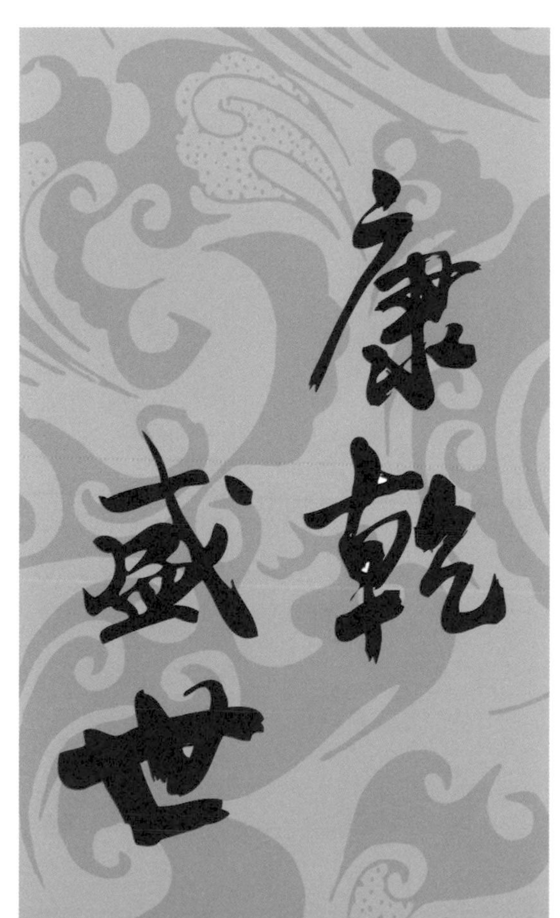

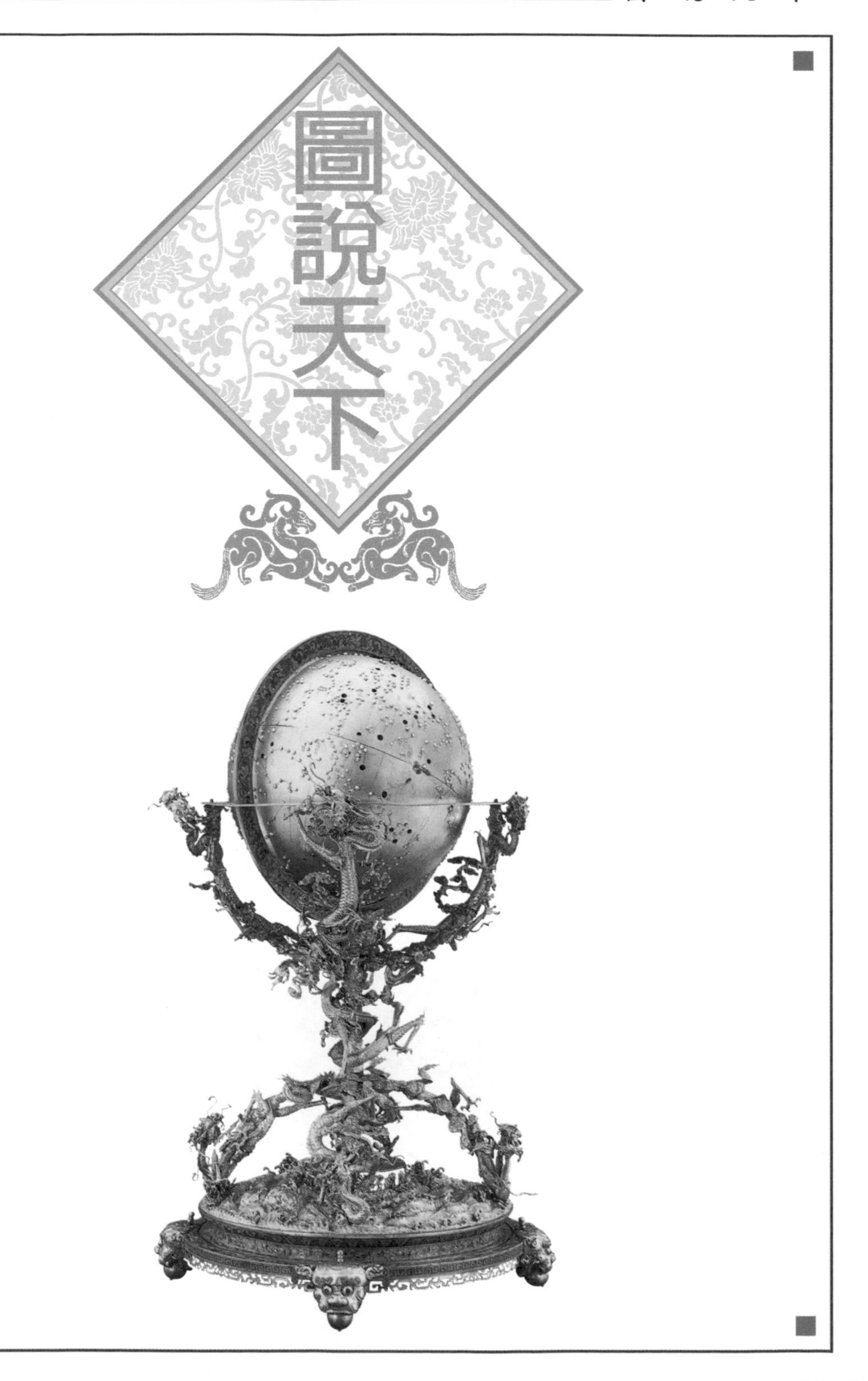
圖說天下

五千年的中國歷史，治亂交替，興衰更迭。其間不乏開國治世、朝代中興，但稱得上「盛世」的時期並不多。在多數人的心目中，繼漢武帝、唐太宗創下盛世之後，可媲美者唯有清朝的康、雍、乾時期，史稱「康乾盛世」。

然而，同為「盛世」，康乾盛世卻不似漢唐盛世一般不容置疑。談到「康乾盛世」，有人說「獨步千秋、震古爍今」，認為康乾盛世是中國古代社會發展的巔峰，君權、政局、經濟、人口、國力等，都達到鼎盛，所謂「天朝上國」，並非徒具虛名。

也有人認為「迴光返照、落日餘暉」，認為康乾盛世是大清帝國最後一段輝煌時光，雖然將中國社會帶到頂點，卻盛極而衰，僅僅幾十年後就使中國陷入了最貧弱、最屈辱的晚清時期。

還有人說「粉飾太平、百年泡影」，認為康乾盛世根本就是虛妄的幻景、歷史的謊言，在華美外衣的遮蓋下，遍體充斥著制度的腐朽、官場的黑暗、文化的凋零、思想的愚昧、科技的停滯；民族危機其實早已潛伏其中。

近百年來，「盛世說」、「衰世說」以至「危世說」爭鳴不休。康雍乾時期具備一個盛世應有的版圖統一、民族團結、權力集中、政權穩固、社會安定、人口成長、農業發達等重要特徵；更重要的是，它持續了一百三十餘年的時間，這比起漢唐盛世三、五十年的短暫繁榮愈加難能可貴。然而，康雍乾時期所承載的制度已是窮途末路；尤其是當西方文明正以全新的路徑迅速崛起時，這種落後、封閉狀態下的盛世，必然相形見絀。

輝煌與黯淡、繁盛與危機、凱歌與悲劇、清明與敗壞……，這些看似矛盾、衝突的元素匯聚在那個時代，使後人觀之時而豪邁，時而沉鬱，時而欣喜，時而慨歎。也正是這樣一個千姿百態的盛世，才為今天的我們，提供如此豐富、如此多面的感悟。

康乾盛世

目次

乾隆甲戌脂硯齋重評石頭記

少年天子登基

被譽為「千古一帝」的康熙，是中國歷史上一位亙古少見的英明君主，也是一位幼年登基而有所作為的皇帝。他八歲即位、十四歲親政，自幼聰敏好學，懷有遠大的理想抱負。面對危機重重的國內、外局勢和複雜微妙的朝政，少年康熙沉著應對、積蓄力量，在祖母孝莊太后的扶持協助下，平順度過即位之初的艱難歲月。

八歲登基

康熙玄燁生於順治十一年（一六五四年）三月。當時天花流行，皇帝、后妃以及阿哥們爲了躲避天花，經常出宮「避痘」。因此，玄燁生下來不久，就由奶媽抱出宮外，在紫禁城西華門外的一處府第（即今北京的福佑寺）中哺養。但是，玄燁在兩歲時仍染上天花。慶幸的是，他平安度過了這一劫，並擁有天花的終身免疫力。而這竟成了他登上帝位的關鍵性因素。

順治十八年（一六六一年）正月，順治病重。年僅二十四歲、正值盛年的他並沒有考慮過立嗣之事，清廷只好倉促決定此事。

當時，順治的皇長子已經夭折，最有希望繼承皇位的是皇二子福全與皇三子玄燁。福全是順治生前最中意的繼承人選。而且福全在皇子之中最年長，依照「長子繼位」的慣例，福全繼位的希望很大。然而，順治的母親孝莊太后不同意，主張由佟佳氏所生的皇三子玄燁繼位。順治猶豫不決，就派人徵詢他素來敬重的外國傳教士湯若望（Johann Adam Schall von Bell，一五九一至一六六六年）的意見。湯若望認爲，玄燁已出過天花，具有終生的免疫力，是繼位的理想人選。順治深以爲然，於是當機立斷，下詔立皇三子玄燁爲皇太子，繼承帝位；命索尼、蘇克薩哈、遏必隆和鰲拜四位重臣輔政。

順治十八年（一六六一年）正月初七，二十四歲的順治福臨病逝於養心殿，把大清江山和治國的重責大任留給了年僅八歲的皇三子玄燁。正月初九，玄燁正式即帝位，改年號爲康熙，從此，清朝歷史進入了一個以康熙爲首的偉大時代。

危機重重

當時，少年康熙面臨了危機重重、內外憂患的局勢，無論是在國外或國內，都潛伏著不少一觸即發的衝突，爲清廷帶來了嚴峻的挑戰。

在國外，位居中國西北邊陲的俄國迅速崛起，野心勃勃地向亞洲擴張。早在清兵入關之前，俄國的侵略勢力便開始覬覦中華領土，數次越過烏拉爾山，洗劫黑龍江沿岸的少數民族地區，並建立軍事據點，企圖擴大侵略。而歐洲的西班牙、葡萄牙、荷蘭等早期殖民主義國家亦開始侵入東方，在明朝中後期佔領了澳門、臺灣等地，在清初更不斷騷擾東南沿海地區。英、法、義等國憑藉工業革命而有所發展，也以通商貿易、傳教等手段，試圖滲透至中國。

在國內，以張獻忠爲首的流寇殘部仍然盤踞在四川、湖北等地，繼續爲亂。以明末將領鄭成功爲首的一支部隊活躍在東南沿海一帶，後來佔據臺灣。最嚴重的問題是，清朝爲了對抗流寇和南明勢力，重用了一批明朝降將，致使吳三桂、尚可喜、耿精忠等三藩勢力擴大，控制了雲貴、兩廣、福建等大片地區，嚴重威脅中央政權。此外，經過數十年的戰爭破壞，全國農業生產受創甚深，田地荒蕪，餓殍遍野，經濟蕭條，人口銳減。清初推行的一系列嚴苛政策，如圈地、薙髮等，不僅使百姓民不聊生，也使社會衝突日益加深。

不僅如此，朝中局勢也不樂觀，守舊勢力橫行，幼主君權受限。一連串危機正考驗著年少的康熙，而他能做的只有勤奮學習，蓄積實力。

康熙玄燁自幼聰慧好學，受過有系統的教育。他從五歲開始讀書，「好學不倦」，每每讀書至深夜。史

天壇祈年殿

每年正月上辛日，清朝皇帝要到此舉行祈穀禮，祈求上天保佑五穀豐登。

天花「惡魔」

天花在中醫上稱為「痘」或「痘瘡」，是一種惡性傳染病。在清朝，不但普通老百姓死於天花的人數十分驚人，連深宮中也一直籠罩在天花的陰影下。當時人們對天花的畏懼程度絕不亞於現在的愛滋病。而順治似乎對天花格外恐懼。順治生了八位皇子，其中因得天花夭折的就有四位。為了預防傳染天花，他曾躲在深宮裡不敢上朝，曾連續六年不敢接見千里迢迢遠來朝見的蒙古王公，甚至曾出宮躲避天花，稱作「避痘」。而更戲劇化的是，雖然順治一生都在設法避免得到天花，但最終仍無法逃脫魔掌，年僅二十四歲就被天花奪去年輕的生命。

書上記載他舉凡「帝王政治，聖賢心學，六經要旨，無不融會貫通」，這都得益於他日積月累的刻苦學習。除了學習文化知識，少年康熙還接受了嚴格的軍事訓練，練就了一身騎射的好功夫。盛年的康熙能挽弓十五鈞，發十三把箭，左右開弓，無不中的。

此外，滿、蒙、漢三種血統的混合（康熙的祖母爲蒙古族、母親爲漢族），使康熙得以接納多種不同的文化，爲他日後處理政務和應對局勢累積了豐富的學識經驗。

四大臣輔政

康熙即位之初，孝莊太后曾問他，當了皇帝之後有什麼願望。他回答說：「惟願天下安定，生民樂業，共享太平之福而已。」但當時年幼的康熙尚無能力處理朝政，朝政大權實際上掌握在四大輔臣手中。

這四大輔臣都是功勳卓著的元老重臣，其中，索尼歷仕清太祖努爾哈赤、太宗皇太極、世祖順治、聖祖康熙四朝，資格最老、威望最高，位列首位。蘇克薩哈原屬多爾袞舊部，後來在多爾袞死後因揭發舊主有功，得到順治重用，排名其次；遏必隆出自名門（父親爲開國元勳額亦都，母親爲清太祖的和碩公主），亦有卓越戰功，排名第三；鰲拜雖排名最末，卻也是三朝元老、功勳赫赫，素有「滿洲第一勇士」的美譽。

輔政之初，四位輔臣和衷共濟、群策群力，對政權的鞏固極有助益。在軍事上，繼續追擊南明殘餘勢力和流寇。經濟上，通令全國各地安插流民，鼓勵墾荒，使農業經濟很快出現了「府庫充盈，年穀屢登，人物繁盛」的局面。四大輔臣在政治上也有兩大措失：一是裁撤十三衙門，重建內務府，消除了閹宦亂政的隱患；二是整頓吏治，加強對各級官吏的監督和考核。

然而，大好局面只維持了兩、三年。很快地，他們之間的衝突日趨激烈，彼此間的力量消長也產生明顯變化。索尼年老多病，對朝政的影響力逐漸下降；蘇克薩哈遭到排擠，爵位又在遏必隆和鰲拜之下，雖有心作爲卻實力不濟；遏必隆軟弱怕事，又與鰲拜交情甚好，逐漸依附於鰲拜的勢力下；鰲拜則不斷培植黨羽、排除異己，最終得以掌握實權。

幼主親政

面對四大輔臣權力的轉變，孝莊利用謀略設法讓各種政治力量相互制衡，以穩定局勢。例如，她拉攏四朝元老索尼以制約鰲拜擅政，冷落威望不高的蘇克薩哈以籠絡其他朝臣的心。同時，她不斷用封賞、嘉獎手段（如先後加封索尼、遏必隆、鰲拜為一等公），滿足四大輔臣的權力慾望，穩住局面。此外，孝莊不斷教誨年少的康熙隱忍，教導他冷靜應對各種複雜局勢，並透過教育學習，養成康熙的實力。

康熙四年（一六六五年），在孝莊太皇太后的精心安排下，十二歲的康熙與索尼的孫女赫舍里完婚。索尼成為皇親國戚，自此竭力支持康熙主政。康熙六年（一六六七年）三月，索尼以遵循祖制為由，上疏請康熙親政。為了表示謙遜，孝莊太后暫時沒有允准。六月，索尼因病去世。七月，在太皇太后的授意下，十四歲的康熙宣詔親政。

然而，康熙親政以後，鰲拜非但沒有收斂他的盛焰氣勢，其專權擅政情況反而愈演愈烈。康熙明瞭，必須盡速剷除鰲拜的勢力。

祖孫情深

康熙八歲喪父，十歲喪母，由祖母孝莊太后撫育成人。孝莊在康熙身上傾注全部心血，不但在生活上對他關愛備至，在政務方面也時時給予指點，引導他學會處理各種複雜的問題。如果沒有孝莊太后，也就沒有一代明君康熙。而康熙對祖母也懷有深厚情誼，事親甚孝，常常親往慈寧宮問安。孝莊太后病危時，康熙晝夜不離左右，親奉湯藥，甚至步行至天壇，為其祈禱，祈求上天以自己的壽命換祖母萬壽。

孝莊太后朝服像

孝莊太后，明萬曆四十一年至清康熙二十六年（一六一三年至一六八八年），博爾濟吉特氏，名布木布泰，亦作本布泰。清太宗愛新覺羅皇太極之妃，孝端文皇后的侄女，順治帝的生母。

少年康熙智擒鰲拜

「智擒鰲拜」是康熙在政治舞台上的第一次亮相。十六歲的他以沉穩的部署和幹練的行動，剷除了鰲拜及其黨羽，展露出過人的膽識和非凡的韜略。從此，康熙真正掌握了最高權力，開始實行一連串新的政治措施，也正式展開「康乾盛世」的序幕。

鰲拜擅政

鰲拜，明萬曆三十八年至清康熙十年（一六一〇年至一六六九年），滿洲鑲黃旗人，憑藉赫赫軍功被譽爲「滿洲第一勇士」。他在前半生效忠於清太宗皇太極、清世祖順治，功勳卓著，頗得重用。

提起鰲拜，人們津津樂道的往往是他在康熙朝的飛揚跋扈，而少有人知道他在前半生的忠心護主。事實上，鰲拜在清太宗皇太極、清世祖順治兩朝恪盡職守，堪稱忠直之士。他早年南征北戰，屢建奇功，在攻打南明軍隊、追擊李自成、擊破張獻忠大西軍等重要戰事中出生入死，均有貢獻。最可貴的是，鰲拜在年少的順治登基後始終效忠幼主，矢志不移。當時，順治勢單力薄，攝政王多爾袞擅權自重，朝中諸多大臣紛紛投靠多爾袞，包括後來的輔政大臣蘇克薩哈。然而鰲拜並未妥協，他也因此受到多爾袞的多次打壓，有三次甚至差點送命。正因如此，順治親政後，將鰲拜視爲心腹大臣，倍加重用，並遺詔任命他爲康熙的四大輔臣之一。

鰲拜自恃勞苦功高，對於自己在四大輔臣中排名最末非常不滿。面對少年康熙，他未能如前半生一樣忠心堅守，而是結黨營私，擴張自己的勢力。當時，索尼、蘇克薩哈、遏必隆等三大輔臣勢力逐漸式微，鰲拜更有恃無恐，在朝野之上專橫跋扈，甚至不把年幼的康熙放在眼裡。

康熙六年（一六六七年）六月，索尼病死。從此，朝中班行章奏，鰲拜都居於首位。據《清史稿》記載，鰲拜與弟弟穆里瑪，侄子塞本特、訥莫，以及班布爾善、阿思哈等朝臣自結一黨，凡是軍國大事都在鰲拜家中私自定議，而後奏請，強行實施。官員們呈送給康熙的奏摺，鰲拜經常扣下不報，自行處理。他一方面在朝中

少年康熙便服像

和軍中的重要官位上安插自己的親信，以培植勢力；另一方面亦排除朝中異己，接連矯旨殺死戶部尚書蘇納海、直隸總督朱昌祚、保定巡撫王登聯等重臣，引起朝野驚恐。

康熙六年（一六六七年）七月，十四歲的康熙開始親政，但鰲拜仍然大權在握、步步緊逼，更加深了康熙與鰲拜之間的衝突。在許多重大問題的決策上，康熙與鰲拜的態度有明顯分歧。例如，康熙主張抑制吳三桂等「三藩」的割據勢力，鰲拜則不以爲然；康熙主張停止圈地，鰲拜則對此百般阻撓；康熙主張學習漢族文化和西方科技，鰲拜則打著「率祖制、復舊章」的旗號公開反對。鰲拜的所作所爲使康熙感到嚴重威脅，政見的不同更使康熙認識到，鰲拜擅權將不利於江山治理，再也不能姑息。

蘇克薩哈之死

正當康熙籌畫清除鰲拜時，朝堂上風雲又起：康熙六年（一六六七年），康熙剛剛親政不久，鰲拜擅殺輔臣蘇克薩哈及其子姪，頓時滿朝嘩然，康熙震怒。

蘇克薩哈是滿洲正白旗人，與鰲拜的衝突由來已久。首先，早在正白旗之主多爾袞攝政時期，兩白旗與兩黃旗便常有紛爭，這種緊張關係一直持續到康熙初年；其次，黃、白旗在圈地問題上發生利益衝突，正白旗受到多爾袞的偏袒佔據了冀東的肥沃土地，而統領鑲黃旗的鰲拜自然不滿，於是要求黃白旗換地。這一提議遭到了蘇克薩哈等朝臣的反對，鰲拜因此懷恨在心。此外，四輔臣之中，只有蘇克薩哈公開與鰲拜敵對，經常據理力爭，鰲拜早就欲除之而後快。

蘇克薩哈雖不滿鰲拜專政，但無奈實力有限、威望也不足，於是決定退而自保。康熙六年（一六六七年），蘇克薩哈上疏奏請辭去輔臣職務，去守先帝陵寢，以保餘生。這一舉動成爲鰲拜誅殺蘇克薩哈的導火線。鰲拜會同大學士班布爾善等黨羽，借此誣蔑蘇克薩哈心懷怨念，不願歸政，然後羅織罪狀二十四款，以「大逆」論處，奏請誅殺蘇克薩哈及其子姪。康熙聽後不准，鰲拜竟「攘臂上前，強奏累日」，逼迫康熙下旨行刑。最終，康熙只得無奈地將蘇克

八旗圈地

所謂「八旗圈地」，是指清軍入關之後，統治者為了籠絡滿清貴族及八旗士兵，鼓勵軍隊跑馬圈地、搶佔良田，造成大量百姓流離失所的事件。八旗圈地在清初出現了三次高峰：一次是在順治元年（一六四四年），清廷下令八旗軍士可以圈占無主荒地；第二次是在順治二年（一六四五年），共圈地五萬多頃，其中包括明朝貴族的田莊和許多民間房屋土地；第三次是在順治四年（一六四七年），八旗圈占四十二府、州、縣的十多萬頃田地。八旗圈地總計二十二萬餘頃。經過野蠻的搶掠，超過百萬人破產流離。直到康熙八年（一六六九年）下詔停止圈地，這次浩劫才宣告終止。

薩哈的死刑由「磔死」（分裂肢體的酷刑）改爲「處絞」，其餘一概依從鰲拜的要求。

蘇克薩哈之死使康熙極爲震撼。一方面他爲蘇克薩哈的冤死而感到悲憤，另一方面鰲拜專橫擅殺的行爲又傷及他身爲帝王的尊嚴。然而，此時康熙還沒有能力處置鰲拜。在孝莊太皇太后的指點下，康熙隱忍了下來，還下令加封鰲拜爲一等公。鰲拜自此更加驕縱，而康熙卻暗自下定智擒鰲拜的決心。

別出心裁的「布庫」戲

有一天，鰲拜在宮中行走，無意中看見康熙與一群少年在玩「布庫」（一種摔跤遊戲，遊戲雙方穿著白布短衫、窄袖，領子與前襟則用七、八層厚布密縫住，以確保堅韌不碎，雙方互相扭結、摺跤，以使對方摔倒在地爲勝）。鰲拜感到好奇，便走上前去試試這群少年的身手。結果，他三兩下便把這些少年打得人仰馬翻。康熙笑著說：「鰲拜不愧爲『滿州第一勇士』！」鰲拜以爲這種「布庫」戲不過是小孩子的玩鬧，心中反而爲康熙的玩物喪志而慶幸，自此也不再把這些「布庫」少年放在心上。

這場別出心裁的「布庫」戲，恰恰是康熙擒拿鰲拜的巧妙佈局。康熙深知鰲拜身強力壯，難以制服，而且黨羽眾多、勢力強大，倘若直接下令抓捕，恐怕消息還沒出紫禁城就已事跡敗露，並且會逼反鰲拜，使自己處境更危難；而如果暗自行動，滿朝武官也沒有幾個人是鰲拜的對手。於是，康熙想出了這個出其不意的計策：從宮中侍衛中挑選年少力大的人來練習「布庫」，假以時日，待這些少年的體魄、技藝足以與鰲拜抗衡時，再單獨宣鰲拜覲見，以摔茶杯爲暗號，迅速拘捕鰲拜。

康熙八年（一六六九年）五月，康熙認爲時機成熟，便不動聲色地宣召鰲拜。鰲拜入見後，康熙怒斥道：「鰲拜，你可知罪？」隨即令「布庫」少年一擁而上。十幾個少年經過一番殊死搏鬥，終於將鰲拜擒拿在地。康熙親自揭露鰲拜的罪狀，羅列了他欺君擅權、結黨亂政等三十大罪狀。但是，爲避免朝政動盪，康熙對涉案之人做了不同處置。對鰲拜，康熙赦免了他的死刑，改爲拘禁；對遏必隆，「特爲寬宥，仍以公爵宿衛內廷」；對其黨羽，減少處死人數，從輕治罪。康熙此舉有效地防止株連，穩定了朝政。

力行新舉

康熙剷除鰲拜之後，終於得以依照自己的意志實行新政。首先他爲鰲拜擅殺的諸多大臣平反昭雪，如恢復蘇克薩哈的官職與爵位，命其幼子世襲；而後嘉獎提拔了一批年輕有爲的官員，尤其是在擒拿鰲拜的過程中有所貢獻的官員，如擢升索額圖爲大學士、納蘭明珠爲左都御史。

康熙八年（一六六九年），康熙下詔停止八旗圈地，這是剷除鰲拜之後實行的重要措施。自清軍入關以來，滿洲八旗軍隊霸佔漢民的土地、房屋，使漢、滿衝突更加嚴重。順治、康熙都曾多次表示要停止圈地，然而都在滿洲守舊貴族的阻撓下未能實施。此次停止圈地的措施，既解決了黃、白旗爭奪圈地的糾紛，也緩和了社會衝突，可謂意義重大。

同年，康熙爲受到誣陷的西方傳教士湯若望、南懷仁（Ferdinand Verbiest，一六二三年至一六八八年）等人平反，並鼓勵西方科學文化的傳播。此後，康熙逐步將平三藩、治黃河、收臺灣等軍國大事納入國政中。「千古一帝」的雄才大略於焉展開，「康乾盛世」的帷幕緩緩拉開。

正黃旗旗幟

鑲黃旗旗幟

正白旗旗幟

鑲白旗旗幟

正紅旗旗幟

鑲紅旗旗幟

正藍旗旗幟

鑲藍旗旗幟

傳教士西來

明末清初，一批西方傳教士遠渡重洋而來，為古老的中國帶來新氣息。他們傳播天主教文化和西方科學知識，影響了皇族統治者與知識份子。這些傳教士先進的觀念不斷衝擊當時中國社會的知識份子，也使他們的人生增添幾許坎坷與浮沉。

「瑪法」湯若望

在明末清初來華的傳教士中，影響最大的非湯若望莫屬。他來自日耳曼（今德國），出身貴族，學識廣博，一心熱衷傳教事業。明萬曆四十八年（一六二〇年），湯若望遠渡重洋來到澳門，後來又轉徙到廣州、北京、西安等地學習漢語並傳教。由於湯若望通曉天文、曆法，當時明朝官員徐光啓很賞識他，便舉薦他到欽天監（中國古代的國家天文台）供職，專門負責觀察天象、譯著曆書。

清順治元年（一六四四年），清軍入關，明朝滅亡。在八旗瘋狂圈占田地和驅趕城中居民的時候，湯若望沒有臨陣脫逃，而是據守在北京宣武門附近的天主教堂，並上疏順治表示，未編修完的曆書、天象儀器及教堂禮器等眾多，一時難以搬遷，且損壞後難以修復，希望能夠繼續安居在天主教堂。當時主持朝政的攝政王多爾袞開明地應允了湯若望的請求，並任命他爲欽天監監正。

順治親政以後，對湯若望更加欽佩尊重，特許他可以隨意出入朝廷，有事啓奏可以直接入內庭，不必拘於常禮。順治常常召湯若望至宮中深談，還多次親臨湯若望住宅，向他請教天文曆算、社會人生等各種問題。據史料記載，順治曾加封湯若望爲「通政大夫」、「太常寺卿」，賜名「通玄教師」，並親切地稱他爲「瑪法」（即滿語中的「爺爺」或「老翁」）。

曆法之爭

康熙登基後，權力落入四大輔臣手中，其中尤以鰲拜權力最大。鰲拜等滿洲老臣思想守舊，對西方文化的態度與先前的攝政王多爾袞、順治截然不同。他們主張排斥湯若望等西方傳教士的學說，因而掀起了一場影響深遠的中西曆法之爭。

康熙三年（一六六四年），安徽歙縣人楊光先參奏湯若望，稱湯若望蓄謀造反、妖言惑眾。在此之前，楊光先曾多次誣告西方傳教士學說荒誕、教義邪惡，還愚昧地說，「寧可使中夏無好曆法，不可使中夏有西洋人」，然而這都被順治駁回。楊光先的誣告正合鰲拜心意。這年冬天，鰲拜下令廢除西方新曆，逮捕湯若望、南懷仁等幾位傳教士。湯若望入獄時已經中風癱瘓，在獄中被扣上腳鐐手銬，幾乎天天被提審，健康狀況嚴重惡化。

不久，鰲拜又下令取締天主教，擬將湯若望凌遲處死，將南懷仁等傳教士放逐。恰在此時，北京連日發生地震，宮中又發生火災，朝中開始有些大臣心懷畏懼，以為是觸犯了天威。一向賞識湯若望的孝莊太后便藉機干預此事，以湯若望效力多年又年事已高為由，下旨免除其死罪。

康熙五年（一六六六年），七十多歲的湯若望被釋放出獄。然而年邁體弱的他經過這場牢獄之災，已是風中殘燭，不久便與世長辭。

湯若望死後，中西曆法之爭還未結束。楊光先被鰲拜提拔為欽天監監正。然而他不懂曆法，只好以自己「僅知曆理，不知曆數」為由，多次提出辭職。康熙八年（一六六九年），康熙命令楊光先與傳教士南懷仁辯論曆法，經過實際觀測，南懷仁所用西方曆法被證明是準確的。於是，康熙下令追究楊光先誣告之罪，並為湯若望、南懷仁等傳教士平反昭雪。

這一年冬季，已逝世三年多的湯若望被重新安葬在著名傳教士利

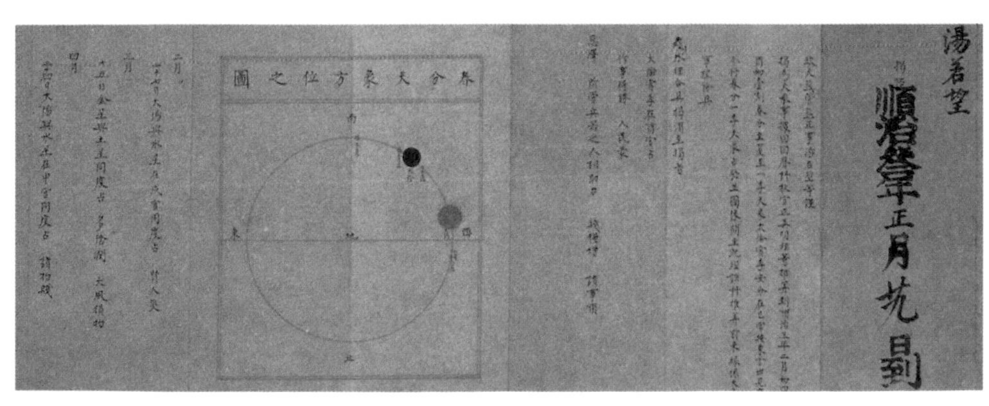

湯若望揭帖

順治三年（一六四六年），欽天監監正湯若望奏報有關天象的揭帖（即文告）。

瑪竇（Matteo Ricci，一五五二年至一六一〇年）的墓地旁邊。康熙還爲湯若望舉辦了隆重的葬禮。

南懷仁畫像

「勤敏」的南懷仁

南懷仁是繼湯若望之後，又一位來華的著名西方傳教士。他生於比利時，清順治十六年（一六五九年）到達澳門，次年被清廷選派協助湯若望編修曆法。

南懷仁也是曆法之爭的主要受害者之一。康熙三年（一六六四年），在楊光先的誣告下，南懷仁與湯若望一同入獄。當時，湯若望身患重病，言語困難，無法在大堂上進行申辯。南懷仁無微不至地照料湯若望，並爲湯若望辯護。年輕健壯的南懷仁受到的刑罰最重，然而他始終鼓勵其他幾位入獄的傳教士，每天一同祈禱、誦經，勇敢面對磨難。一年後，南懷仁等幾位傳教士被判流放。

康熙八年（一六六九年），康熙下旨開釋南懷仁，並任命他到欽天監供職。南懷仁回到京城後，立即開始爲湯若望的平反和其他傳教士的開釋而奔走。在他的努力下，湯若望一案得以平反，天主教得以恢復，西方傳教士也被准許在全國各地自由傳教。

幾年後，平西王吳三桂等三藩叛亂，清軍出兵平叛，需要一批先進的火砲武器。南懷仁奉命修復湯若望曾經鑄造的火砲，並主持製造了輕巧小砲及紅衣銅砲共一百餘門。據史料記載，南懷仁一生爲清朝製造火砲超過五百六十六門，其中所設計的三種火砲，還被選入清朝國家典籍。

後來，南懷仁在清朝與俄國的外交活動中扮演重要角色。他翻譯大量文獻，還曾親自寫信給俄國沙皇表示友好。在中俄雅克薩戰役後，南懷仁不顧重病之身，極力爭取中俄締結和平友好條約。後來，中國使團採納了南懷仁的建議，藉由談判取得和平。在治理水患、開鑿運河等事務中，南懷仁也利用自己的工程科學知識，參與不少的研究和決策。

南懷仁在西方自然科學領域有很深的造詣，對於天文曆算、地圖繪製、機械活動等知識的傳播亦有重大貢獻。他奉旨修訂《時憲書》、《永年曆法》，能將年曆推算到數千年以後；改造了觀象台，製造了六件大型天文觀測儀器；繪製了多種地圖，編寫了多種地理學著作。

康熙二十六年（一六八七年），南懷仁墜馬受傷，第二年逝世於北京。南懷仁死後，康熙賜謚號爲「勤敏」，以昭示他一生勤勉效力、聰敏博學。南懷仁也是西方傳教士中唯一身後得到謚號的人。

康熙的老師們

康熙重視自然科學的學習，曾經師從多位西方傳教士，如白晉、張誠、徐日昇等。這些傳教士爲康熙講授有系統的西方科學知識。

白晉（Joachim Bouvet，一六五六年至一七三〇年）與張誠（Jean-François Gerbillon，一六五四年至一七〇七年）都是法國人，清康熙二十六年（一六八七年）來到中國。當時，南懷仁年事已高，康熙正欲選派新的傳教士接替他，白晉和張誠便被留在北京供職。他們向康熙進獻了一批天文儀器，並運用西方科學知識，講解天文現象，深得康熙喜愛。康熙二十九年（一六九〇年），白晉、張誠開始向康熙講授幾何學和算術，後來又教授了人體解剖學與世界地理。

徐日昇（Thomas Pereira，一六四五年至一七〇八年）來自葡萄牙，康熙十二年（一六七三年）到達北京，曾在欽天監供職，也因爲精通音律而擔任過宮廷樂師。雅克薩戰役後，中俄在尼布楚舉行談判，徐日昇和張誠擔任過翻譯員。

清初傳教士的活動與清朝中後期帶有侵略和擴張性的傳教性質不同，他們來華最重要的貢獻是傳入西方的科學知識，對當時的上層士大夫有所啓迪，也爲古老的中國帶來新生的氣息。

「泰西儒士」利瑪竇

利瑪竇是在中國傳播天主教的開拓者，也是第一位鑽研中國典籍的西方學者。他出生於義大利，明朝萬曆年間來到中國。他的中文名字叫利瑪竇，字道未，因其在明朝士大夫中備受尊重，又被尊稱為「泰西儒士」。

利瑪竇除了傳播天主教，還帶來西方新鮮的文化與器物，包括歐幾里德《幾何原本》和各種地圖、星盤、三稜鏡等。他翻譯了西方數學、天文、地理等多部著作，使徐光啓、李之藻等明朝學者深受啓發，促進了中國科學技術的改進和中西文化的交融。明萬曆三十八年（一六一〇年），利瑪竇病逝，被厚葬在北京。

曆算名家「二庵」

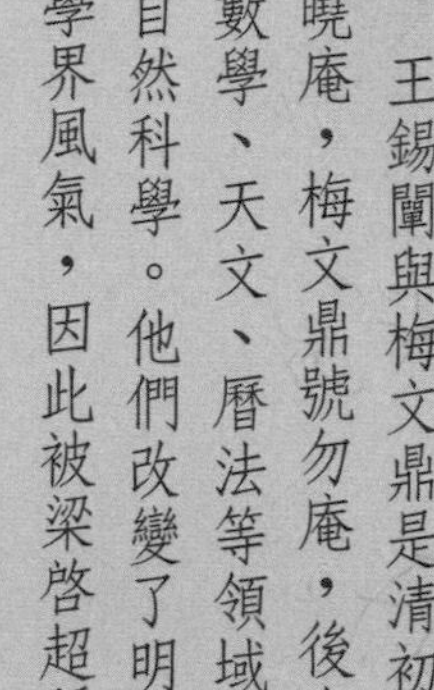

王錫闡與梅文鼎是清初齊名的兩大天文曆算學家。王錫闡號曉庵，梅文鼎號勿庵，後人又將他們合稱「二庵」。「二庵」在數學、天文、曆法等領域均有建樹，並且努力不懈地引進西方自然科學。他們改變了明清盲目崇信傳教士傳入的西洋曆法的學界風氣，因此被梁啓超稱為中國「科學的曙光」。

曆學首推王錫闡

王錫闡與梅文鼎同爲清初學者，都精於天文、曆算。王錫闡精專，梅文鼎博大，兩人可謂各有千秋。而梅文鼎個人卻認爲，清初曆學應首推王錫闡。

王錫闡，明崇禎元年至清康熙二十一年（一六二八年至一六八二年），字寅旭，號曉庵，又號天同一生，江蘇吳江人。生於明末，成名於清初，一生鑽研曆法、天象，曾獨立發明計算金星、水星凌日的方法，並提出精確推算日、月蝕的方法。王錫闡的主要著作有《曉庵新法》、《曆說》和《五星行度解》等書。

據史書記載，王錫闡自幼勤奮好學，興趣愛好異於常人。十一歲以後，他便閉門不出，精心研究曆象學，學習西方曆法和科學知識。王錫闡以觀測勤勉著稱，幾十年來刻苦治學，無論寒暑未嘗有一天懈怠。每到天色陰晴變化，他都要仰觀天象，往往徹夜不眠。遇到日、月蝕現象時，他即使在病中也要堅持觀測。中年以後，王錫闡疾病纏身，但仍著述曆法、筆耕不輟。

王錫闡鑽研曆法注重實際觀察，務求與天象相結合，以形成自己的觀點，而不是人云亦云、落入門戶之見。他虛心學習中西科學知識，並以數學爲基礎，學貫中西。除了精於曆法之外，王錫闡對於經史、音律等領域也有所研究。

王錫闡還是一位極具愛國情操和民族氣節的學者。他自幼便有堅定的忠君報國信念，立誓效忠明朝。十六歲時，滿清入關，明朝覆亡，崇禎自縊。王錫闡聽聞這個消息後，先是自縊，接著投河，而後絕食，三度以死殉國。但也許是上天眷顧英才，竟然奇蹟般地活了下來。清朝建立統治之後，王錫闡毅然放棄科舉，以表達自己「誓不仕清」的氣節。此後，便與明遺愛國士子一同在江南講學，同時繼續鑽研天文曆法。

在生前，王錫闡的曆法學說並未廣泛流傳。而在逝世之後，著作逐漸刊行出來，名震一時。他與梅文鼎、薛鳳祚等並稱為一代曆法名家。著名思想家顧炎武曾盛讚王錫闡「學究天人，確乎不拔」。

「曆算第一名家」梅文鼎

梅文鼎，康熙二十一年至六十年（一六三三年至一七二一年），字定九，號勿庵，安徽宣城人。自幼受到良好的教育，早年隨其父親研讀《周易》，喜愛觀測天象；後來接觸西方書籍，開始涉足天文、數學、曆法等領域。梅文鼎從二十七歲起潛心數學、曆法，終生治學不輟。他勤奮好學，博覽群書，學識淵博。

梅文鼎在天文、數學、曆法等方面的造詣極深。他非常重視天象觀測，並通過實際研究闡述了古代曆算的諸多考證和補訂，融合中、西方曆法，糾正了前人研究的許多謬誤。同時，還發明製造了不少天文儀器，包括「揆日器」、「測望儀」、「仰觀儀」、「月道儀」、「渾天新儀」等。梅文鼎在數學方面的貢獻最大，他論述了多元一次方程、「求周徑密率捷法」、「求弦矢捷法」等公式，為清代數學界無窮級數的研究奠定了基礎，成為中國古代數學的一大成就。此外，他還擅長詩文，寫詩作序，文采飛揚。梅文鼎曾在康熙年間進京，其學識受到康熙的讚賞。

梅文鼎一生著書八十餘種，其中天文學著作六十餘種，數學著作二十餘種。其《古今曆法通考》、《明史曆志擬稿》、《曆學疑問》、《平三角舉要》、《弧三角舉要》、《幾何補編》等著作均是傳世經典。後人將梅文鼎的曆法、數學著書加以整理，彙集為《梅氏叢書輯要》。

梅文鼎以其卓越成就，與當時英國的牛頓、日本的吳孝和並稱「三大世界科學巨擘」，並被後人譽為「曆算第一名家」。梁啓超曾盛讚道：「我國科學最昌明者，惟天文算法……。其開山之祖，則宣城梅文鼎也。」

北京古觀象台

北京古觀象台始建於明正統七年（一四四二年），是明、清兩代的皇家天文台，也是明清之際東、西方天文學交流的歷史見證。

平定三藩之亂

平定三藩之亂是康熙初年一場艱苦卓絕、意義重大的戰事。康熙以敏銳的洞察力與堅定的決心，力主裁撤三藩，制定適宜的策略，並運籌帷幄指揮平亂。經過八年激戰，清廷終於消滅了擁兵自重的割據勢力。

「三藩」的由來

所謂「三藩」，是指鎮守雲南的吳三桂、廣東的尚可喜與福建的耿繼茂。

清朝初年，清廷爲穩定政局，採取「以漢治漢」策略，重用了一批降清的明朝將領。這些將領在協助清軍入關、討伐南明朝廷、追剿李自成等重要戰事中，都有重要的貢獻，因此紛紛被封藩，其中最著名是吳三桂、尚可喜、耿仲明、孔有德等人。

吳三桂，明萬曆四十年至清康熙十七年（一六一二年至一六七八年），字長伯，明末時任遼東總兵，負責鎮守山海關。吳三桂爲武舉出身，曾以「勇冠三軍、孝聞九邊」聞名天下，所帶軍隊「膽勇倍奮，士氣益鼓」。崇禎十七年（一六四四年），李自成率軍攻破北京城，志得意滿之下，開始搜刮民財、燒殺搶掠。吳三桂的府第被抄沒，父親被拘押，愛妾陳圓圓也被擄走。聽聞這一消息的吳三桂衝冠而怒，轉而投靠關外的滿清。他上書給當時的攝政王多爾袞，請求清兵入關剿滅叛賊。同年四月，吳三桂引清兵入山海關，並帶兵與清兵聯合打敗李自成，攻佔北京。於是，吳三桂因功被封爲平西王。此後，吳三桂率部繼續追剿李自

皇帝批閱的奏摺和使用的文房四寶

成殘部，南下打敗了張獻忠，並剿滅了南明朝廷，親手絞殺了南明永曆帝。康熙元年（一六六二年），吳三桂以其赫赫戰功被加封爲平西親王，鎮守雲貴。

尚可喜，明萬曆三十二年至清康熙十四年（一六〇四年至一六七六年），字元吉，明末將領，早在清太宗皇太極時期便投降清朝（當時滿清被稱爲「後金」），被封爲智順王。此後，隨清兵入關，攻打李自成和南明朝廷，率部平定了湖廣地區。順治六年（一六四九年），尚可喜被改封爲平南王，奉命鎮守廣東。

康熙朝服

此為康熙舉行重大典禮時所穿的冬朝服。整件朝服以明黃緞做衣料，上繡雲龍紋，領口、袖口和前襟等處滾黑色貂皮，顯得華貴而莊重。

耿仲明，明萬曆三十二年至清順治六年（一六〇四年至一六四九年），字雲台，也是在皇太極時期降清，被封爲懷順王，順治六年（一六四九年）改封靖南王。他曾與尚可喜一同進軍廣東，死於途中，而後由其子耿繼茂襲位，鎮守福建。至此，吳三桂、尚可喜、耿繼茂形成了權勢強大的三藩。康熙十年（一六七一年），耿繼茂卒，其子耿精忠襲位。

撤藩之爭

三藩在長年征戰的過程中，軍隊不斷壯大，勢力日益茁壯，逐漸形成稱霸一方的割據勢力。他們在地方大權獨攬，對中央則百般索取、要權要餉，嚴重威脅清廷的統治。

三藩之中，又以吳三桂勢力最大。依照清朝規定，吳三桂統兵人數應爲一萬人，而實際情況卻不然。吳三桂鎮守雲貴之後，藉由持續不斷的招兵買馬，將自己的軍隊擴充到十萬餘人。有了雄厚的軍事力量撐腰，吳三桂便有足夠能力控制地方軍政大權。在政治上，爲了鞏固自己的地位，他不僅對轄下的各級官吏「選用自擅」、「各省員缺，時亦承制除授，謂之西選」，一時間出現了「西選之官，幾滿天下」的現象。吳三桂恢復了明朝末年的繁重賦稅勞役，還大量鑄造錢幣，搜刮民脂民膏。

尚可喜之子尚之信也在廣東作威作福、魚肉百姓。他不僅暴斂民財，還任意殺害無辜平民，常常用人肉餵狗取樂，致使人人自危、怒不敢言。

耿精忠則利用福建沿海貿易的便利，大行走私販賣之舉，並徵收繁重的賦稅以中飽私囊。

三藩擁兵自重、權勢迅速擴張，所作所爲不受朝廷約束，幾乎成爲地方上的「土皇帝」。吳三桂夥同尚之信、耿精忠，打著清剿匪徒的幌子，不斷向清廷索取軍餉。以順治十七年（一六六〇年）爲例，三藩耗去的餉銀達到二千多萬兩之多，而其他各地的餉銀加在一起還不到一千八百萬兩，形成了「天下財賦半耗於三藩」的局面。巨額的軍費支出，成爲清朝國庫的沉重負擔，加上三藩割據的嚴峻形勢，使清朝統治者不得不設法限制三藩勢力。

順治年間，清廷曾以財稅不足爲由，命令吳三桂裁減兵員。康熙初年，清廷也曾下令吳三桂繳還大將軍印。然而，這些措施並沒有達到限制三藩的效果，只是使中央與三藩的對立加深。康熙親政之後，將三藩的問題列爲第一要務，與河務、漕運一同手書懸掛在宮中柱子之上，提醒自已要銘記在心。

康熙十二年（一六七三年），尚可喜以年老多病爲由，奏請朝廷回歸祖籍遼東，由其子尚之信繼承王位。對早有撤藩之心的康熙而言，這無疑是一個契機。康熙立即下詔，恩准尚可喜的請求，且由於廣東已經平定，尚之信不必再鎮守，所率軍隊的士兵遣返回籍，平南王府從此撤銷。

接到詔書的尚之信大吃一驚，立即派人連夜趕往雲南，將撤藩的決定通知吳三桂。吳三桂也沒有料到朝廷會如此表態，老謀深算的他立即意識到自己的處境危險。於是，吳三桂緊急聯繫耿精忠共商對策。最終，二人決定假意提出撤藩，以試探朝廷意向，同時爲防不測，連忙進行起兵的準備。

吳三桂與耿精忠呈請撤藩的奏摺到達京城後，在朝廷上立即掀起軒然大波。當時，只有明珠、莫洛等少數臣子贊成撤藩，與康熙的心意暗合。朝中大臣大多忌憚三藩的勢力，提出吳、耿主動請求撤藩必定是假意窺探，撤藩則吳三桂等人必反，如不及時安撫，必將釀成大亂，後果不堪設想。有的大臣甚至提出，逼反吳三桂將帶來亡國的危險。

但是此時康熙撤藩心意已決。他對朝臣斬釘截鐵地說：「吳三桂等人蓄謀已久，遲早要反。撤藩，他們會反；不撤藩，他們也會反。這就好比人身上生了毒瘡，早晚是要開刀清除的，與其晚開刀，不如早開刀，先發制人。」

叛亂爆發

康熙十二年（一六七三年）八月，康熙力排眾議，下詔同意吳三桂、耿精忠撤藩，恩准他們告老還鄉，將原有權力移交給當地總督和巡撫。同時，康熙派遣欽差分別前往雲南、廣東和福建，辦理撤藩事宜。

撤藩的詔令對於吳三桂而言，猶如晴天霹靂。在此之前，他一直自恃爲清朝立下了汗馬功勞，認爲自己主動提出撤藩，朝廷必定會再三挽留。他萬萬沒有料到，年僅二十歲的康熙對於撤藩一事竟會如此堅決。吳三桂不甘心將自己數十年的經營成果拱手相讓。經過兩個多月的密謀，他終於起兵造反。

同年十一月二十一日，吳三桂脫下平西王的裝束，換上明朝將領的衣冠，在南明永曆帝的墓前痛哭懺悔一番後，殺死雲南巡撫朱國治，拘捕撤藩的欽差，打著「反清復明」的大旗，宣告征討清廷。吳三桂叛亂後，率軍迅速攻入湖南，佔領了沅州、常德、衡州、長沙、岳州等地。吳三桂的部舊、友人也紛紛響應，廣西將軍孫延齡、四川提督鄭蛟麟、福建耿精忠、陝西提督王輔臣、廣東尚之信等相繼反叛；西藏的達賴喇嘛甚至建議康熙與吳三桂「裂土罷兵」。不到半年的時間，清朝的雲南、貴州、湖南、四川、廣西、福建等全部失守，後來廣東、江西、陝西、甘肅也接連失守。一時間，半壁江山遍地戰火、生靈塗炭。

吳三桂叛亂的消息傳到北京後，清廷一片恐慌。在此之前反對撤藩的大臣們紛紛提議立即撤銷撤藩令，甚至有朝臣建議殺掉那些慫恿撤藩的臣子，用他們的頭顱向吳三桂謝罪。面對朝臣們姑息妥協的主張，康熙仍舊沒有動搖，而是根據叛軍的弱點迅速制定一套應對策略。

儘管叛亂之初清軍節節敗退，但吳三桂等人的問題也逐漸暴露出來。首先，各路叛軍並沒有統一的作戰方

碧玉太平有象擺件
象是太平盛世的象徵，象馱寶瓶，寓意「太平有象」。

略，除了吳三桂所率軍隊是堅決反叛之外，其他從叛者的立場都不堅定，有的時叛時降，有的靜觀其變。其次，吳三桂率軍打到長江沿岸後，便以擁有半壁江山而自滿，既不北上追擊，也不順流東下，一心只想與清廷劃江而治。再者，吳三桂的叛亂不得民心，百姓和官吏都渴望安居樂業，不願戰爭再起，況且吳三桂降清剿明的行爲眾所周知，如今再舉「反清復明」旗幟，豈能籠絡人心！

於是，康熙就此制定了「剿撫並用、各個擊破、先剪兩翼，再搗腹心」的作戰方針，重用了一批漢將，並親自指揮平叛之戰。

平定三藩之亂

清軍與叛軍作戰的戰場主要分布在三條線：西線是陝甘戰場，主要是與王輔臣對戰；中線是湖南戰場，也是主戰場，與吳三桂叛軍主力對戰；東線是閩浙、兩廣戰場，主要應對耿精忠、尚之信、孫延齡等勢力。

依據「先剪兩翼，再搗腹心」的策略，康熙決定切斷各個戰場間的聯繫，先平定東、西兩翼的戰場，再集中力量剿滅主戰場上的吳三桂叛軍。而東、西兩翼的叛軍首領大多搖擺不定、見勢而行，於是康熙又採取剿撫並用的辦法。

康熙首要目標是陝西的王輔臣。王輔臣態度猶豫不決，叛了降，降了又叛，還殺害了陝西經略莫洛。康熙以「官復原職、既往不咎」來招撫他。同時，康熙派遣甘肅提督張勇、總兵王進寶等人先後兩次進攻王輔臣軍隊。康熙十五年（一六七六年），王輔臣被圍困平涼城，糧草盡斷，最終徹底降清。康熙信守承諾，令王輔臣官復原職，並加封「靖寇將軍」，負責阻擋吳三桂入川的通道。至此，陝甘平定。

對於東線的耿精忠與尚之信，康熙採取了與吳三桂不同的方式。早在吳三桂叛亂之初，康熙就下令暫停裁撤耿、尚兩藩，對其進行招撫和拉攏。福建耿精忠與臺灣鄭經素有嫌隙，三藩叛亂之時，鄭經乘機攻佔福建的泉州、漳州等地。康熙利用這一衝突，令清軍大舉進攻福建，使耿精忠腹背受敵、陷入困局。這時，康熙又不斷遣使招降，終於在康熙十五年（一六七六年）十月招撫了耿精忠。

亂世紅顏陳圓圓

提及吳三桂，似乎繞不開陳圓圓的話題。陳圓圓本名陳沅，字畹芬，是明朝末年江南一帶有名的歌妓，著名的「秦淮八艷」之一。相傳她能詩擅文、姿容艷麗，原本被選入京城獻給崇禎。然而因爲崇禎憂心國事、不近女色，陰差陽錯地被吳三桂納爲妾。後來，陳圓圓被李自成部下強擄，吳三桂曾爲她「慟哭三軍俱縞素，衝冠一怒爲紅顏」，可見其寵愛之切。

吳三桂封王鎮守雲貴後，陳圓圓的歸宿成爲一個謎。有傳說認爲她因被吳三桂正妻妒忌離間而逐漸失寵，後來出家；有人認爲她在吳三桂叛亂失敗後，殉情而死；也有人認爲她是病死。無論如何，這些猜測都更增添了這位亂世紅顏的傳奇色彩。

清軍進而乘勝追擊鄭經，平定了閩浙地區。耿精忠的歸降觸動了廣東的尚之信，兩個月後，尚之信主動上書請降，廣東得以平定。在清廷的招撫下，廣西的孫延齡一度也產生歸降的念頭，但不幸被吳三桂派人暗殺。不久，孫延齡的部將劉彥明降清，廣西也逐步平定。

至此，三藩之亂已有兩藩被平，只剩下吳三桂一藩孤立無援。康熙十五年（一六七六年）年底，大部分叛軍反正，清軍漸漸掌握優勢。

對於吳三桂，康熙的態度是堅決剿滅，毫無妥協餘地。吳三桂叛亂後，康熙迅速派兵分赴湖南、四川等地，阻止叛軍北上。後來，吳三桂攻到長江沿岸，曾向康熙示好，派使臣帶著要求與清廷劃江而治的「奏章」去談判。康熙不僅一口回絕，還殺死了吳三桂之子吳應熊和長孫吳世霖，以示平叛之志。吳三桂獲悉後大驚失色，深受打擊。

康熙十五年（一六七六年），清軍攻入湖南，連克萍鄉、醴陵、瀏陽，逼近長沙。次年三月，清軍在長沙東南的官山大勝吳三桂叛軍。吳三桂只好退守衡州，並企圖經由衡州進入廣西。康熙命清軍猛攻永州、衡州，以切斷叛軍後路。吳三桂於康熙十七年（一六七八年）三月初一稱帝，國號「大周」。然而僅僅過了五個月，吳三桂就病死了。他的孫子吳世璠繼位後，率兵退回到吳三桂的大本營，即雲貴地區。康熙十八年（一六七九年）年底，清軍開始大舉進攻雲貴。康熙二十年（一六八一年）十月，吳世璠兵敗自殺，其部將投降，三藩之亂終於徹底平息。

戰爭結束後，康熙沒收三藩財產，整編三藩軍隊，派八旗兵、綠營兵鎮守邊防，廢除了藩鎮制度。

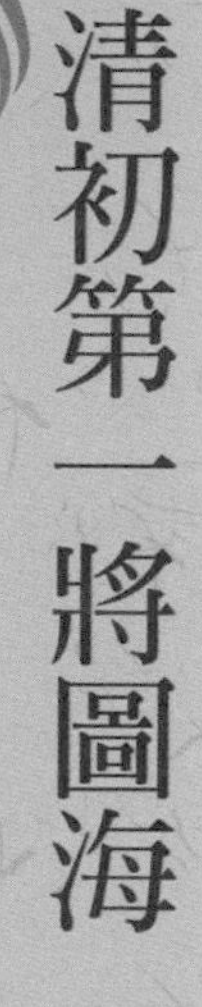

清初第一將圖海

他聰慧過人、文武雙全。歷經順治、康熙兩朝，均被委以重任。他南征北戰，功勳卓著，是在清初戰事中屢立奇功的常勝將軍；他也飽嘗宦海沉浮，大起大落，最終得以盡享恩寵，安然而終——他，就是清初第一將圖海。

大起大落　轉入軍旅

圖海以將領之名威震四海，但少有人知道，他也是滿洲有名的大學士，並且是文官出身。

圖海，？至康熙二十年（？至一六八一年），馬佳氏，字麟洲，滿洲正黃旗人。他天資聰慧，自幼機敏過人，文采、武藝俱佳。順治二年（一六四五年），圖海出任國史院侍讀，開始受到順治的賞識。此後，圖海接連被提拔爲騎都尉世職、內翰林弘文院大學士、議政大臣、刑部尚書等職。短短四年間，圖海就升至滿洲十四位大學士中的第五位，可謂紅極一時。

然而，不久，圖海就先後面臨兩次官場上的起伏與動盪。

順治十四年（一六五七年），兩場震驚全國的科場舞弊案——順天闈和江南闈科場舞弊案件爆發，順治龍顏大怒，命刑部尚書圖海負責審理兩案。在順天闈一案的審理過程中，刑部擬定的判決過重，順治以「於心不忍」從輕處理；而在江南闈一案中，圖海揣摩順治的意思擬定了較輕的判決，誰知順治又一反常態地主張「重加懲治」。圖海兩次處理過程都出現了問題，順治以圖海「讞獄疏忽」爲由，革去其少保、太子太保並所加之級。

圖海的第一次大落還未平息，兩年後又面臨另一次更大的挫折。這次

象牙羅漢雙耳瓶

曾國藩，一生奉行程朱理學；文學風格方面繼承了桐城派方苞、姚鼐而自立風格，創立晚清古文的「湘鄉派」。

的導火線是二等侍衛阿拉那與家奴鬥毆的案件，圖海按律判阿拉那鞭笞一百的處罰。這件案子本來稀鬆平常，判罰也不失公允，沒想到卻意外觸動了順治的怒火。原來，圖海平日性情恣意、爭強好勝，時而在順治面前「謬妄執拗，務求己勝」，早已引起順治的不滿。此次處罰御前侍衛，順治更覺得圖海讓自己很沒面子，便氣憤地說：「圖海向來做事專橫，不肯虛心請教，調到刑部以後更是過錯頗多，不思悔改。阿拉那這個案子，圖海問理不公，是非顛倒，應當立即革職查辦。」後來，圖海還差點被處以絞刑，在順治的「寬大處理」下才改判革職。

此後兩年時間，圖海幾乎在官場上消失。直到順治病逝後，圖海才又被重用，成爲正黃旗滿洲都統，自此棄文從武，轉入軍旅。

力平察哈爾

圖海復出之後，面臨的第一個艱巨任務是征討流寇。當時，在湖廣、四川、陝西三省交界地的隕陽荊襄一帶，有一支強大的流寇部隊仍在堅持抗清。康熙二年（一六六三年），圖海出任定西將軍，輔佐靖西將軍都統穆裡瑪率大軍前往征剿。圖海親自披掛上陣，數次擊敗流寇各部，又對其長期封鎖，斷絕其糧道與援兵，最後終於勝利班師。

圖海以其戰功卓著又晉陞爲弘文院大學士，後改爲中和殿大學士兼禮部尚書，加太子太傅，在所有大學士中位居第二，恢復了昔日風光。

康熙十二年（一六七三年），吳三桂等三藩叛亂，圖海負責清兵餉運。正在戰況膠著之際，察哈爾部突發叛亂，其首領布爾尼起兵反清。在清軍入關以前，察哈爾部是獨立的部落，一度與清對立，後來才臣服於清。布爾尼本是蒙古察哈爾部的首領，被清廷封爲親王，但他並不滿足，一直想要恢復察哈爾部的獨立狀態。康熙十四年（一六七五年），布爾尼趁著三藩之亂叛變。

察哈爾叛變的消息傳至京城，朝野嘩然。康熙果斷地重用「才略出眾」的圖海。當時，清軍主力都在湖南、兩廣、閩浙等戰場作戰，北京附近幾無可調動的兵馬。圖海挑選了八旗中健勇官兵，迅速組織成一支擁有數萬人的軍隊，出征察哈爾。行軍途中，圖海令大軍晝夜兼行，同時放任他們四處搶掠，獲得金帛寶物無數。與叛軍交戰前夕，圖海在軍前訓話：

象牙羅漢雙耳瓶

「你們一路上掠奪了不少珍寶，但都是從老百姓家中搶來的，不足爲道。察哈爾有數百年的基業，攢下來的珠玉寶貨數不勝數。你們只要打贏了，寶物都歸你們，保你們一輩子享用不盡！」士卒們聽了以後士氣大振，以一當百，很快大獲全勝。布爾尼只帶著三十騎狼狽逃走。

圖海僅用兩個月時間就平定了察哈爾叛亂，立下了汗馬功勞。回師後，康熙質問圖海搶掠擾民一事，他從容地答道：「如果不以財寶誘惑他們，壯其膽色，怎能令他們以死相拼？」康熙笑著說：「朕就知道愛卿必有作爲！」

定陝甘　建奇功

平定察哈爾叛亂後，陝甘地區的王輔臣之亂又成爲朝廷的心頭大患。王輔臣一度歸降清廷，但不久又在平涼發動叛亂，欲與吳三桂叛軍經川陝棧道直逼北京。在形勢危急的情況下，康熙十五年（一六七六年），圖海再度臨危受命，出任撫遠大將軍。

當時，圖海同樣面臨兵源不足的困境，所率軍隊雖號稱十萬，但實際上多數被截留在其他戰場，兵力並不多。圖海率軍到達平涼後，「明賞罰，申約束」，一時軍威大振。眾將紛紛請求出兵攻城，圖海卻堅持「先招撫，後攻伐」。他對手下將士說：「我軍是仁義之師，奉天子之威討伐逆賊，必將攻無不克、戰無不勝。然而，我顧念城中有數十萬生靈，一旦攻伐，殺戮必多。聖主有好生之德，期待他們順化歸誠。」城中百姓聽到這些話以後，無不深受感動。

接著，圖海出兵攻打平涼的咽喉虎山墩，大破王輔臣萬餘叛兵，佔據了軍事要塞。恩威並施下，王輔臣仍拒不投降。圖海只好搬出紅衣大砲，從虎山墩向平涼城開砲攻擊。剎那間「城中洶懼」，這時，圖海下令停止進攻，轉而派自己的幕僚周昌進城說降。王輔臣軍隊傷亡慘重，無力抵抗，在周昌的遊說下，很快便歸降。平涼歸復的消息使陝甘地區的叛軍深爲畏懼。圖海乘勝出擊，力挫叛軍，不久便平定陝甘大部分地區。康熙聽聞這一振奮人心的消息後欣喜異常，不僅封圖海爲三等公，世襲罔替，還親自寫了兩首詩表彰其功績。

此後，圖海更受康熙倚重，又奉命出兵漢中、興安等地，屢立戰功，期間還抓獲清廷通緝八年之久的「朱三太子案」主犯楊起隆。康熙十九年（一六八〇年），平定三藩的戰爭接近尾聲，圖海率軍大舉進攻四川。此時，圖海年事已高，又積勞成疾，康熙將他召回北京，安心靜養。

康熙二十年（一六八一年）十二月，圖海病逝，謚號文襄。雍正初年，圖海被追封爲一等公配享太廟。

清代官服補子

官服上綴繡的補子是識別官員等級的一種標誌。補子分「圓補」和「方補」兩種。貝子以上的皇親採用圓補，上為五爪金龍紋，分別飾於左右肩上及前胸和後背。文官和武將等官員採用方補。文官為飛禽飾樣，武官則為走獸圖案。

文官綴繡的補子圖案分別為：一品為仙鶴、二品為錦雞、三品為孔雀、四品為雲雁、五品為白鷴、六品為鷺鷥，七品為鸂鶒、八品為鵪鶉、九品為練雀。

武官綴繡的補子圖案分別為：一品為麒麟、二品為獅、三品為豹、四品為虎、五品為熊、六品為彪、七品與六品相同也為彪、八品為犀牛、九品為海馬。

親王團龍補子

文一品官補子・仙鶴

文二品官補子・錦雞

文三品官補子・孔雀

文四品官補子・雲雁

文五品官補子・白鷴

文六品官補子・鷺鷥

文七品官補子・鸂鶒

文八品官補子・鵪鶉

文九品官補子・練雀

武一品官補子・麒麟

武二品官補子・獅官

濟世奇才周培公

在電視劇和民間小說中，周培公被描述成一個雄才大略、忠義正直的諍臣形象，他最終孤死於冰天雪地之間的結局，令人唏噓不已。歷史上真實的周培公雖無劇中那樣神化，卻也是長於計謀、忠孝兩全，為平定三藩之亂立下不朽功績，被譽為「一代濟世奇才」。

勸降王輔臣

周培公，明崇禎五年至清康熙四十年（一六三二年至一七〇一年），名昌，培公是他的字號。周培公生於湖北荊門，父親早卒，母親也隨即殉亡。周培公原是擔任州府小吏，後來因功提升爲七品官。三藩之亂爆發後，周培公以其謀略過人，成爲清朝重用的漢臣之一。

康熙十五年（一六七六年），康熙任命圖海爲撫遠大將軍，率領十萬大軍出兵陝甘，鎮壓並招撫王輔臣。周培公身爲圖海的幕僚，隨軍爲其出謀劃策。王輔臣手握重兵，驍勇善戰，對於清軍的圍攻不屑一顧。在此之前，康熙曾派遣王輔臣之子王繼貞用高官厚祿來誘降王輔臣，然而王輔臣歸降之後再度叛亂。圖海出兵後，駐紮在平涼城，手下將領紛紛請戰。

這時，周培公向圖海獻計說：「陝西關中地區乃是天下要塞，吳三桂叛軍不經由四川佔據陝西，反而在湖南、湖北地區與官兵戀戰，實在不是明智之舉。如今，王輔臣勢力舉足輕重，關乎天下安危。儘管他一時附逆吳三桂，反叛朝廷，心中仍然眷戀朝廷的恩惠。這就如同患有眼疾的人，雖目盲卻渴望重見光明，身體癱瘓的人雖行動不自主卻渴望站立行走。倘若朝廷能夠派遣能言之士再去招降，王輔臣必定會重新反正。」

圖海聽了周培公的建議，下令「先招撫，後攻伐」。他派遣將士向城中喊話說：「我軍奉天威討伐逆

魚螺荷葉洗

此洗為白玉製，荷葉形，鏤雕蓮梗水草為洗足，洗外雕一魚一螺。此洗雕鏤精緻，為玉器之上品。

平定察哈爾叛亂

在歷史小說和電視劇中，平定察哈爾叛亂的功勞歸周培公，稱他率領一千家奴大敗察哈爾數萬狼虎之師。而在《清史稿》的記載中，這一戰功的主角卻是大將軍圖海。

康熙十四年（一六七五年），察哈爾王布爾尼趁三藩叛亂之際舉兵謀反，圖海臨危受命，率領八旗家奴中驍勇善戰者組成臨時軍，征討察哈爾叛軍。家奴軍紀律渙散，一路燒殺搶掠，圖海並未懲戒他們。到了決戰之地後，圖海大呼：「察哈爾王的珍寶數不勝數，破敵以後保你們富貴！」這些家奴聽後士氣大振、以一當百。圖海率兵連破叛軍的伏擊、火攻，最終打得布爾尼只帶著三十騎人馬倉皇逃走，察哈爾迅速平定。

在此戰的記載中，周培公並未出現。至於小說中揣測清廷有意抹殺漢將功勞，雖有一定合理性，卻無處考證。

賊，戰無不克，然而一旦攻城則殺戮必多。城中有生靈數十萬，聖主（指康熙）有好生之德，望你們歸降。」城中軍民聽後多有感觸，心生歸順之意。不久，圖海又率軍在平涼城北大勝王輔臣軍隊，又用紅衣大砲攻打平涼城，使王輔臣軍傷亡慘重。

周培公見時機已成熟，便主動請命進城勸降。康熙得知此訊後，親自召見周培公，封他爲參議道台、銜一品，賜黃馬褂。周培公孤身進入王輔臣軍營，採取攻心爲上的策略，曉之以勢、動之以情，先後七次勸降，終於說動了王輔臣。王輔臣降清後，陝甘全境平定。

忠孝義舉感天地

周培公成功招撫王輔臣，打亂了吳三桂的計畫，翦除了吳三桂的羽翼，對扭轉清廷平定三藩之亂的戰局影響深遠。爲了表彰功績，康熙決定好好嘉獎他。然而，周培公卻謝絕所有封賞，只提出一個要求：母親爲父殉情，望朝廷予以嘉封，並請求回家守孝三年。周培公的孝心感動了康熙。康熙十五年（一六七六年），康熙下詔封周培公的母親孫氏爲貞烈恭人，加贈夫人銜，並親筆爲孫氏撰寫祭文。周培公守孝年滿後，又曾到山東等地任職。

康熙二十九年（一六九〇年），西北地區首領噶爾丹叛亂。當時年近六十歲的周培公已經賦閒在家。他聽說這一消息後憂心忡忡，連夜寫了平叛「條呈」上報給康熙。康熙看後深表贊同，起用周培公擔任盛京（今遼寧瀋陽）提督，協助平叛事宜。在生命的最後幾年中，周培公愁病交加，但仍兢兢業業爲國事操勞，其忠義之舉感天動地。

康熙四十年（一七〇一年），周培公病逝於任上。

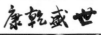

九門提督治京城

北京素有「內九外七皇城四」的說法，其中「內九」即通常所指的「九門」，位置十分重要，並且各有各的用途。而九門提督就是清朝設立掌管北京「內九」的武官，統領清朝皇室禁軍，其權力之大，連皇帝都要敬畏三分。

京城「九門走九車」

提起九門提督，就不得不先說「九門」的緣起。「九門」指的是北京內城的九座城門，分別是南面的崇文門、正陽門、宣武門；北面的德勝門、安定門；東面的東直門、朝陽門；西面的西直門、阜成門。內城的九門用途各異，用俗話來說，就是「九門走九車」。

朝陽門走糧車。南方的糧食通過水路運輸到北京東面的通州（今北京市通州區），再裝車從朝陽門進城。直至今日，朝陽門門洞內還刻有一束穀穗，門內還保留著「祿米倉」、「海運倉」等地名。

崇文門走酒車。美酒佳釀從南邊的河北涿州等地運來，進外城的左安門，再經由專門的「酒道」到崇文門交稅，而後方可入城。

正陽門走「龍車」。是專供皇帝龍車出入的「國門」。據記載，清朝皇帝每年兩次出行，一是冬季去天壇祭天，二是驚蟄去先農壇躬耕，都要出正陽門。

宣武門走囚車。刑部定罪的犯人被押送出宣武門，在門外問斬。由此，宣武門亦稱「死門」，城門洞頂上刻有「後悔遲」三個大字。

阜成門走煤車。北京西面的門頭溝一帶產煤，煤車就近從阜成門進入，將煤運至內城。

西直門走水車。清朝皇帝喜愛喝玉泉山的水，水車就經由西直門入城，運往宮中。西直門門洞內也刻著水紋石雕，人稱「西直水紋」。

德勝門走兵車。按照「玄武主刀兵」的說法，出兵打仗一般由北門出。「德勝」二字也寄托了凱旋、勝利的願望。

安定門走糞車。當時安定門外地

壇一帶是京城主要的糞場。不過，也有一種說法是，安定門是收兵之門，出征得勝的兵車經由安定門回城。

東直門走「百姓」車。南方運來的木材、東直門外的磚瓦、郊外的盆罐以及柴、米、油、鹽、醬、醋、茶等日用品，都裝車運入東直門，進入京城百姓家。

九門提督

九門提督就是掌管內城九門的負責人，全稱是「提督九門步軍巡捕五營統領」，官品爲從一品。順治元年（一六四四年），清朝定都北京後便設立了「步軍統領衙門」，負責管轄滿、蒙八旗步軍以及九門官兵，防守內城。順治十六年（一六五九年），步軍統領衙門的職權不斷擴張，衙門的主官改稱爲九門提督。

九門提督的權力非常大，不僅掌管內城的守衛、門禁、稽查和禁令等職責，還負責保甲、抓捕、審案、斷獄、監禁等要職，甚至連巡夜、救火、發信號砲等事務都屬其職責範圍。如此一來，九門提督實際上相當於清朝皇室禁軍的統領。因此，清朝歷代皇帝無不對九門提督的人選愼之又愼。自設立以來，九門提督都由皇帝心腹的滿族大臣擔任，如隆科多、和珅等人。

乾隆南巡圖（局部）

清人徐揚繪，描繪了乾隆的南巡隊伍，浩浩蕩蕩地從正陽門出城的情景。

一代廉吏于成龍

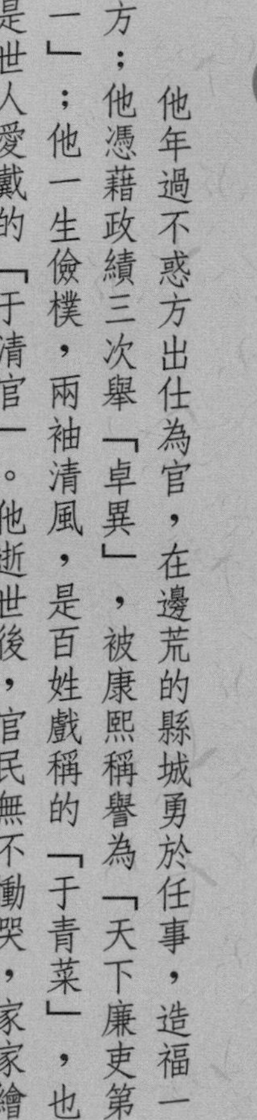

他年過不惑方出仕為官，在邊荒的縣城勇於任事，造福一方；他憑藉政績三次舉「卓異」，被康熙稱譽為「天下廉吏第一」；他一生儉樸，兩袖清風，是百姓戲稱的「于青菜」，也是世人愛戴的「于清官」。他逝世後，官民無不慟哭，家家繪畫像祭拜。他就是清朝最為著名的廉吏——于成龍。

荒城裡走出的縣官

于成龍，明萬曆四十五年至清康熙二十三年（一六一七年至一六八四年），字北溟，別號于山，生於山西永寧（今山西離石）的一戶鄉紳之家。明崇禎十二年（一六三九年），二十三歲的他參加科舉考試，卻只得「副榜」貢生。

順治十八年（一六六一年），四十五歲的于成龍首次出仕爲官，擔任知縣。然而他此行的目的地卻是遙遠的邊荒小城——廣西羅城。羅城處於萬山之中，溝谷縱橫，荒草遍地，虎狼晝夜出沒，瘴氣瘟疫橫行。由於處在惡劣的環境中，又幾經戰亂蹂躪，縣城人煙稀少。縣城沒有城牆，縣衙也只有三間漏風的茅屋，連門窗都沒有。于成龍只好砍下籬棘爲門，在院中用土堆積成几案，又在旁邊挖坑爲灶，燒火做飯。

面對這座荒城，于成龍最先關注的是社會治安問題。羅城經常受到鄰近瑤族人的侵擾，城鄉百姓無法安居。于成龍將全城官吏、百姓召集起來，施行保甲制度，嚴懲盜賊；而後組織百姓練兵，多次將侵擾羅城的瑤族人擊退。如此一來，羅城境內逐漸安定，百姓也得以專心務農。

接著，于成龍親自帶領百姓恢復農業生產。羅城的人力不足，他便招募流民參加耕種；有人工作偷懶，他便經常巡視，獎勤罰懶；百姓生活困苦，他便上奏申請寬免徭役。另外還組織百姓修建民宅、學校和養老院、救濟院，使百姓接受教育，窮人和孤寡老人能有所養。僅三年，羅城便呈現出社會安定、百姓樂業的新景象。

于成龍爲百姓做好事、做實事，又「與民相愛如家人父子」，自然受到羅城百姓的擁戴。有一次，于成龍的家人來羅城看望他，羅城百姓得知消息後奔走相告，合力湊了不少錢獻給于成龍，請他的家人帶回作盤纏。于成龍笑著回絕道：「這裡離我家有六千里，路途勞頓，家人帶著這麼多錢回去反而更勞累，鄉親們還是拿回去吧！」羅城百姓跪在地上痛哭流涕，于成龍也感動得流下淚水，但最終還是沒有收錢。每次繳納田賦時，百姓總要留一些錢放到于成龍的桌子上，並眞誠地說：「您不要銀兩，不求吃穿，就拿這些錢買點酒也不成嗎？」于成龍實在推辭不過，就留下一壺酒的錢，把多餘的錢又退回去。

于成龍以卓越功績被舉薦爲廣西唯一的「卓異」，康熙六年（一六六七年），升任四川合州（今四川合川市）知州。離任時，當地百姓夾道哭號，追送數百里。

于成龍雕像

位於廣西羅城 佬族自治縣的羅城鳳山公園內，有一尊于成龍的大理石雕像，高三公尺，重三噸半，表達了當地人對這位廉吏的緬懷和追思

三舉「卓異」

經歷長期戰亂的四川合州，人口銳減到一百多人。于成龍到任後，招撫百姓開墾荒地，下令嚴禁官吏剝削百姓。一個月後，合州人口便增加到千餘人。兩年後，于成龍擢升爲湖廣黃岡同知。

當時，黃岡盜竊案頻繁，百姓人心惶惶，叫苦連天。爲了查明案情，于成龍假扮乞丐，混入盜賊中，白天打掃庭院，暗地摸清他們的行蹤。十幾天後，于成龍掌握證據，將這群盜賊一舉抓獲，繩之以法。其他盜賊聞風而逃，黃岡重獲安寧。

在審案斷獄方面，于成龍頗有宋朝包拯之風。他常常穿著百姓裝束微服私訪，到村落體察民情，因此能對案情瞭如指掌，爲民伸張正義，使不少冤假錯案得以昭雪。正因如此，民間流傳著「鬼有冤枉也來伸」的歌謠，百姓皆呼于成龍爲「于青天」。于成龍以其在黃岡同知任上的卓越表現，再次被舉「卓異」。

康熙十三年（一六七四年），于成龍代理湖廣武昌知府。適逢三藩之亂爆發，湖廣不少地區發生暴亂。這年五月，當地山寨發生暴亂，于成龍出面招撫。他發出安民告示，穩定百姓情緒，隨後又冒著生命危險孤身闖入山寨，說服暴民停止行動。僅用十天時間，便平定暴亂。後來，于成龍調任黃州。叛軍奸細又聯絡當地豪紳策反，聲勢浩大，形勢萬分危急。于成龍調集各鄉勇士迎戰，自己衝在最前面而使士氣大振。最終，于成龍「以民眾兩千，破敵數萬」，平定了這場動亂。

康熙十七年（一六七八年），于成龍出任福建按察使（主管一省刑事的官員）。儘管于成龍的官愈做愈大，但他勇於任事的銳氣絲毫未減。當時，清廷爲打擊臺灣鄭經的勢力，實行「禁海」政策，凡與海外有來往者都以「通海」罪名論處。一時間，數千百姓獲罪被判斬首。于成龍得知此事後，聲色俱厲地在庭堂上爲百姓申辯。他指著跪在堂下的婦女、兒童說：「這些都是無辜的平民，何罪之有？皇天在上，人命至重，我絕不能緘口不言，袖手旁觀！」在他的堅持下，千餘百姓得以釋放。次年，于成龍第三次被舉「卓異」。

自此，于成龍的廉能之名就此傳開。康熙十九年（一六八〇年）以後，于成龍先後擔任直隸巡撫、兩江總督，加兵部尚書、大學士等職。康熙二十年（一六八一年），康熙親自召見，賜予他白銀千兩、御馬一匹，親自賦詩一首表彰其廉能，並褒獎他爲「清官第一」。

百姓愛戴的「于青菜」

于成龍一生清貧克儉，節衣縮食。無論在窮鄉僻壤的小城，還是在富庶繁華的江南，他始終不改節儉作風，常常是以蘿蔔、青菜爲食，以糠代糧。爲此，百姓幫他取了個別號「于青菜」。

在于成龍從黃州赴任福建按察使的時候，數萬百姓相送。船快要開了，于成龍命僕人上岸買數百斤蘿蔔。船家見狀不解地問：「這種賤物，買這麼多做什麼用呢？」于成龍笑著說：「我一路上就靠它吃飯，買

治官之官

于成龍不僅自己為官清廉正直，也非常重視整頓吏治、肅清官場。他一生竭力抵制官場上的奢靡腐敗之風，對於賄賂、送禮等行為素來嚴懲不貸。于成龍在直隸任職時，曾發出檄文「討伐」頑劣庸碌的官員，責令屬下將貪污昏庸之輩速速上報，照章查辦。在江南任職時，于成龍微服私訪，發出了「吏治敗壞如倒狂瀾」的感歎。他接連頒布了《興利除弊約》和《新民官自省六戒》，凡他在的地方，「官吏望風改操」。對於廉潔奉公的官吏，于成龍則主張破格提拔，反對按資排輩。他曾多次不拘一格地舉薦人才，其中就包括與他同名的直隸通州知府于成龍（又稱「小于成龍」），成為一段佳話。

多了還可以壓船呢！」從直隸到江南任職的途中，于成龍免去一切排場儀式和隨員接送，自己雇了一輛驢車趕路，隨身僅帶數十文錢，沿途找最便宜的旅店投宿。

于成龍官位逐步升遷，但他仍舊「日食粗糲」、「佐以青菜」。于成龍的日常食用非常簡樸，「終年不知肉味」。在于成龍的餐桌上，從來看不到雞鴨魚肉。每天早晨，他從市場上買兩斤豆腐，這便是一天中最好的菜。于成龍喜愛在夜裡飲酒，每次僅以半壺爲限。有一次鬧災荒，于成龍發動富戶解囊資助百姓，自己則將僅有的一匹騾子也賣掉，得了十餘兩銀子，一天內便佈施出去。當時民間流傳著一首歌謠，唱道：「要得清廉分數足，唯學于公食糠粥。」

于成龍不僅自己生活清苦，也要求家人和僕役儘量儉樸。爲官二十多年來，他不論調往何處，都沒有攜帶家眷，連他的結髮妻子也是二十年僅見一面。他的子女從不穿華貴衣服，不吃奢侈飯菜，即便是前來看望于成龍時，也只能吃素喝粥。他的僕人平日飲茶，就將衙門後院的老槐樹葉當茶葉，日復一日，這棵槐樹竟至光禿。于成龍的儉樸之風使當時官場和民間風氣爲之一變。官員們爭相仿效，百姓們換上布衣，婚嫁不用音樂。

康熙二十三年（一六八四年），于成龍卒於任上，謚號「清端」。于成龍逝世時，身邊沒有一位親人。他的幕僚和隨從爲他檢點遺物時，發現屋內空蕩蕩，只有竹箱內的一身棉袍和盛著粗米、豆豉的幾隻瓦罐。

百姓們聽聞噩耗，紛紛聚在一起慟哭流涕。每天爲于成龍進香禱告的人有數萬之多，家家戶戶都繪製他的肖像祭拜。史書評價說：「于成龍得民心如此，古史罕見。」康熙聞訊後，賜祭葬，並感慨道：「居官如于成龍者能有幾！」

歲寒三友圖

人們通常將松、竹、梅並稱為「歲寒三友」，稱迎春、玉梅、水仙、山茶為「雪中四友」。此圖繪山茶、玉梅、水仙三種耐寒花卉，故也稱《歲寒三友圖》。

治理黃河

治理黃河，是少年康熙親手寫在宮廷柱子上的大事，也是康、雍、乾三朝的重要政務。為了消除水患，一代代治河官員傾注畢生心血，譜寫成許多鞠躬盡瘁、慷慨悲歌的傳奇。經過百年努力，治河終於有所成效，並且造福於民，成為一段江山圖治垂青史的輝煌篇章。

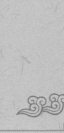

寫在宮廷柱子上的大事

康熙十六歲那年，曾經親手寫下三件大事，懸掛於宮廷的柱子上。這三件大事就是「三藩、河務、漕運」。後面這兩件大事都與黃河治理有關。在康熙執政的六十年間，治河始終是重要的大事。

康熙曾說，他從十四歲親政以後就留心治河問題，夙夜憂思，終身不輟。康熙九年（一六七〇年），康熙在太和殿策試天下貢生，所出的策論考題有兩道，一是吏治，一是治河。據統計，在康熙一朝，平均每年用於治河的費用達到三百萬兩白銀之多，由此可見康熙對治河的重視。

康熙如此重視治河問題，原因何在呢？一言以蔽之，是黃河水患帶來的嚴重災害。明末清初，由於社會長期動亂，黃河經久失修，下游堵塞，成爲高出地面幾公尺甚至十幾公尺的「懸河」。每當夏、秋季節河水上漲之際，黃河便多處決口，並且與淮河合流，給兩岸居民帶來極大災害。黃河水患波及豫東、皖北、魯南、蘇北等平原地區，致使房屋被淹、農田毀壞，百姓流離失所，生命安全遭到嚴重威脅。據統計，從清順治元年（一六四四年）到康熙十六年（一六七七年），黃、淮合流帶來的災害多達九十起，僅江蘇徐州至漣水（今江蘇省淮安市轄區）一段，黃河決堤就多達七、八十處。與此同時，多處河道淤積成陸地，漕運受阻，南、北方的糧食、紡織品、茶葉等貿易受到嚴重影響。

在黃河氾濫的諸多地區中，黃河、淮河、大運河三河交匯的淮安地區是治河的關鍵所在。康熙一生六次南巡，每次南巡必到淮安考察治河狀況。在康熙主政前期，長期在江淮地區負責治河的著名官員有兩位，一位是靳輔，另一位是陳潢。

「河務大吏」與「治水奇才」

康熙十年（一六七一年），安徽巡撫靳輔途經邯鄲呂祖祠，偶然發現牆上有一首題詩，文辭豪邁、才氣縱橫，不禁大爲讚歎。經過尋訪，靳輔得知這首詩的作者名叫陳潢，是一位精通河務的奇才。

陳潢自幼不喜愛寫八股文，卻將大部分精力用來研讀農田水利著作和實地考察黃河災情。長期以來，他在治理黃河的問題上形成了自己的理論和見解，但一直懷才不遇、不得重用。靳輔見到陳潢後，深感志同道合，便引爲知己，並請陳潢擔任自己的幕僚，專門協助治水要務。

康熙十六年（一六七七年），靳輔被任命爲河道總督，第二年又奉命兼管漕運事務。在治河工程中，靳輔是河務官，陳潢相當於總工程師。從此，「河務大吏」與「治水奇才」便攜手開始治河事務。

爲了充分掌握黃淮水患的第一手資料，靳輔與陳潢趕赴江蘇，用了兩個多月時間親自勘察徐州以下的河道和兩岸，艱苦跋涉數百里，終於掌握了淮安地區的情形。靳輔與陳潢審時度勢，提出了「先下游、再上游、疏堵結合」的治理方案，並核算所需費用，約爲二百一十六萬兩白銀。

然而，一經上報，立即引起了滿朝文武的爭議。不少朝中大臣認爲，平定三藩的戰事未歇，財政緊缺，治河工程又要耗費大量的人力、物力，應當暫緩施行。不久，靳輔與陳潢再次進行實地考察，指出黃淮水患的情況嚴重，已經「斷斷難以緩議」。康熙聽後，當即決定撥發銀兩二百五十餘萬，並限定靳輔三年之內完工。

束水攻沙治懸河

康熙十七年（一六七八年），在

《黃河形勢圖》（局部）

絹本彩繪地圖長卷，全長一千二百六十公分，高八十公分，現藏中國國家圖書館。這是康熙帝南巡時，河道官員進呈的地圖長卷。圖中對黃河兩岸的城池、堤防、支流、灌渠、山嶺、名勝古蹟都有標注名稱。

靳輔的指揮下展開了大規模的河道治理工程。

陳潢提出，治河要成功，先要「審勢」，掌握水和沙的基本規律，才能因勢利導。於是，靳輔與陳潢發展了明代治水專家「築堤束水，以水攻沙」的想法，提出「分流」、「合流」相結合的主張以及「築堤束水與引河放水交相使用」的理論。在平時，長期進行「合流攻沙」；一旦河水暴漲，則採取「分流殺勢」的應急措施，即在河道窄淺的險段修建減水壩或開挖引河，而在河流寬緩的河段，再將分流的洪水引回正河。此外，陳潢還發明了「測水法」，「以測土方之法」測定水的流量，因而形成了「束水攻沙」的科學治河方法。

幾年間，靳輔率人疏浚了黃河下游的清江浦（今江蘇省淮安市境內）至雲梯關（今江蘇省響水縣境內）河段，堵塞了黃河各處決口，使氾濫的洪水流入大海。在靳輔治河期間，黃河幾乎安然無患。

康熙二十三年（一六八四年）秋天，康熙第一次南巡，特地來到黃河沿岸視察河工。他在靳輔的陪同下，沿著泥濘的河岸步行十幾里，每到一處必要親自勘察水情，再三詢問，不時提出自己的意見。看到治河初見成效，康熙略感欣慰；看到河工差役工作辛苦，平民百姓生活貧困，他又急切地希望河工早日告成。感懷之餘，康熙賦詩一首，名爲《閱河堤作》：

「防河紓旰食，六御出深宮。緩轡求民隱，臨流歎俗穹。何年樂稼穡，此日是疏通。已著勳勞意，安瀾早奏功！」康熙將這首詩賜予靳輔，表達了自己治河的決心和對靳輔的厚望。

靳輔命人將御賜詩作鐫刻在石碑上，立於清江閘南岸。不久，康熙又命靳輔將多年的治河經驗彙集成書，以傳後世，此書便是中國水利史上影響深遠的《治河書》。

黃河岸邊

經過靳輔的治理，黃河之患大為減輕，沿岸百姓重返家園，安居樂業。

蒙冤去職終不悔

黃河水災得到有效控制之後，靳輔開始籌畫在宿遷（今江蘇省宿遷市

康熙御用對印

轄區）、桃源（今江蘇省淮安市轄區）、清河（今江蘇省淮安市轄區）三縣黃河北岸堤內開一條新河，稱爲「中河」，以引水壩洩水入「中河」，進一步減除黃河險段的隱患。

與此同時，位於江淮之間運河段以東的下河地區，由於地勢低窪，河水入海不暢，亟須整治。下河地區雖交由當時的安徽按察使于成龍負責，但仍受靳輔管轄。

于成龍遵循康熙的意見，主張疏浚海口。但靳輔、陳潢認爲，下河地區低於海面，疏浚會引起海水倒灌，應當設法減少下河地區的來水，並築造沿海堤壩阻擋潮水。然而，這些提議未能得到康熙的認同。靳輔在治河想法上與康熙、于成龍的分歧，爲他的官場變故埋下伏筆。

靳輔有效整治了黃河決口之後，大片被淹的農田得以重新耕作。面對河工費用不足的問題，靳輔決定只按原先照章納賦的田畝數歸還原主，餘下的田地則開墾爲屯田，以收入補償工費。然而，這一措施不僅引起了豪紳貴族的強烈反對，還成爲朝臣參奏他的把柄。于成龍等反對靳輔的朝臣，以屯田擾民、不遵聖意、治河無功等理由不斷參奏靳輔；後來明珠黨下台，又有官員揭發靳輔爲明珠同黨。康熙二十七年（一六八八年），康熙舉行廷議（廷臣會議，是清代的朝廷議事制度），最終判定靳輔即使治河有功，也逃脫不了「下河」、「屯田」兩大罪狀，因而免除了靳輔的官職。陳潢受到牽連，先被削職，後又被捕入獄，含冤病死。

不久，康熙重新勘察治河情況，發現靳輔、陳潢的主張符合實情，於是予以採納。第二年，康熙下令恢復靳輔的官品，並爲陳潢平反。

雖經蒙冤去職，靳輔仍在被起用後一心專注於治水事業，直至康熙三十一年（一六九二年）十一月病逝。提及靳輔、陳潢，江淮百姓無不感激涕零、追思懷念。

靳輔、陳潢卒後，河工仍待完善，康熙任張鵬翮爲河道總督，繼續實行治水方略。康熙四十二年（一七〇三年），河工基本告成，「淮黃故道，次第修復」。

此後，雍正、乾隆仍不忘繼承治河成果，任用了一代代出色的治河官員整修河工，其中比較著名的有嵇曾筠、嵇璜父子，高斌、高晉叔侄等。經過康、雍、乾三朝的努力，河務、漕運得到顯著改善，兩岸百姓亦深受其惠。

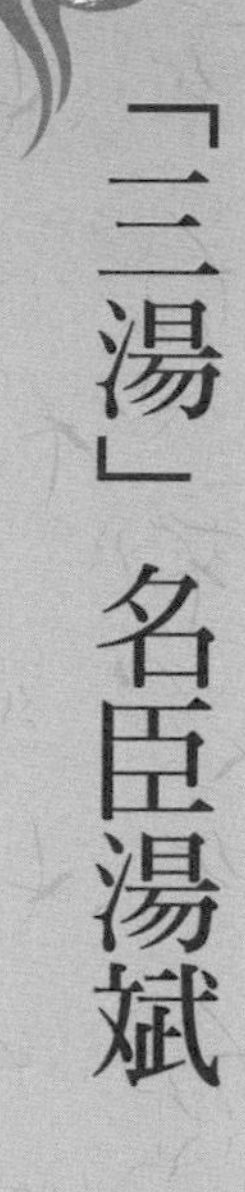

「三湯」名臣湯斌

湯斌，是集清朝理學之大成者，是史學鉅著《明史》的總裁，是深受百姓愛戴的清官廉吏，也是朝堂之上敢言直諫的諍臣。他遭人誣陷、含冤而死的命運令人感慨，然而他的博學與清廉終究卻使他名垂青史。

集理學之大成者

湯斌，字孔伯，生於明熹宗天啓七年（一六二七年），河南睢州（今睢縣）人。明崇禎十五年（一六四二年），流寇李自成率軍進攻湯斌的家鄉。湯斌的母親殉節而死；父親藏匿於葦草蕩中，幸得生還；湯斌在伯父的陪同下逃出城外，流離於外。他親眼目睹戰亂所帶來的生靈塗炭情景，立志要救民救國於水火之中。

順治九年（一六五二年），湯斌考中進士，踏上仕途。康熙三年（一六六四年），湯斌的父親病逝，他回鄉守孝三年。在此期間，湯斌師從理學家孫奇逢，並與顧炎武、黃宗羲等學者研讀宋明理學，在理學方面已頗有造詣。康熙十七年（一六七八年），康熙下詔設博學鴻詞科（科舉制度之外的考試，不限秀才、舉人資格），湯斌前去應考，一舉拔得頭籌。據記載，他在京城開設講壇時，理學學者接踵而至，講壇座無虛席。湯斌集古今理學之大成，在洛學（以「二程」爲代表的學派）領域尤其擅長，時人稱他爲「湯洛州」，康熙曾親自褒揚他爲「理學名臣」。

康熙二十年（一六八一年），湯斌開始參與修編《明史》，後來任《明史》總裁。他親自撰寫幾十萬字的史稿，並與其他官員認眞考據、悉心編纂。湯斌在史學、文學等方面都有所建樹，一生著作達數百卷。

「三湯」名臣

湯斌一生爲官清廉，被百姓稱爲「三湯」，即豆腐湯（清如水）、黃蓮湯（苦口良藥）、人參湯（清苦卻補氣提神）。湯斌歷任江西嶺北道參政、內閣學士、禮部侍郎、江蘇巡撫、禮部尚書、工部尚書等職，始終生活清苦、勤政爲民。據史料記載，湯斌任內閣學士兼禮部侍郎時，每天上朝都身穿布衣，與衣著光鮮亮麗的朝臣形成鮮明對比。後來，他升任江蘇巡撫，赴任時依舊衣著樸素，趕著牛車，只有一個老僕陪伴。當時，江南地區黃淮氾濫、災難不斷，百姓生活苦不堪言。湯斌到任後，立志與百姓共患難，每餐只吃野菜和粗糧，至多添一小塊豆腐。由此，湯斌的清苦作風廣爲傳頌，百姓親切地稱他爲「豆腐湯」或者「三湯」。不久，康熙南巡，時逢冬季，湯斌卻穿著單衣，以草根爲食。康熙看到後尤爲憐惜，賜予湯斌狐裘大衣以示嘉獎。

湯斌還是一位仗義執言、剛正不阿的諍臣。在朝堂之上，他不趨附權貴，敢於針砭時弊、抨擊朋黨。湯斌手書一聯以自勉：「君恩高似天，臣心直如矢。」

含冤而終

湯斌的剛直使他在官場上樹敵不少，其中就包括權傾朝野的明珠。湯斌任江蘇巡撫時，明珠的黨羽曾向其索賄，被湯斌嚴詞駁回。外省官員無不對明珠百般示好，唯有湯斌獨善其身，這令明珠耿耿於懷。

康熙二十五年（一六八六年），康熙打算爲太子胤礽選擇講師。胤礽自幼深受寵溺、行爲乖張。明珠料定這一差事必將害人，便有意舉薦湯斌。康熙表示同意，並稱譽湯斌「素行謹慎，潔己率屬，實心任事，以風有位」。於是，湯斌被任命爲禮部尚書兼太子首席講師。上任後，湯斌悉心講授，竭力輔佐太子，然而由於胤礽積習已久，未見多少成效。這時，明珠便以教導無方爲由參奏湯斌，康熙信以爲眞，便將湯斌治罪，罷其旗籍，降官職五級。消息傳出後，百姓無不義憤填膺，甚至有人擊鼓爲湯斌鳴冤。民心所向使康熙不由得驚詫，爲了平息民怨，他第一次改詔，宣布赦免湯斌。

然而，蒙受冤屈的湯斌不久便染上重疾，於康熙二十六年（一六八七年）病逝。爲官一生，湯斌僅攢下八兩白銀，連買棺材的錢都不夠。京城百姓聞此噩耗，都號啕大哭，萬餘人穿著白衣、素冠到京郊爲其送葬。雍正十年（一七三二年），湯斌被平反，一年後入祀賢良祠。乾隆元年（一七三六年），乾隆賜予湯斌謚號「文正」。湯斌也是清朝八位「文正」大臣中的第一位。

謝蓀・山水圖扇面

此扇面為工筆青綠山水，群峰列岫；喬松擁翠，挺秀多姿，飛瀑高懸，擊石有聲，造景奇特驚險，若鬼斧神工，不失自然天趣。

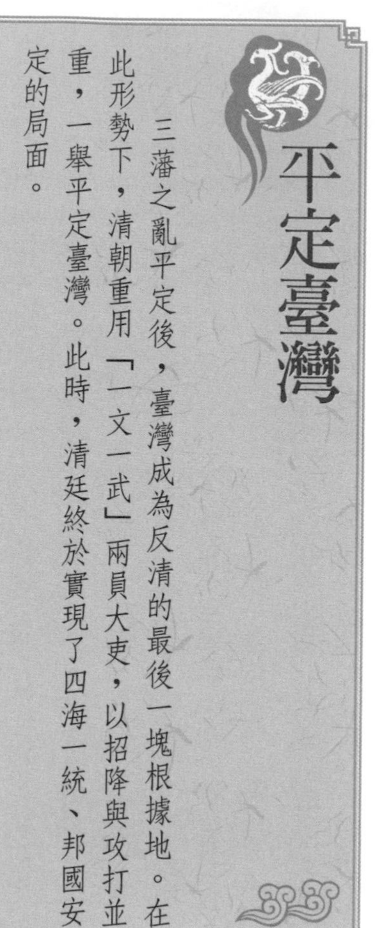

平定臺灣

三藩之亂平定後，臺灣成為反清的最後一塊根據地。在此形勢下，清朝重用「一文一武」兩員大吏，以招降與攻打並重，一舉平定臺灣。此時，清廷終於實現了四海一統、邦國安定的局面。

鄭氏經營臺灣

清康熙元年（一六六二年），鄭成功從荷蘭人手中奪回臺灣，從此開始了鄭氏家族對臺灣的治理。不久，鄭成功病逝，其子鄭經繼續統治臺灣。當時，清朝早已入關，據守南方的南明朝廷也已被剿滅，臺灣成爲反清復明的最後一塊根據地。

康熙二年和三年（一六六三年至一六六四年），清廷幾次派兵攻打臺灣，但只收回大陸沿海小島。此後，清廷對臺灣的政策改以招撫爲主，多次派使臣到臺灣勸說鄭經歸降。然而鄭經堅持臺灣要效仿朝鮮的例子，不削髮、不納貢，和議破裂。康熙十二年（一六七三年），三藩之亂爆發，清廷忙於戰事，更加無暇顧及臺灣的割據勢力。鄭經趁機出兵攻佔福建金門、廈門等地，後來被清兵打敗，又不得不退守臺灣。

鄭經兵敗退守以後，意志消沉，沉湎於酒色玩樂之中，逐漸荒廢了政務。據史料記載，他天天「嬉游爲樂」、「縱聲色以自娛」。爲了滿足一己私慾，鄭經大肆搜刮民脂民膏，向臺灣及沿海百姓徵收繁重的苛捐雜稅。百姓不僅要向鄭經政權供應大米、棕、麻、油、槳櫓、炭、鐵、釘等物品，還要服各種勞役、兵役。長期的橫徵暴斂，使百姓怨聲載道。

此外，鄭經政權內部也是衝突不斷。早在鄭經繼位之初，他就與叔父鄭世襲發生多次衝突。鄭經掌權後，處死鄭世襲多名心腹大將，而後任命自己的親信把持朝政，大肆剷除異己。鄭經的專權使鄭氏家族內部分化，不少鄭氏親族將領紛紛率兵投降清廷，大大削弱了鄭經政權的實力。

康熙二十年（一六八一年），鄭經逝世，臺灣政局動盪不安。鄭經長子鄭克𡒉在朝中威望較高，依照鄭經遺命本當襲位。然而權臣馮錫範卻暗殺鄭克𡒉，擁立只有十二歲的鄭克塽繼位，這一舉動使鄭氏家族的內鬥愈演愈烈。這時，籌備已久的康熙意識到平定臺灣的時機到了。

姚啓聖招降

康熙平定臺灣所倚賴的大臣有兩位，一位是文官姚啓聖，另一位是武將施琅。姚啓聖的重要貢獻在於施行「禁海」與招降等政策；此外，他還適時提出武力攻打臺灣的策略，並大力舉薦施琅為統帥。

姚啓聖，字熙止，明天啓四年（一六二四年）生於浙江會稽一戶富貴之家。他自幼飽讀詩書，常常以古代清廉之士爲楷模；此外，他還擁有一身好武藝和精湛的射術。康熙二年（一六六三年），姚啓聖參加科舉，獲鄉試第一名，被任命爲廣東香山縣知縣。康熙十七年（一六七八年），姚啓聖被擢升爲福建總督。

姚啓聖上任之後，一方面繼續實行「禁海」，切斷臺灣與大陸的經貿和軍事聯繫，使鄭經徹底被孤立；另一方面則大肆修造「修來館」，招降鄭氏將領和臣子。姚啓聖在招降方面成績卓越，鄭氏親族和將士前來投降的人數甚多。據史料記載，康熙十七年（一六七八年）六月到十一月，鄭經手下歸降清廷的軍官有一千二百三十七人、士兵一萬餘人；康熙十八年（一六七九年）初，鄭經手下近四百名文、武官員和一萬多名士兵又前來投降。「修來館」開設以後，兩年內便接納了臺灣的「五鎭大

赤嵌樓

赤嵌樓由荷蘭殖民者於清順治七年（一六五〇年）興建，位於臺灣臺南市。鄭成功平定臺灣後，以此為承天府署；後逐漸損毀，光緒年間重建。赤嵌樓下陳列的幾座大石碑為清乾隆五十三年（一七八八年）所立。

姚啓聖散盡家財

姚啓聖一生中數次為國捐資，甚至於將全部家產散盡。三藩之亂期間，擔任福建布政使的姚啓聖捐出五萬兩白銀，用來購買兵器和置辦軍資。當時統兵的康親王傑書聽聞後十分感動，多次表彰他。升任福建總督後，姚啓聖為了招降鄭氏官員和將士，又拿出自己的家產，為降將、降兵發俸祿。據史料記載，當時姚啓聖捐獻的銀錢達八萬八千兩，百姓皆稱他「用金錢如糞土」。

康熙二十年（一六八一年），清廷決定以武力進取臺灣，當時臥病在床的姚啓聖毅然承擔起籌備軍餉的重任。他不僅帶病四處奔走，還把自己家裡的金銀器具以至於妻室的首飾都捐獻出來。將士們在搬運這些器具和首飾時，都不禁落淚。然而不久，姚啓聖就遭人誣陷，含冤被貶，病逝家中。這時，他的家產已盡，連下葬的錢都沒有，百姓見此情景無不痛哭感念。

將」廖碘、黃靖、賴祖、金福、廖興以及著名將領朱天貴。

對於這些投降的將領和官員，不論職位高低，姚啓聖一律奏請康熙按照原品級錄用，允許他們任意提出請求。他將鄭氏降兵編入水師，主持修造了四百艘大戰船，還從江浙調集了二百艘戰艦，大大增強了清軍水師的實力。為了分化鄭經的勢力，姚啓聖還安排降將、降兵與那些仍然為鄭經效力的官員書信往來，使鄭經心生猜忌，朝綱更加混亂。在「禁海」和招降的雙重打擊下，鄭經政權四分五裂、人心渙散。

康熙二十年（一六八一年）正月，鄭經病死，其子鄭克塽襲位，局勢更加動盪。姚啓聖得知此訊後，認為武力攻打臺灣的條件已經成熟，便立即上疏康熙「急攻臺灣」，並大力推薦水師名將施琅擔任總指揮。姚啓聖的奏章到達京城後，朝臣卻議論紛紛。有的大臣提出

康熙楷書

康熙酷愛書法，自稱：「朕自幼習書，毫素在側，寒暑靡間。」可見他習練書法用功之勤。康熙推崇宋代米芾、明代董其昌等名家，但仍以宋、明之「宸翰書」為範，所以其書法寬和而舒暢。

三藩剛平，天下初定，不宜再動武力；有人認爲臺灣乃彈丸之地，棄之不管即可；有人則認爲清軍不善海戰，攻則必敗；還有人提出施琅乃鄭成功舊部，去則必反。這時，姚啓聖始終堅持自己的意見，內閣大學士李光地也再三舉薦施琅，最終，康熙下詔任命施琅爲福建水師提督，準備攻取臺灣、澎湖。

「海霹靂」攻臺

施琅是清廷平定臺灣的第一功臣。今日福建省晉江市的施琅紀念館中還保留著一副對聯，稱讚施琅有「復臺千古」之功。

施琅，字琢公，明天啓元年（一六二一年）生於福建。他驍勇善戰，統兵有方，尤其擅長指揮水師作戰，故被稱爲「海霹靂」。早在康熙三年（一六六四年），時任福建水師提督的施琅就上疏康熙，建議「進攻澎湖，直搗臺灣」。同年，施琅兩次率兵出海，都因爲遇到颱風無功而返，他也因此被免職。此後十幾年間，施琅不斷上疏，奏請出兵攻打臺灣，然而清廷困於三藩叛亂，始終沒有批准。施琅並未因此而放棄，仍日夜觀察福建沿海的動向，等待清廷攻臺的命令。

康熙二十一年（一六八二年），姚啓聖與李光地以施琅「熟習海上情形」、「有謀略」爲由，力薦施琅爲福建水師提督，獲得康熙允准。當時已經年過六旬的施琅終於被起用。施琅上任後，便迫不及待著手整頓船隻，訓練水兵，組織工匠製造軍械，「夜以繼日，廢寢忘食」。幾個月後，原本薄弱的清軍水師在施琅的調教下變得「船堅兵練，事事全備」，不僅熟悉海上作戰的環境，還配備精良的大砲和堅固的戰船。

康熙二十二年（一六八三年），福建水師準備就緒，渡海作戰的時機終於到來了。施琅認爲，臺灣海峽氣候變換多端，風浪洶湧險惡，清軍應當考慮到這些困難，制定穩妥而周密的作戰策略。他提出要先攻佔臺灣的門戶——澎湖，這樣便能「扼其

南懷仁鑄造的「威遠將軍」銅砲

喉」；然後再以大軍壓境，派遣官員招降鄭氏，臺灣便可平定。依照傳統打法，出兵渡海的日期宜選在東北風盛行的時候，但施琅決定出其不意，選擇西南風始發季節出兵，兵分三路，中路集中優勢兵力與敵軍主力會戰，東、西兩翼配合作戰。

六月十四日，施琅率領清軍水師二萬人、戰船三百餘艘向澎湖進發。當時，守衛澎湖的是鄭氏軍隊的著名將領劉國軒。劉國軒能攻善守、經驗豐富。他深知澎湖戰略位置的重要性，故早已在澎湖築起堅固的防守。澎湖沿岸修築起短牆，安裝了火砲，環島二十餘里的範圍內均設置堡壘，以抵抗清軍。據史料記載，當時駐守澎湖的鄭氏軍隊約二萬人，戰船二百餘艘，與清軍勢均力敵（實際上不足這個數目，不排除有施琅爲邀功而誇大的成分）。施琅出兵的前幾日，海上颱風不斷，劉國軒推斷清軍不敢貿然進攻，於是防備有所鬆懈。當得知施琅的水師已逼近澎湖時，劉國軒大吃一驚，只得倉皇應戰。

在經歷了小規模海戰後，六月二十二日，施琅率兵發動攻勢。他親自率領主力中路軍迎戰敵軍，突入敵陣，與敵軍展開殊死搏鬥。在搏鬥中，施琅被敵軍的暗箭射傷了眼睛，鮮血直流，但仍身先士卒，毫不畏縮。清軍的將士們見此情形大受鼓舞，紛紛衝鋒殺敵，浴血奮戰。經過七、八個小時的拚殺，澎湖守軍全軍覆沒，劉國軒僅帶著剩下的幾條小船逃回臺灣。

澎湖失守後，臺灣便失去了屏障，鄭氏聞訊果然大驚失色、手足無

金桂月掛屏

此屏以金捶打出奇秀的山石和高聳的桂樹，盛開的桂花掛滿枝頭。空中高懸一輪明月，朵朵白雲飄然而過，描繪了一派金秋美景。左上角嵌金字楷書「御制詠桂」詩一首。四周鑲以夔龍紋紫檀邊框。金掛屏精美典雅，製作精良，為捶鑿工藝的代表作。

三改門庭惹爭議

施琅曾三度改易門庭，兩次爲明朝軍隊效力，兩次投降清軍，因此惹來後世諸多爭議。施琅本是明朝將領鄭芝龍（鄭成功之父）的部下。後來明朝覆亡，清軍南下，鄭芝龍臨陣投降，施琅也隨之降清。然而，鄭成功對於父親的投降感到不齒，便率兵繼續與清軍作戰，並多番勸說施琅投靠自己，一同抵抗清軍。施琅經過一番深思熟慮，決定加入鄭成功的軍隊。但施琅因爲性格直率，多次與鄭成功發生衝突。最終二人因一名叫曾德的屬下反目成仇，鄭成功下令逮捕了施琅及其父親、兄弟。後來，施琅僥倖逃走，鄭成功一怒之下處死了施琅的父親及兄弟，與施琅結下不共戴天之仇。走投無路又一心報仇的施琅，於順治八年（一六五一年）再度投降清廷。因此，施琅在明、清兩軍中幾度反覆的人生經歷，常常遭到後世詬病。

措。劉國軒對鄭克塽勸說道：「澎湖失守，人心已經不穩，如今清軍又大兵壓境，可謂大勢已去。自古至今，識時務者爲俊傑，不如順應天命，歸降清廷吧。」馮錫範也主張開城請降。鄭克塽聽後無奈地說：「人心風鶴，守則有變；士卒瘡痍，戰則難料。還是投降吧，免得追悔莫及！」

康熙二十二年（一六八三年）八月，清軍進駐臺灣，鄭克塽獻出象徵統治權的延平王金印，率眾剃髮從降。至此，臺灣回歸清朝統治。

四海一統

平定臺灣的捷報傳至京城，正逢中秋佳節，雙喜臨門，康熙感到萬分欣慰。他親自賦詩慶賀四海一統，並加授施琅爲靖海將軍，封靖海侯，世襲罔替。此後，康熙又下詔妥善安頓鄭克塽、馮錫範、劉國軒等人。

然而，當時清廷對於臺灣的重要性並沒有太多認識。絕大多數朝臣認爲臺灣只是孤島，對於江山社稷並無太大意義，主張將臺灣百姓悉數遷往中國，將臺灣棄置爲荒島。康熙在是否留臺的問題上，也傾向於棄島。但施琅對臺灣的地位和意義有深刻的理解。他上了一道《陳臺灣棄留利害疏》，指出臺灣的戰略位置非常重要，是「江、浙、閩、粵四省之左護」；且土地肥沃、物產豐富，經濟的開發潛力很大；況且自古以來，「得一土則守一土」，斷沒有攻取以後再割棄的道理。施琅鞭辟入裡的分析最終打動了康熙，使其決定駐守臺灣。

康熙二十三年（一六八四年），清廷設置臺灣府，隸屬福建省管轄。此後，清廷還推行了獎勵墾荒、興修水利、輕傜薄役、修建學堂等政策，使臺灣的經濟、文化得到發展。

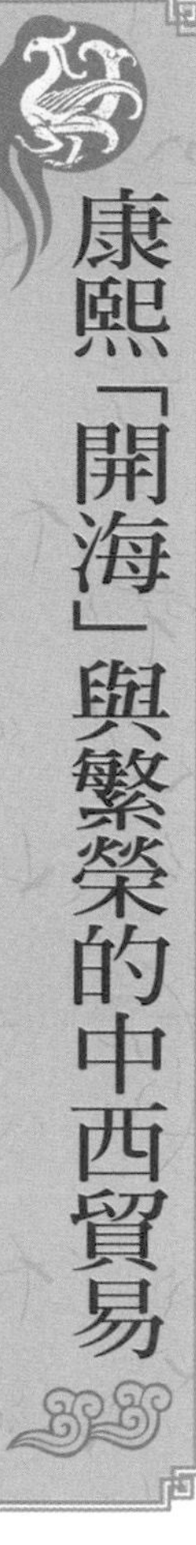

康熙「開海」與繁榮的中西貿易

臺灣平定後，康熙力排眾議，廢止了禁海令，開始推行「開海」的貿易政策。「開海」後，四大海關設立，「廣東十三行」等行商組織相繼出現，一些有利於對外貿易的政策得以施行。在國內手工業、商業日益發達的基礎上，中西貿易逐漸呈現出繁榮的景象。

康熙「開海」

清朝自順治年間起，爲了切斷沿海地區與鄭氏抗清力量的聯繫，一直實行禁海政策。康熙二十二年（一六八三年），清軍攻克臺灣，鄭氏歸降清廷。臺灣平定後，兩岸居民需透過貿易互通有無，維繫生計，「開海」勢在必行。然而，朝中不少大臣仍對開海持反對意見，認爲「開海」會造成海盜猖獗、治安混亂、物價波動、官員貪賄等嚴重後果。

這時，康熙頗有遠見地認爲，「開海」能夠帶來巨大的貿易收益，清廷可以藉由設立海關將這些利益收回，進而緩和中央的財政壓力。如果禁海，只能讓地方官員享盡私呑走私的好處，不僅於朝廷無利，反而更加助長官員舞弊之風。而且，「開海」將造福沿海地區的百姓，使粵、閩「二省民用充阜，各省俱有補益」。

康熙二十三年（一八六四年），康熙力排眾議，宣布廢除禁海政策，准許開海通商，並籌建海關。

四大海關與「廣東十三行」

第二年，清朝在東南沿海地區建立江、浙、閩、粵四大海關，主要管理對外貿易、徵收關稅。海關設立以後，清廷推行了一連串鼓勵對外貿易的政策。比如，改變明朝時單純根據船隻大小抽取稅銀的方法，而代之以根據貨物品種抽取貨物稅；統一四大海關的稅率和計稅方法，避免重複徵稅。

四大海關中，以粵海關最重要、貿易量最大、權限也最高。康熙二十五年（一八六八年），粵海關由官府招募了十三家較有實力的商行，代理海外貿易，俗稱「十三行」。此後，其中的行商家數雖變動不定，但「十三行」已成爲這個商人團體約定俗成的稱謂。

乾隆二十二年（一七五七年），清廷下令「一口通商」，四大海關僅留廣東一處，十三行由此達到鼎盛期。此後的一百年間，十三行向政府提供了約百分之四十的關稅收入。當時，幾乎世界上各主要國家和地區都與十三行有貿易往來，大量的茶葉、絲綢、陶瓷等商品從廣州源源不斷地運往世界各地。據記載，道光二年（一八二二年），十三行處所發生火災，被熔化的洋銀竟流出一、二里地，燒燬了價值四千萬兩白銀的財物，可以想像十三行當年的繁盛。

繁榮的商業和貿易

康熙年間，社會經濟繁榮發展，當時，紡織、瓷器等手工業較發達，產品豐富，不僅能滿足國內市場的需求，還能遠銷國外；佛山、漢口、景德、朱仙被譽爲「天下四大鎮」；徽商、晉商、陝商以及江蘇的洞庭商人、浙江的寧波商人等十分活躍。

在此基礎上，自「開海」政策實行以來，中西貿易額直線上升，海關稅收成爲清廷財政收入的重要來源，每年爲清廷提供至少一百餘萬兩白銀的收入。與中國貿易的西方國家有荷蘭、英國、丹麥、西班牙等國，中國從西方進口珠寶、毛呢、手工藝品等商品，並向西方出口絲綢、茶葉、瓷器等物品。

然而，康熙的「開海」政策並沒有一直施行下去。到了康熙晚年，迫於反對「開海」的種種壓力，康熙又開始實施限制貿易、閉關鎖國的政策。

十三行碼頭

這幅清代外銷水粉畫，描繪了當時廣州十三行碼頭繁盛的場景。

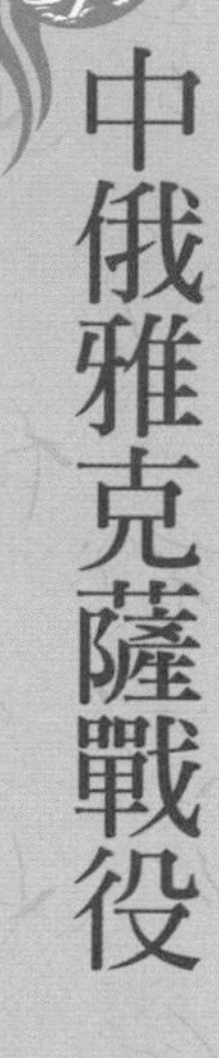

中俄雅克薩戰役

自明中葉以降，北方沙皇俄國逐漸強大，開始覬覦中國黑龍江流域的大片領土。明末清初，中俄經過多次激戰，直到康熙二十六年（一六八七年），清軍終於贏得勝利。戰後，清廷與俄國簽訂了中國歷史上第一個對外平等條約《尼布楚條約》。

俄國入侵東北

從明中葉開始，北方沙皇俄國逐步擴張，至明崇禎五年（一六三二年），俄國擴張到西伯利亞東部的勒拿河流域，開始不斷派兵侵略中國黑龍江流域。

明崇禎十六年（一六四三年），俄國派兵百餘人南下，越過外興安嶺，侵入當時中國的領土精奇里江流域。精奇里江中游是達斡爾人的故鄉。俄國殘忍地殺戮達斡爾人，後來，又進攻黑龍江流域。

清廷入主中原後，將俄國趕出國境，擁有黑龍江流域的管轄權，設立盛京將軍（駐今遼寧瀋陽）、寧古塔將軍（駐今黑龍江寧安）和黑龍江將軍（駐今黑龍江瑷琿），並把當地居民編入八旗。然而，俄國對這一帶的侵略活動並未因此停止。

順治三年（一六四六年），逃回俄國的侵略兵帶回關於中國黑龍江流域的資料，其領軍波雅科夫大肆宣揚黑龍江地區盛產穀物和貂皮等，「力主佔領阿穆爾（黑龍江）地區」。這提議得到俄國當局的重視和讚許。

順治六年（一六四九年），西伯利亞富商哈巴羅夫自己出錢招募了一支一百五十人左右的隊伍，並在雅庫茨克長官的支持下入侵黑龍江流域。他們向當地居民徵稅，但遭到極力反抗，不得不撤回到雅庫茨克。第二年，他們又捲土重來，帶著三門火砲

神威無敵大將軍砲

康熙十五年（一六七六年）鑄造，銅質，在雅克薩戰役中發揮強大威力。

和不少槍支彈藥，強佔雅克薩城（在今漠河東，黑龍江北岸）。俄國在雅克薩殺人放火，襲擊百姓，使當地居民苦不堪言。不久，二百餘名俄軍又強佔黑龍江下游赫哲人聚居區。當地居民奮起反抗，後來，清軍出兵支援，接連在順治九年（一六五二年）打死、打傷俄國侵略兵八十八人；在順治十五年（一六五八年）殲滅侵略兵約二百七十人。順治十七年（一六六〇年），黑龍江中、下游的俄國侵略者大致被肅清。

雅克薩之戰

康熙年間，俄軍再次入侵雅克薩城。康熙多次警告，都無濟於事。康熙二十三年（一六八〇年），俄國公然將尼布楚（今俄國的涅爾琴斯克）變爲西伯利亞一個軍事據點。三年後，俄國又成立了雅克薩軍事據點，並設立農莊，「耕田自給」。

面對俄國「用兵不已，邊民不安」的困境，康熙決定恩威並用、剿撫兼施。康熙一方面派兵戍守在黑龍江，偵察地形軍情，建立邊防和城寨，興建與俄國侵略兵對峙的堡壘；另一方面派兵截斷俄國侵略兵來往的道路，杜絕俄國周邊貿易，令其陷入困頓疲憊的窘境。

康熙二十一年（一六八二年），康熙下令調兵一千五百人進駐額蘇里（今俄羅斯斯沃特德內西南），調兵千餘人進駐璦琿（今黑龍江省黑河市，咸豐八年即一八五八年後始稱璦琿），準備兵馬、砲火、船艦，開始爲收回雅克薩做準備。第二年，康熙嚴令俄國撤出中國領土。但俄國軍隊不但不予理睬，反而繼續派兵到璦琿燒殺搶掠。面對俄國的侵略，康熙終於忍無可忍，決定以武力反擊。

康熙二十四年（一六八五年），康熙命都統彭春率軍從水陸兩路開赴雅克薩。彭春率兵抵達雅克薩城下後，先是招降，然而其俄軍將領托爾布津自恃兵力充足、武器齊備，誓與

雅克薩戰役油畫

清軍力拚到底。第二天，彭春命清兵從水陸兩路夾擊敵軍，陸軍屯師城南，水師集結於城東南，另在城北布置一批火砲，向敵軍猛攻。遭受砲轟的俄軍僅堅持兩天便投書乞降。在清軍的要求下，俄國軍隊即刻離開雅克薩，撤至尼布楚。這一戰勝利後，清軍在璦琿、墨爾根（今黑龍江省嫩江縣）等地設立防務，其餘兵力回師。

不料，同年俄軍就背信棄義，再次入侵雅克薩。康熙得知後憤慨無比，下令即刻反擊。康熙二十五年（一六八六年）七月，二千餘名清軍圍攻雅克薩，在城南、北、東三面掘壕，並派戰艦巡邏城西河域。不出一年，俄軍死傷近千人，其將領托爾布津中彈身亡，最終只餘下六十六人還在負嵎頑抗。這時，俄國國內政局不穩，年幼的彼得大帝（Peter the Great）尚未當權，貝加爾湖以東又有蒙古人的抗俄之戰，俄國已自顧不暇，破城指日可待。

中俄《尼布楚條約》

康熙二十六年（一六八七年），俄國眼看雅克薩即將失守，急忙遣使議和，請求清軍撤兵。康熙答應其請求，准許俄國軍撤往尼布楚。

次年，中俄雙方開始遣使談判。俄方派戈洛文爲大使，中方派領侍衛內大臣索額圖和國舅佟國綱率團赴中俄邊界，傳教士徐日昇與張誠擔任翻譯。臨行前，索額圖向康熙請示：「尼布楚、雅克薩都是我朝所屬領土，此次臣率領談判代表團前去，一定會竭力爭取中俄以尼布楚爲邊界，使尼布楚以內的地區都劃爲我朝領地。」康熙則態度緩和地說：「你們談判之初仍要堅持以尼布楚爲邊界，不過要是俄國使者懇求要尼布楚爲他們的領地，你們也可通融，就以額爾古納河爲界也可以。」

康熙二十八年（一六八九年）七月，中俄雙方開始漫長的談判。起初，俄國提出以黑龍江至海爲邊界的無理要求，妄圖將戰爭未能侵吞的黑龍江以北大片領土據爲己有。索額圖據理力爭，申明黑龍江一帶自古隸屬中國領土，並羅列俄國入侵挑釁的種種惡行，駁斥了俄國的請求。接著，俄國做出讓步，提議將邊界劃到牛滿河或精奇里河，而索額圖提出以尼布楚爲界，雙方未能談攏。後來，俄國同意將雅克薩劃爲中國領土，索額圖便根據康熙的旨意做出有誠意的讓步，提出中俄以格爾必齊河和額爾古納河爲界。雙方在尼布楚經過半個月的協商，終於在康熙二十八年（一六八九年）七月二十四日締結中俄《尼布楚條約》。

平等條約？

根據《尼布楚條約》，中俄以外

興安嶺至海、格爾必齊河和額爾古納河為邊界，黑龍江以北、外興安嶺以南和烏蘇里江以東地區為中國領土；雅克薩城屬於中國領土，俄軍遷回俄國境內，拆毀雅克薩城；締約之後有逃亡者，兩國各不收納，已在對方國家的居民一切照舊；中俄居民帶有往來文票（相當於護照）者，可以進行邊境貿易等。

《尼布楚條約》是雅克薩戰役勝利之後的成果。中俄依據該條約，在此後的一個多世紀內相安無事，確保了中國東北邊境的安寧。學界一般認為，中俄《尼布楚條約》是中國歷史上與外邦締結的第一個平等條約，理由在於雙方簽訂方式是自願平等，該條約符合兩國政府的要求和意願，也維護了兩國的和平。但也有學者認為《尼布楚條約》是不平等條約，是「勝利者的賣國」，因為清廷在戰爭勝利和國力強盛的前提下，卻白白讓送了外興安嶺附近數十萬平方公尺肥沃的土地。誠然，外興安嶺附近地區自古就是中國東北少數民族的聚居地，自唐以來始終受中央政府統治。然而，康熙同意讓出一些領土，既是出於懷柔的大國風範考慮，也是由於清初局勢尚不穩定，不宜與俄國征戰消耗國力。因此，對於雅克薩戰役與《尼布楚條約》，主流的評價觀點仍是積極正面的。

俄國侵吞中國大片領土

清道光二十年（一八四〇年），英國發動鴉片戰爭，使中國門戶洞開，締結了近代史上第一個不平等條約——《南京條約》。俄國見勢眼紅，緊接著就在咸豐六年（一八五六年）英法聯手挑起的第二次鴉片戰爭期間趁火打劫，強迫清廷簽訂了割讓領土的《璦琿條約》和《北京條約》。咸豐八年（一八五八年）簽訂的中俄《璦琿條約》規定中國將黑龍江以北、外興安嶺以南的六十多萬平方公里的領土劃歸俄國；咸豐十年（一八六〇年）簽訂的中俄《北京條約》規定，烏蘇里江以東（包括庫頁島在內）約一百四十萬平方公里的中國領土強行劃歸俄國。此後，俄國又通過《續勘喀什噶爾界約》、《滿洲里界約》等條約侵吞中國不少領土。俄國亦成為侵佔中國領土最多的國家。

香山團城的紅衣大砲模型

北京香山團城始建於清乾隆十四年（一七四九年），是清朝皇帝訓練及檢閱八旗軍士的場所。

落第才子的鬼狐世界

「家徒四壁婦愁貧」，這是蒲松齡一生真實寫照。他終生窮困潦倒，科舉失意，數次參加鄉試都名落孫山，直到七十一歲才補為貢生。然而，他卻以奇聞異志寫出了文學鉅著《聊齋誌異》，使中國古典短篇小說達到巔峰。

屢試不第

山東省淄博市淄川區有一座依山環水的小村落，名爲蒲家莊，清朝小說家蒲松齡的故居就坐落在此。明崇禎十三年（一六四〇年），蒲松齡出生於家道中落的家庭，兄妹五人，他排行第三。蒲松齡的父親以經商爲業，學識很好，因此親自教授幾個孩子讀書。蒲松齡自幼受到良好的教育，刻苦學習，聰敏伶俐，深得父親的寵愛。

十九歲時，蒲松齡開始參加童子試（科舉考試中最低的一級，考中者即爲秀才），考試題目爲「蚤起」，出自《孟子》的〈齊人有一妻一妾〉篇。蒲松齡沒有按照清朝科舉八股文的寫法來寫，而是發揮想像力，天馬行空揮就一篇諷刺文章。文中稱書生追求金榜題名，小人追逐榮華富貴，還有很多人天天守在富貴人家門前逢迎拍馬，只有那些對功名不感興趣的深閨女子可以在家中悠閒地睡懶覺。文中有人物對白、獨白和心理描寫，生動地刻畫了社會醜陋現象。當時擔任主考官的是大文學家施閏章，他審閱蒲松齡的文章後拍案叫絕，大筆一揮寫下八個大字的評語：「觀書如月，運筆如風」，而後圈定蒲松齡爲山東秀才第一名。那一年，蒲松齡獲縣、府、道三試第一，一時間聞名鄉里。

然而，蒲松齡的文章雖寫得好，卻終究不合當時八股取士的要求。此後他再也沒能遇到如施閏章一般的考官，科舉路上挫折不斷。蒲松齡一生至少四次（確切次數並無記載）應考舉人，全都名落孫山。其中，有兩次竟然僅僅是因爲犯規而落榜。四十八歲時，蒲松齡應考，當時他感到文思如泉湧，行文如流水，很快就洋洋灑灑灑寫完一篇文章，可是回頭一看，竟然「越幅」了。所謂「越幅」，就是違反書寫規則。清朝科舉考試要求每頁寫十二行，每行寫二十五個字，寫完一頁要接續寫下一頁。而蒲松齡因寫得太快，越過了第二頁，直接寫到了第三頁，如此一來，要被取消題名資格。事後，蒲松齡滿腔遺恨地寫道：「得意疾書，回頭大錯，此況何如！覺千瓢冷汗沾衣，一縷魂飛出舍，痛癢全無。」三年後，五十一歲的蒲松齡又去應考，卻又不慎出錯而再次被取消終試資格。這次考試失敗後，蒲松齡的妻子劉氏勸他說：「您已經年過半百，與其堅持一次次地應考，還不如享受山林之樂。」蒲松齡聽後非常感慨，回想大半生的失敗經歷，如今自己和家庭再也不能承受這樣的打擊，終於無奈地放棄科舉。

滿腹才華的蒲松齡就這樣被埋沒了。他一生鬱鬱不得志，直到七十一歲時才被補爲貢生，這還是清廷按例給七旬考生的安慰功名。

家徒四壁婦愁貧

不中科舉，就不能改變家境的貧苦。迫於生計，蒲松齡只好去做在當時地位低下、收入微薄的私塾先生。然而，這樣仍然不能保證家庭的溫飽。於是，數十年間，蒲松齡及其家人幾乎一直過著「家徒四壁婦愁貧」的苦日子。

蒲松齡的兩個嫂子潑辣異常，常爲了豐厚的家產而吵著要分家，蒲松齡的妻子劉氏賢惠忍讓，結果只分到破得連門也沒有的三間老屋，還有僅夠吃三個月的糧食。當時，蒲松齡只是個窮秀才，爲了養家，他先後在當地的一些名門望族家中教書。事實上，私塾先生的待遇本來就非常微薄，而蒲松齡是到別人家中教書，其待遇就更低。據記載，私塾先生一年

《鑄雪齋抄本聊齋誌異》書影

「聊齋」是蒲松齡的書屋名，「志」是記述的意思，「異」指奇異的故事。全書共有文言短篇小說四百九十一篇，多借狐、仙、鬼、妖之事，來反映當時的社會風貌。

的薪金頂多八兩銀子，這些錢還不夠養活兩口之家。蒲松齡拿著比這更少的錢，卻要養活一個六口之家（蒲松齡與劉氏生有三兒一女），其生計艱難可想而知。而蒲松齡屢試不第，始終無法透過科舉來改變命運，於是私塾先生一做就是四十五年，這對於蒲松齡本就貧苦的家境而言無疑是雪上加霜。

蒲松齡曾寫下《日中飯》一詩，詩中說，到了快收割麥子的時候，家中沒有糧食，只能煮一鍋稀飯，三個兒子都在搶最稠的一碗，小女兒只能遠遠地、眼巴巴地看著自己的父親，蒲松齡不禁感歎道：「教我如何養活可憐的孩子！」他還寫了一篇風趣詼諧的短文《祭窮神文》，文中說：「窮神窮神，我和你到底有什麼親，爲什麼寸步不離地跟著我？我就算是個家丁，或者是你護駕的將軍，你也要放我幾天假啊！怎麼你一步也不放鬆，就好像熱戀中的情人？」幾句嬉笑的話語，反襯出蒲松齡生活之苦。

寫鬼寫妖高人一等

科舉的坎坷與生活的艱辛，使蒲松齡深刻地觀察了社會弊端和世態炎涼，這成爲他創作短篇小說集《聊齋誌異》的豐富素材。

根據記載，蒲松齡喜愛蒐集民間的奇異故事，無論妖神鬼怪抑或奇聞軼事，他都認眞地記錄下來，回到家中把它改編爲短文。

有一次，蒲松齡聽一位木匠講了一個故事，說從前有個皇帝喜歡鬥蟋蟀，就逼迫全國各地每年進貢蟋蟀。有一戶人家實在交不出，被官府罰了重金，還打得死去活來。後來，這人好不容易捉住了一隻大蟋蟀，卻被小兒子不愼弄死。小兒子害怕挨打，就悄悄地投井自殺。正當全家人痛哭的時候，一隻大蟋蟀出現了。家人忙把它捉住獻給官府，才使全家倖免於難。後來才得知，這隻蟋蟀是投井的小兒子變的。蒲松齡聽後感傷落淚，改編爲著名的短篇小說《促織》。

類似的改編故事還有〈席方平〉、〈狼〉、〈口技〉等，他們都是《聊齋誌異》中的篇章。除了基於民間傳說而改編的故事，《聊齋誌異》還有不少根據前人作品改寫的短篇小說，如〈嶗山道士〉等。此外，蒲松齡還寫就了一批極富想像的奇幻題材小說，如〈畫皮〉、〈聶小倩〉、〈鴉頭〉等，文章中以狐妖女鬼爲主角，或驚悚怪誕，或曲折離奇，或催人淚下，充分表達了民間純眞的愛情觀。

《聊齋誌異》歷經蒲松齡「集腋成裘」、「浮白載筆」的艱苦寫作，於康熙十九年（一六八〇年）完成「孤憤之書」。書中收錄了短篇小說四百九十一篇，題材涉及社會黑暗、人民疾苦、科舉腐敗等諸多方面，以狐妖鬼怪的故事諷喻現實，揭露了當時的社會現象。《聊齋誌異》成書後，由於蒲松齡家境貧困，一直無力出版。康熙五十四年（一七一五年），七十六年歲的蒲松齡與世長辭。此後，《聊齋誌異》的各種手抄本流傳於民間，直至乾隆三十一年（一七六六年）才正式刊印出版。

近代文學家魯迅評價《聊齋誌異》爲「用傳奇法，而以志怪」；郭沫若盛讚蒲松齡「寫鬼寫妖高人一等，刺貪刺虐入骨三分」；老舍也稱讚蒲松齡的著作是「鬼狐有性格，笑罵成文章」。

明清志怪小說

《聊齋誌異》以奇幻的形式談狐說鬼，堪稱歷代志怪小說的典範。事實上，早在唐代，民間就流傳有一些記載奇聞異事的筆記小說。明朝中後期，《封神演義》、《西遊記》兩部志怪小說著作相繼問世。《封神演義》依托於武王伐紂的歷史，以奇特的想像力和篇幅描述了哪吒鬧海、姜子牙下山、文王訪賢等故事。《西遊記》則基於玄奘西行取經的故事，撰寫了孫悟空出世、大鬧天宮、降妖除魔等情節。這兩部小說與《聊齋誌異》同為志怪小說的集大成之作。

清人繪《聊齋誌異》插圖

戲曲雙璧「南洪北孔」

戲曲藝術歷經元、明兩代，至清初達到發展高峰。有「南洪北孔」美譽的兩位戲曲家洪昇與孔尚任，分別以其傳奇性的人生感悟與生動的文學筆觸，創作了《長生殿》與《桃花扇》兩部鉅著。這兩部戲曲流傳深遠，經久不衰。

歷盡劫難到白頭

清初著名戲曲作家洪昇與孔尚任並稱爲「南洪北孔」。洪昇來自浙江錢塘（今浙江杭州），孔尚任來自山東曲阜，二人在戲曲創作上有很高的造詣，故有「南洪北孔」的美譽。

洪昇，順治二年（一六四五年），字昉思，號稗畦（一作稗村），又號南屏樵者。洪昇成長於書香門第，父親喜愛藏書，知識淵博，母親是文華殿大學士黃機之女，因此自幼便受到良好的文化薰陶。他曾拜師於許多名家，如善寫駢文的陸繁弨、精通音律的毛先舒、文壇領袖王士禎、著名詩人施閏章等人。這些經歷使他在詞曲詩文等各方面奠定深厚基礎，對於後來的戲曲創作影響甚深。

二十歲時，洪昇與表妹黃蕙成親。二十四歲時，他來到北京的國子監進學，一年後，因沒有考取功名，只好沮喪地回到家中。但不知出於什麼原因，洪昇歸家不久便「遭天倫之變」，被父母趕出家門。他被迫帶著妻子背井離鄉，再次來到北京城，這次一待就是十七年。

來到京城後，洪昇的生活十分困苦，一度「貧至無炊」。他無奈地靠賣文爲生，艱難地養活妻子。洪昇三十五歲時，其父被人誣陷遣戍異地，其母被勒令同行。洪昇聽說這一消息後，到處奔走哭號地向王公大人求情，並連夜趕回家鄉，準備陪父母一同受罪。後來清廷開恩赦免，但洪昇已經爲此事操勞得面容憔悴、骨瘦如柴。此後，洪昇又擔負起贍養父母的責任，生活愈發拮据。面對生活中的艱辛和坎坷，洪昇只能以文字排遣心中的失意和苦悶。

康熙二十七年（一六八八年），

經過十年潤色、三易其稿，洪昇創作的戲劇《長生殿》終於問世。該劇一經演出便風靡京城。第二年，《長生殿》舉行大規模公演，名流聚集、群賢畢至。然而，當時適逢孝懿皇后佟佳氏的喪期，洪昇以「國恤張樂爲大不敬」的罪名被彈劾，打入監獄，同時被國子監除名。一時間，民間流傳「可憐一夜《長生殿》，斷送功名到白頭」的詩句。

康熙三十年（一六九一年），洪昇返回錢塘，過著吟詩作曲、疏狂放浪的日子。康熙四十三年（一七〇四年），洪昇應邀參加《長生殿》的演出宴會，被奉爲上賓。然而他在乘船返回的途中，卻因醉酒而失足落水，不幸逝世。

宮廷愛情的絕唱

《長生殿》是崑曲藝術的巔峰之作，也是洪昇畢生心血力作。早在創作《長生殿》之前，洪昇就寫過不少劇本。他結交了一批在戲曲上頗有造詣的友人，包括當時有名的戲曲作家袁于令、詞人朱彝尊、文豪毛奇齡等。

二十九歲時，洪昇與友人偶然談起唐朝開元、天寶年間的歷史，他對於李白的人生經歷頗爲感慨，便以此爲原型，創作了劇本《沉香亭》。後來，友人提出這個劇本落入窠臼、缺乏新意。洪昇便把原來劇本中李白的情節進行刪減，加入了唐肅宗的故事，劇本也改名爲《舞霓裳》。然而，洪昇仍不滿意。他想到歷代宮廷愛情中，沒有超越唐明皇與楊貴妃者，而「安史之亂」中，唐明皇被迫賜死楊貴妃，又是何等可悲可歎。於是，四十四歲的洪昇決定將《舞霓

《長生殿》劇照

民國九十六年（二〇〇七年）六月三日，經過五年的整理策畫和三年的排練，全本崑曲《長生殿》在上海蘭馨劇院首演，重現了三百年前的絕響。

裳》改寫爲《長生殿》，專門演繹唐明皇與楊貴妃之間生死相戀的愛情故事。

《長生殿》完整地描述了李、楊愛情的始末，從相見、定情到七夕之夜在長生殿上盟誓，從安祿山起兵到馬嵬坡楊貴妃之死，再到唐明皇無休無止的懷念，最終二人在天宮裡得以團圓。

《長生殿》分上、下兩卷，上卷主要是現實主義描寫，至楊貴妃被賜死而止；下卷主要是浪漫主義想像，將李隆基、楊玉環的愛情美化和昇華。《長生殿》雖以宮廷愛情爲主線，卻並不局限於此。它將故事置於「安史之亂」的背景下，反映出唐明皇時的朝政荒廢、吏治腐敗、百姓疾苦等社會現象，並塑造了郭子儀、雷海青等忠勇之士的形象。作者表現出鮮明的價值取向，賦予劇本深刻的歷史內涵，堪稱「宮廷愛情的絕唱」。

洪昇的劇本一經完成，便受到友人的讚賞。《長生殿》搬上舞台後，更是觀眾如湧、佳評如潮。直至今日，當中的〈定情〉（今名〈賜盒〉）、〈驚變〉（今名〈小宴〉）等精彩折子戲還在頻頻上演。

孔門傳人著戲曲

孔尚任，順治八年至康熙五十七年（一六四八年至一七一八年），字聘之，又字季重，號東塘，別號岸堂，自稱雲亭山人。他是孔子第六十四代孫，成長於山東曲阜孔氏家族，自幼受到正統的儒家教育。

十九歲時，孔尚任考中秀才，但此後卻在科舉考試中屢屢碰壁，始終未能考中舉人。據史料記載，三十五歲以前，孔尚任在家中過著讀書、奉養雙親的生活，但對於科舉的熱情未減。後來，孔尚任轉投國子監讀書，希望從那裡獲得博取功名的機會。果然，康熙二十三年（一八六四年），康熙南巡，來到曲阜祭孔。三十七歲的孔尚任有幸在御前講經，得到康熙的讚賞。康熙破格提拔孔尚任爲國子監博士。此後，孔尚任又歷任戶部主事、廣東司員外郎等職。

雖在京城做官，孔尚任的官職卻大部分是閒差，這使他有了充足的時間和精力創作。當時，他與文壇領袖王士禎交好，因此結識了一批文學戲曲界的友人，逐漸對戲曲產生濃厚的興趣。早在曲阜老家時，孔尚任就聽族兄孔尚則講述了不少關於南明朝廷興亡的故事以及秦淮歌妓李香君的軼事。這使他萌發創作一部南明歷史劇的願望，但那時「僅畫其輪廓，實未飾其藻采也」。後來，孔尚任行經江南各地，認識了一批南明遺民，感受到他們的民族氣節和愛國思想，爲劇本《桃花扇》的創作累積了大量素材。此後的十餘年間，孔尚任嘔心瀝血地創作《桃花扇》，其間三易其稿，力求字字珠璣。

康熙三十八年（一六九九年），戲曲鉅著《桃花扇》終於完成，此時孔尚任已經五十二歲了。《桃花扇》的劇本一經公開，便被人爭相傳抄；搬到舞台上演出，便天天公演，「歲無虛日」；即使是很偏遠的地方（「萬山中，阻絕人境」），人們也聽聞《桃花扇》的名氣。

然而第二年，孔尚任就被免職，這與《桃花扇》反映出同情南明的思想不無關係。此後，他便回鄉隱居。康熙五十七年（一七一八年），孔尚任與世長辭。

血淚之作《桃花扇》

有人說，「讀《桃花扇》而不落淚的人，必是鐵石心腸」，由此可見《桃花扇》的藝術感染力。這部凝聚了家國破碎、兒女情長的作品，是一部具有強烈感情色彩的血淚之作。

《桃花扇》以明末文人侯方域和秦淮歌妓李香君的愛情故事爲主線，從二人的情感歷程、悲歡離合中，側面敘述了南明王朝的興亡歷史。

劇中揭露明末清初一批禍國殃民的奸臣的醜惡嘴臉，不僅歌頌史可法等赤膽忠心的抗清英雄，同時也對李香君、柳敬亭、蘇昆生等深明大義的下層百姓大加讚揚。作者孔尚任在劇本中顯露出濃厚的國事關懷和民族情感，正如他自己在《桃花扇》小引中所說，創作該劇，就是要讓人們明白明朝「三百年之基業，隳於何人？敗於何事？消於何年？歇於何地？」

尤其是在《桃花扇》最後，侯方域和李香君在歷經種種磨難之後喜得重逢。正當二人暢敘兒女情長時，張道士突然出現，把他們的桃花扇撕碎，訓斥他們道：「國和家都不在了，這點兒女情長還割不斷嗎？」二人聽後百感交集，枉自嗟歎，最終帶著亡國之恨雙雙出家。

獨特的「齊名」現象

中國文化中有一個獨特的「齊名」現象，即人們習慣於將當代或前代的幾個文化名家並列相稱，說某與某齊名，並稱為一個名號。洪昇與孔尚任並稱為「南洪北孔」，即是一例。

「齊名」現象有很多種來由，有的源於地域相對或相近，如「南洪北孔」、「吳中四士」、「揚州八怪」等；有的源於時間，多是同處一個文化興盛期，如「初唐四傑」、「建安七子」、「唐宋八大家」等；有的源於同姓同族，比如父子兄弟皆為文豪，有並稱「三曹」（曹操、曹丕、曹植）、「三蘇」（蘇洵、蘇軾、蘇轍）等；有的源於流派，或承襲，或相對，比如「孔孟」、「老莊」、「李杜」、「韓柳」等。

獎墾荒　重農桑

在中國歷代王朝中，農業都是立國之本，農業的發展程度亦是朝代興衰的「晴雨表」。康熙年間，清廷採取了一連串恢復和促進農業發展的措施，包括輕徭薄賦、獎勵墾荒、推廣作物、革新技術等，在幾十年內實現了農業的繁榮與生產的興盛，這也成為康乾盛世的重要指標。

輕徭薄賦　獎勵墾荒農桑

明末清初，連年戰亂對農業生產造成嚴重破壞，同時農民流離失所，產生許多大面積的無主荒地。清朝初年，清廷便下令全面推行墾荒政策，以恢復社會生產。康熙元年（一六六二年），清廷下令依照墾荒的政績來對官員進行獎懲，使「有田功者升，無田功者黜」，進而使地方官員更加積極帶領民眾墾荒。

康熙八年（一六六九年），康熙下詔宣布停止八旗圈地，此後，清廷接連頒布一連串獎勵墾荒、輕徭薄賦的政策。爲了使農民積極投入生產，康熙數次下詔放寬農民新墾荒地的起科（即開始對農田計畝徵收錢糧）年限，如規定「新荒者三年起科，積荒者五年起科，極荒者永不起科」、「開墾荒地之初，免其雜項差役，三年免科」等。同時，康熙下令實行「更名田」，將不少明代宗室藩王所佔的田地劃歸農民耕種。康熙還下令大力推行屯田，使大批流民投入墾荒行列中，使駐守邊疆的軍隊也向外開墾荒地，一時間耕地面積顯著擴大。以四川爲例，康熙年間共開墾荒地二十七萬三千六百七十一頃，平均每年約開墾荒地四千五百六十一頃。

在減輕農民負擔方面，康熙力行輕徭薄賦的政策，嚴禁地方官員加派、勒索農民，一再對農民減租減賦，並在災荒之年開倉放糧、賑濟百姓，這些措施改善了農民的生活，並使他們積極投入生產。康熙五十一年（一七一二年），康熙頒布了「盛世滋丁，永不加賦」令，規定此後所生人丁不再加賦，這是中國有史以來曠古未見的大事。

據《清聖祖實錄》統計，康熙元年至康熙四十六年（一六六二年至一七〇七年），清廷累計免除地畝人丁銀共一億一千七百萬兩。康熙五十年（一七一一年）後的三年內，又減免徵銀三千兩百零六萬兩。

在清廷政策與農民開墾的共同努力下，至康熙六十年（一七二一年），全國耕地面積達到七・三億畝，增加了百分之四十以上，農業蓬勃發展。

湖廣填四川

康熙年間，四川由於長期戰亂，人口銳減百分之九十。據康熙二十四年（一六八五年）的統計數據，四川人口僅餘九萬餘人。四川素有「天府之國」的美稱，原野廣闊，土地肥沃，但人少地多，導致大片良田閒置。據此，康熙制定了「移民墾荒」的政策：先是規定將四川的無主荒地分配給耕種者，放寬了賦稅，讓農民積極墾荒；接著頒布《康熙三十三年招民填川詔》，鼓勵相鄰各省的人口向四川遷徙。

在政府政策的引導下，湖南、湖北人口大舉移民四川，持續時間長達百餘年，移民人數上百萬。這些移民在四川辛勤耕作，逐步定居。這次影響深遠的「移民墾荒」現象，在歷史上被稱為「湖廣填四川」。

推廣作物　勸課農桑

在耕地面積不斷增加的情況下，康熙大力推行「重農抑商」的政策，同時推廣農作物的培植和農業技術的革新。康熙年間，在清廷的推動下，雙季稻的栽培推廣到江北部分地區，南方地區開始推廣一年多熟種植；甘薯等高產作物的種植由東南沿海等省，推廣到長江流域和黃河流域；棉花、甘蔗、茶、桑等經濟作物的種植面積大爲增加，並成爲商品得以流通。

農業技術方面，康熙重視興修水利，開渠灌溉，不僅斥資整治了黃河、淮河、大運河、永定河等水患，還設立專門處理水利事務的部門，修建了一批水利工程。當時，農具迅速改良，樣式增多；施肥技術顯著提升；輪作、間作、套種等耕作制度發展迅速。

先農壇祭祀圖

先農壇在北京正陽門外西南，建於明嘉靖年間，是皇帝祭祀神農的地方。神農是古代傳說中最先教人耕種的人。每年春天，皇帝要親率眾臣到先農壇行耕藉禮，以祈求豐年。圖為清朝雍正皇帝至先農壇祭祀神農圖。

繁榮的盛世經濟

康、雍、乾時期，中國經濟進入一個空前鼎盛的時代。農業發達，耕地面積擴大，農業技術進步，糧食作物、經濟作物產量大增。手工業興盛，紡織、製瓷、礦冶等產業迅速發展，出現一批大作坊。商業繁榮，國內外商貿往來絡繹不絕，城市蔚然興起。

發達的農業

康乾盛世的經濟成果首先表現在農業的發達上。康、雍、乾三位皇帝一以貫之地採取鼓勵農桑的政策，獎勵墾荒、減免賦稅、興修水利、治理河患、推廣作物，以及「盛世滋丁，永不加賦」、「攤丁入畝」等措施，進而使農業蓬勃發展。

在農民的辛勤勞作下，大量荒地被開墾為良田，耕地面積顯著增加。據統計，明萬曆八年（一五八〇年），全國耕地面積為七億畝。明末清初，受到長年戰亂的影響，耕地面積一度降至不足五億畝。康熙二十四年（一六八五年），耕地面積恢復至六億畝；雍正二年（一七二四年）擴大到七千二百億畝；乾隆三十一年（一七六六年）達到七千八百億畝。當時，邊遠地區的大片草原、山谷、荒漠地帶已變為農莊，但沒有登記入冊，因此，當時實際耕地面積應遠遠高於八億畝。

農業生產技術不斷進步，使農作物產量大幅提高。廣東等南部地區實現了一年三熟甚至多熟，在收穫早稻以後又種植晚稻，收穫晚稻以後再種植油菜、甘薯或蕎麥等作物，使南方地區每年增產達一百二十多億斤。雙季稻在長江以南地區廣泛推廣，因而使江浙、湖廣、四川等肥沃地區產量達到五石（清朝時的一石糧食約合一百八十斤）至七石，比明朝時期提升了約百分之二十。

此外，也廣泛種植各項經濟作物，桑、茶、棉花、藍靛（一種有機染料）、甘蔗、菸草、麻等成為當時最重要的七種商品化作物，大大增加了農民收入。桑的生產在江南、廣東、西南等地形成幾個大型飼養中心，還進而衍生出「桑基魚塘」的經營方式。茶葉的種植與生產發展迅速，在福建、浙江、安徽、湖廣等地都有名品盛出。棉花、菸草的種植更是從嶺南遍佈至北方。四川、廣東、臺灣等地成爲甘蔗的集中產區。而江浙、福建北部一帶，則出現了一大片的靛草種植。這些經濟作物銷往大江南北，有的還遠銷國外。同時，各地還出現很多專門從事蔬菜生產的農民。如北京城郊的菜農，在冬季使用「火室」、「地窖」等設備，栽種黃瓜等新鮮蔬菜，然後拿到城裡的市集販售。

一些新作物的引進與推廣也成爲農業發達的重要指標。早在明朝末年，玉米、蕃薯、馬鈴薯等高產、耐旱、生命力強的新作物就從美洲引進。康雍乾時期，這些作物在全國推廣，廣泛種植，提升了貧瘠土地的糧食產量，養活了大量人口，這成爲康乾盛世人口激增的主要原因。

興盛的手工業

康雍乾時期，農業的發達爲手工業的發展提供了豐富的原料，而「攤丁入畝」、「廢除匠籍」等政策的推行，又爲手工業提供了充足的勞動力。因此，這一時期的絲織、棉織、製瓷、製糖、礦冶、工藝品等手工業十分興盛，達到前所未有的繁榮。

江寧（今江蘇南京）、蘇州、杭州、佛山、廣州等地的絲織業十分發達。乾隆年間，僅江寧一地的織布機就達到三萬張。家庭絲織業廣爲發展，不斷出現以營利爲主的作坊。江寧、蘇州等地都出現了大盤商開設的「帳房」，將原料、織布機分給很多小的機戶，令其織成成品後送回帳房，供大盤商批發出售。絲織品吸引了全國各地的商人競相購買，雲錦、蜀錦、壯錦、宋錦等四大名錦，蘇繡、湘繡、粵繡、蜀繡等四大名繡更是享譽中外。

採摘魯桑

清代廣東畫師吳俊繪。描繪清代廣州桑農養殖桑蠶的情景。

康熙朝米色地五彩花鳥瓶

五彩，是指在燒成的素胎上用紅、黃、綠、藍、紫等五色進行彩繪，然後再低溫烘烤而成的釉上彩瓷器品種。清五彩以康熙朝五彩最為剔透清澈。

在江南一帶棉織也得到很好的發展，蘇州、佛山、福州、松江（今屬上海）等地成爲棉織業中心。松江生產的梭布有「衣被天下」的美譽；蘇州的布亦是「遍行天下」；無錫因盛產棉布，交易量大，更有「布碼頭」之稱。棉織機器技術進步，如紡紗腳車，可以用腳運轉車輪，一手執三紗，效率很高；織布機也得到了改良。

採礦、冶煉等手工業進一步成熟，佛山、北京等地的冶鐵，雲南的採銅，貴州的鉛礦等都非常繁榮。據記載，雍正十三年（一七三五年），全國進行開採和冶煉的礦廠有一百六十一處，到了乾隆四十八年（一七八三年），礦廠數目增至三百一十三處。佛山的鑄鍋、炒鐵、製鐵線、製釘、製針等行業都很有名，行銷各地，世稱「佛山之冶遍於天下」。雲南的銅廠在極盛時達到三百餘家，礦工數百萬人，年產量高達一千四百萬斤至一千五百萬斤。

製瓷業的最大基地仍然在江西景德鎮，此外，直隸、山東、江蘇、福建等地也形成了幾個頗具規模的製瓷窯場。乾隆年間，陶瓷品產地多達四十餘處，官窯、民窯並起，工匠數以百萬計。

與此同時，福建、臺灣、兩廣、四川等地的製糖業，雲南、安徽、福建等地的製茶業，福建、浙江、江西等地的造紙業，以及四川的井鹽業，都有很高發展水準。

繁榮的商業

農業、手工業的發展也促進了商業的繁榮。康乾盛世時期，商業流通網絡已經擴展到邊疆，東北至黑龍江流域，西北至天山、阿爾泰山，西南至西藏一帶，北至中俄邊界。由於蘇州、佛山、漢口、北京等四處是商貿往來集中地，又分別位於東、南、西、北四方，故時人稱之爲「天下四聚」。據記載，乾隆年間，漢口曾突發一場大火，被燒燬的商船竟有三、四千艘，足見其商貿之繁盛。

這一時期的國際貿易也很興盛。乾隆十四年（一七四九年），到廣州進行貿易的外國商船有十八艘；乾隆五十三年（一七八八年），外國商船總數增至七十三艘。乾隆四十年（一七五五年），各地經由廣州銷往國外的茶葉一千六百餘萬磅；十年後，更上漲到二千八百餘萬磅。中國的茶葉、絲綢、瓷器、棉布、鐵器、中藥、工藝品等商品源源不斷地輸往國外，受到亞洲、歐洲等各國的歡迎，使中國在對外貿易中長期保持大量出超的地位。

隨著商業的發展，商業資本逐漸集中。徽商、晉商、陝商等資本雄厚，生意遍佈全國。直隸、山東、福建、廣東、四川等地的商人勢力也發展起來。江蘇的洞庭商人、浙江的寧波商人亦獨具一格。許多商業組織的資本超過千萬兩，擁有數百萬兩資金的巨賈屢見不鮮。專營某一行業的行商、經營存款借貸和匯兌業務的票商等不斷湧現，逐漸成爲商業活動的壟斷力量。

城市的興起

在農業、手工業和商業發展的基礎上，興起了一批都會城市：工商業大都會，如北京、天津、江寧、蘇州、揚州、杭州、上海、廣州、成都、太原、重慶、漢口等；商品貿易集散中心，如沿海港口膠州（今山東青島）、寧波、福州、泉州、廈門、潮州、海口等；沿邊貿易市場，如恰克圖、烏魯木齊、拉薩、日喀則、騰越、百色等；沿河交通點，如無錫、鎮江、濟寧、長沙等；手工業重鎮，如佛山、景德鎮等。

當時，北京既是政治中心，也是北方的工商業中心。在南方，則有「上有天堂，下有蘇杭」的美譽，蘇州、杭州皆繁華異常，商鋪、酒店林立，財富甲天下。

康乾盛世在農業、手工業、商業及城市發展，均達到歷代所不及的水準，堪稱經濟的鼎盛時代。

懷胥橋商市

這幅懷胥橋商市是清代蘇州城市文化繁榮的真實寫照。

明珠、索額圖的黨派之爭

明珠、索額圖是康熙朝名噪一時的輔弼重臣，堪稱康熙的「左膀右臂」。二人均參與不少歷史大事的決策和執行，在剷除鰲拜、平定三藩、平定臺灣、中俄締約等事件中，都有一定的影響力。然而，他們終未逃過黨爭之劫，一朝獲罪，終生失勢，還招來後世的非議。

「明相」與「索相」的發跡

明珠、索額圖都是康熙親政初期大力提拔的官員，發跡緣由雖不盡相同，但都離不開其在重要事件中的出色表現。明珠得力於力主撤藩的立場，而索額圖則憑藉其協助剷除鰲拜的功勞。

明珠，明崇禎七年至康熙四十七年（一六三四年至一七〇八年），納蘭氏，字端範，是滿族八大姓之一。不過，康熙初年，納蘭氏逐漸沒落，明珠僅從其父那裡承襲侍衛之職，可以說出身並不高。後來，他娶英親王阿濟格之女爲妻，雖名爲與親王聯姻，卻沒帶來任何好處。阿濟格是多爾袞的親哥哥，在順治年間以「狂妄自大、目無王法」的罪名被順治治罪。阿濟格的子女或被賜死，或削爵位，或貶爲庶民，因此明珠與其女的婚姻反而讓自己深受其累。

明珠是康熙朝中出類拔萃的官員，他精通漢族語言和文化，具有決策力和執行力，早年不畏權貴，有剛直之風。正是憑藉這些才能，明珠很早就得到康熙的賞識，從侍衛升任內務府郎中、總管大臣、弘文院學士。康熙親政後，明珠受命勘察了淮揚水患，提出了「將黃河北岸挑挖引河」的建議，得到採納；不久又參與測驗了中西曆法之爭，驗證了南懷仁等傳教士所訂曆法的科學性。兩年後，明珠參與剷除鰲拜及其餘黨，並提出一連串善後措施和政策建議。基於這些功勞，明珠又歷遷至刑部尚書、都察院左都御史、兵部尚書等要職。

而明珠眞正確立其「相國」地位，則是依靠其在撤藩之爭中的表現。康熙十二年（一六七三年），平南王尚可喜請求告老還鄉，由此引發一場席捲滿朝的撤藩之爭。吳三桂等三藩之弊由來已久，康熙早有撤藩之心，但朝臣們多懾於三藩的勢力，主張安撫。這時，明珠和少數大臣挺身而出，力主撤藩，雖招致群臣的一致抨擊，卻正中康熙下懷。在那樣的情勢下敢於堅持撤藩，不僅需要勇氣，更需要深遠的謀略，因此，康熙對明珠大爲讚賞。同年，明珠主持八旗甲兵的檢閱。康熙看到軍容整肅、紀律嚴明，盛讚道：「此陣列甚善，其永著爲令。」從此，明珠穩坐了長達二十年的相位。

與明珠相比，索額圖的發跡則主要是其顯赫的家世。索額圖，明崇禎九年至康熙四十二年（一六三六年至一七〇三年），赫舍里氏，是康熙早年四大輔臣之首索尼之子、康熙皇后的叔父，世襲一等公，可謂出身名門、地位尊貴。索額圖初爲侍衛，康熙七年（一六六八年）被擢升爲吏部侍郎。第二年，索額圖上疏康熙，請求解任，以一等侍衛效力於康熙左右。當時，康熙正策畫剷除鰲拜，可以倚重的朝中勢力只有索尼一派，而索尼已死，其子索額圖便成爲剷除鰲拜行動中重要的輔佐力量。康熙與索額圖密謀剷除鰲拜的策略。索額圖積極獻計獻策，協助康熙確定突襲逮捕的方式。憑著他在剷除鰲拜行動中立下的戰功，以及後來懲辦鰲拜黨羽時的出色表現，索額圖可謂一舉成名，授爲國史院大學士，後改授保和殿大學士，加太子太傅，成爲朝中舉足輕重的權臣。

明珠、索額圖青雲直上，位極人臣，有「明相」、「索相」之稱。

「左膀右臂」相制衡

在此後的一、二十年間，明珠、索額圖一直深受重用，並列爲康熙的輔弼重臣，堪稱康熙的「左膀右臂」。他們在平定臺灣、治理黃河、雅克薩戰役等歷史事件中頻頻立功。然而，他們所引發的黨爭也影響了當朝的政體吏治。

明珠與索額圖的衝突，起初只是在重大問題的商討中意見相左。整體來說，明珠在謀略和膽

北海冰嬉圖

滑冰又稱「冰嬉」，是清代八旗軍一項重要的軍事訓練。冰嬉活動主要在西苑太液池（今北京北海）舉行，參加者往往在千人以上，場面之浩大，內容之豐富，堪稱一場盛大的「冰上運動會」。

識方面遠勝於索額圖，在軍國大事的決策上具有獨到的政治眼光和魄力；而索額圖自從參與剷除鰲拜一功後，政治態度就趨向保守，所持政見屢次與康熙的心意不合。以撤藩之爭爲例，除了明珠等幾位朝臣支持撤藩之外，以索額圖爲首的絕大多數朝臣都反對撤藩。他極力主張安撫吳三桂等人，認爲撤藩必會逼反三藩，招致天下大亂。後來，吳三桂等人舉兵謀反後，索額圖甚至嚇得對康熙進言，要殺明珠等人以向吳三桂謝罪。撤藩之爭，首次暴露了索額圖與明珠在重大問題決策上的分歧，也顯現出兩人政治才能的差距。

康熙二十年（一六八一年），朝中就武力攻打臺灣一事展開廷議，索額圖再次反對用兵，而明珠則力主出兵臺灣，並詳細分析了對臺的作戰形勢，推薦由施琅率領水師進軍。顯然，在康熙眼裡，明珠更稱職，而索額圖則遜色得多。但索額圖畢竟出身名門，亦無大過，因此其與明珠的地位仍不相上下。

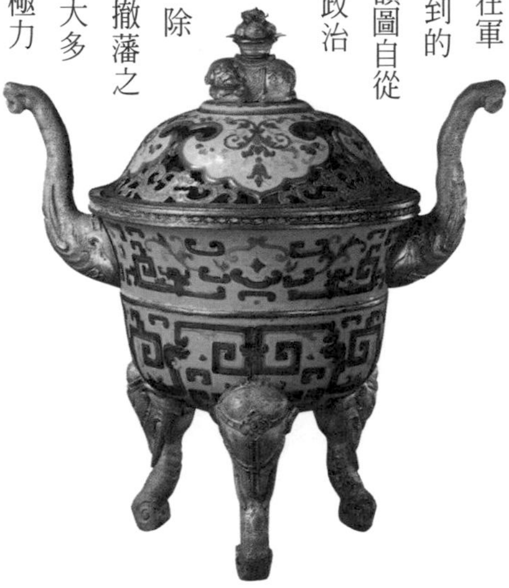

康熙二十一年（一六八二年），黃河潰堤，明珠舉薦河務官靳輔參與治河事宜，稱：「靳輔歷任既久，所見必眞。」後來，靳輔提出了修整黃河堤岸的方案，明珠在廷議中極力推崇，促使種種治河措施得以進行。在關於防止海水倒灌問題的討論中，靳輔與于成龍意見不合，靳輔主張築高堤，而于成龍主張疏浚海口。康熙贊成于成龍的主張，這時，明珠敢於拂逆康熙的聖意，堅持認爲靳輔的方案是正確的。儘管康熙當時沒有採納，但不久即證實明珠的堅持是正確的。在清初重要政務——治河一事上，明珠無疑是重要的功臣。

康熙二十六年（一六八七年），雅克薩戰役獲勝後，俄國緊急派出使臣和談。在此後的談判中，明珠與索額圖均立下了功勞。俄國使臣到達北京午門前時，明珠負責接洽和處理文書，並進行初步談判。不久，康熙決定派使團前往尼布楚與俄國繼續談判，索額圖被任命爲欽差大臣，率領使團商討兩國邊界問題，並簽訂了中國歷史上第一個平等條約《尼布楚條約》，這是索額圖一生最大的功績。

畫琺琅方夔紋薰爐

爐為銅胎鍍金，通體為淺藍釉地，爐身中部飾鍍金弦紋一圈，其上下各飾方夔紋一圈。

然而，兩大重臣同處一朝，爭端是不可避免的。明珠與索額圖爲了鞏固和發展自己的勢力，各自集結了一批黨羽，掀起黨派之爭。據《清史稿》記載：「明珠既擅政……，與索額圖互植黨相傾軋。」索額圖出身名門，多有皇親貴胄依附，生性狂肆，對不依附自己的朝臣排斥打擊；明珠則溫文謙和，廣施錢財以招納黨羽，並陰謀陷害異己。黨派之爭嚴重危害朝政吏治，康熙看在眼裡，卻採取放任。究其原因，一方面在於明珠、索額圖有功於社稷，仍爲清廷股肱之臣；另一方面在於兩黨相互牽制，力量制衡，亦能維持某種平穩的局面。於是，「左膀右臂」相制衡的局面得以長期存在。

捲入儲位之爭

明珠與索額圖的黨派之爭眞正引起康熙的注意，是在他們捲入皇子儲位之爭以後。黨爭逐漸演變爲「長子黨」與「太子黨」的鬥爭。

明珠爲康熙惠妃那拉氏之兄，是皇長子胤禔的舅舅。皇二子胤礽自出生後便被立爲太子，其他皇子意欲奪位非常困難。明珠一方面指點胤禔在康熙面前表現得有勇有謀，掌握機會建功立業；另一方面拉攏朝臣支持胤禔，儼然形成「長子黨」。明珠的同黨有大學士余國柱、戶部尚書佛倫、刑部尚書徐乾學等人。爲了培植更多的黨羽，明珠連同余國柱等人四處貪賄，而後再用賄銀收買朝中和地方官員，權勢日盛，呼風喚雨。貪賄之於明珠，只是結黨手段，因此有一種觀點稱明珠本人並不貪戀錢財，直至病逝，他的家中仍是一無長物，而他所貪財物，幾乎全用於爲胤禔培植勢力。

與「長子黨」相抗衡的是以索額圖爲首的「太子黨」。身爲皇后的叔父，索額圖自然是皇太子胤礽的堅定

清代官帽和文官補服

擁護者。他糾結了一批朝中官員，爲胤礽的順利即位努力出謀劃策。他還精心設計了一套禮儀制度，使皇太子所享受的規制近乎皇帝，以此向眾臣昭示胤礽的特殊地位。例如，索額圖主張皇太子所用衣物也用黃色；規定眾臣參拜皇帝後，還要向皇太子行禮等。

在多年的黨爭中，兩黨已到了水火不容的地步。據《清史稿》記載，「索額圖善事太子，明珠反之，朝中有侍者，皆陰斥去。」黨爭推動儲位之爭愈演愈烈，終於使康熙無法坐視，決心整治。

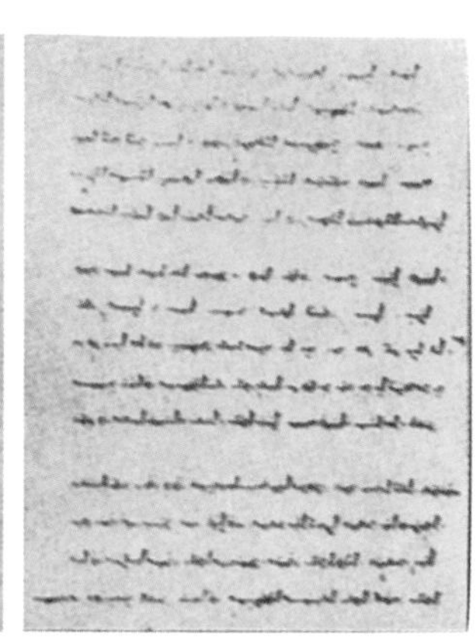
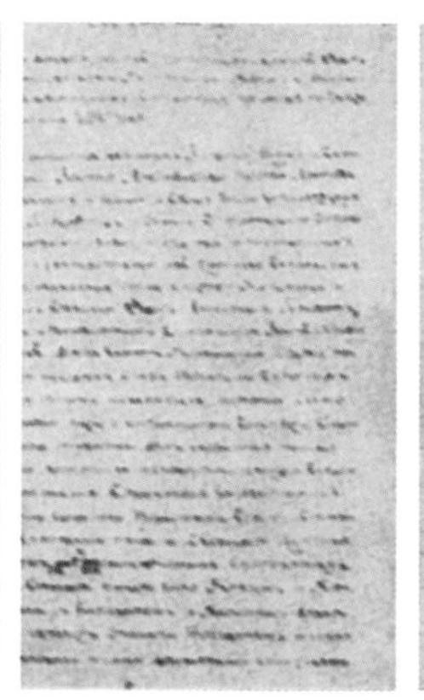
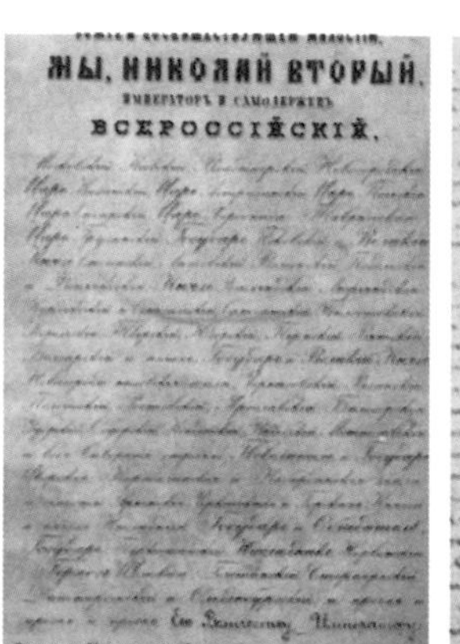
МЫ, НИКОЛАЙ ВТОРЫЙ,
ИМПЕРАТОРЪ И САМОДЕРЖЕЦЪ
ВСЕРОССІЙСКІЙ,

俄國政府寫給清廷的文書及滿文、俄文《尼布楚條約》

一朝獲罪背罵名

兩黨之中首先下台的是明珠一派，而導火線在於其同黨徐乾學等人的倒戈。徐乾學是理學名臣熊賜履的學生，由於康熙重視理學，不少理學名臣得到提拔和重用，徐乾學也向明珠推薦了自己的老師熊賜履。然而，明珠不僅不同意重用熊賜履，還出言挑撥其師生二人的關係，這引起了徐乾學的不悅。不久，索額圖主動與熊賜履交好，試圖拉攏徐乾學。明珠、余國柱等人開始中傷和迫害熊賜履。如此一來，徐乾學便徹底倒向索額圖一派。

康熙二十四年（一六八五年），明珠指使余國柱向江蘇巡撫湯斌索要賄銀，被正直清廉的湯斌拒絕，明珠因此懷恨在心。次年，明珠推薦湯斌擔任皇太子講師，不久又以教導無方爲由彈劾湯斌，致使湯斌蒙冤。湯斌病逝後，徐乾學鼓動湯斌的門生郭琇出面揭發明珠和余國柱貪污受賄、結黨營私的罪行。康熙二十七年（一六八八年），郭琇在徐乾學的密謀協助下，上疏康熙，參劾明珠八大罪狀。又因明珠等人的索賄行爲平日裡已引起一些正直臣子的義憤，如于成龍曾對康熙進言：「朝中官職已經被明珠、余國柱賣光了。」康熙派人細察各省庫銀，發現無不虧空，終於下決心剷除明珠黨。

然而，康熙畢竟感念明珠昔日勞苦功高，不忍置他於死地，僅革除明珠大學士職務，改授內大臣，而對其同黨余國柱、佛倫等人則予以革職。從此，明珠的權勢便一去不復返。

明珠下台後，索額圖一派的勢力愈發猖狂。索額圖主張皇太子一切儀制依照皇帝的這項舉動，早已引起康熙的不滿，加上索額圖一貫貪生怕死的行爲令康熙極爲憤慨。康熙四十二年（一七○三年），康熙終以「結黨妄行，議論國事」的罪名，將索額圖交由宗人府拘禁。不久，索額圖即死於禁所。

儘管同爲一朝獲罪、失寵失勢，但明珠與索額圖的下場仍有很大差別。康熙對明珠的評價是，「不忍遽行加罪大臣，且用兵之時，有效勞績者」、「念其於平定『三藩』時曾有贊理軍務微勞」；「是非功過不相掩」。在明珠生前，康熙始終沒有公布明珠的罪行，亦未問罪其家人，直至乾隆三十七年（一七七二年），明珠的罪狀才公諸於世。明珠被降職後仍然勤懇從政，在康熙親征噶爾丹的戰事中，他負責籌運糧草，因功又復原級。康熙四十七年（一七○八年），明珠病逝，康熙派皇三子胤祉前去祭奠，保全了明珠一生的尊嚴。

而對於索額圖，康熙則說他，「索額圖誠本朝第一罪人也」，認爲他除了簽下尼布楚條約功勞外，實在一無是處。索額圖的同黨或被殺，或被流放，其子孫均被革職，其中兩個兒子甚至被處死。

《清史稿》評論說：「索額圖以附皇太子得罪，禍延於後嗣。明珠與索額圖競權，不附皇太子，雖被彈事罷相，聖祖猶念其贊撤藩，力全之，以視索額圖，豈不幸哉？」

康熙朝的吏治

康熙是極其重視吏治的帝王，在執政前期，他透過深入的調查、嚴明的獎懲來考察和整飭吏治，使官場風氣清明。然而自明珠、索額圖的黨爭之後，吏治腐敗日趨嚴重，賣官鬻爵的現象十分普遍。據後人統計，明珠、索額圖任何一人貪賄的數目都相當於明朝大貪官嚴嵩貪污錢財的數十倍。究其原因，主要是康熙的寬仁與放任。因此，不少學者認為，康熙晚年意識到這一問題，希望傳位於「堅固可托」、雷厲風行之人，這是雍正得以即位的重要原因。

掐絲琺琅龍

「清代第一詞人」納蘭性德

「家家爭唱《飲水詞》，納蘭心事幾人知」，這句盛傳的詩生動地講述了納蘭性德的文學成就與悲情人生。被譽為「清代第一詞人」的納蘭性德出身顯赫，卻志在山野，情癡意切卻痛失所愛，才華橫溢卻英年早逝。他的詞作哀婉淒切，催人淚下。

生於高門有異志

在中國歷代詞人中，出身名門者並不多，而納蘭性德是其中一位。他的家世之顯赫、地位之尊貴，古今文人沒有幾個可以相比。早在清軍入關前，納蘭家族便立有戰功；清軍入關時，納蘭性德的祖父尼雅韓因功出任騎都尉；納蘭性德的父親明珠更是康熙年間數一數二的權臣，任武英殿大學士，加太子太師，被尊爲「相國」、「國舅」；而納蘭性德的母親爲英親王阿濟格之女，貴爲郡主，封一品誥命夫人；就連納蘭性德的兩位弟弟，也是一位官至侍郎、御史，另一位爲和碩額附，享受公爵禮遇。

納蘭性德，出生於順治十二年（一六五五年），爲明珠長子，原名成德，後來爲避太子諱（胤礽出生時名爲保成）改名爲性德，字容若，號楞伽山人。因生在臘月，納蘭性德又有乳名爲冬郎。他天資不凡，自幼聰穎，讀書有過目不忘的本領；幾歲時便開始學習騎射，習武有成。十七歲時，納蘭性德入太學，頗得國子監祭酒的賞識。次年，參加科舉考試，考中舉人。二十二歲時，又參加會試、殿試，中二甲第七名，授三等侍衛，後來又升爲二等、一等侍衛，官至正三品。作爲年少有爲的御前侍衛，納蘭性德多次跟隨康熙四處狩獵、巡遊，著書立說、吟詩作賦，深受康熙恩寵。

出身達官貴胄之家，又成爲帝王器重的英才，納蘭性德可以說是注定前途似錦、富貴無憂。然而，這樣的命運安排卻與他的心志相違。納蘭性德偏偏是「身在高門廣廈，常有山澤魚鳥之思」，儘管養尊處優，但常常心情憂慮，厭惡權貴，反而渴慕尋常百姓的平淡生活。

納蘭性德對仕途官運毫無留戀，因而並未像自己的父親一般在官位上汲汲營營，而是將大多數時間和精力投入詩文之中。曾用數年時間研讀經史，主持編纂了一部儒學彙編著作《通志堂經解》，後來又結合自己在歷史、地理、天文、曆算、佛學等領域的知識見解，編成四卷集《淥水亭雜識》，這些都顯示出他廣博的學識和不凡的志趣。此外，納蘭性德在音樂、書法、繪畫等方面均有造詣。當然，他的最大成就還在於詩詞。他的詞作選集《飲水詞》享有盛譽，他也被譽爲「清代第一詞人」。

牙雕《月曼清游》冊（正月）

這套傑出的作品是乾隆時期牙雕藝人陳祖章等人依據清代畫家陳政的畫稿，耗費幾年的心血雕刻而成的。畫稿共十二幅，反映了一年十二個月裡自然景色的變化和宮闈中的嬪妃、宮女們的生活情景。

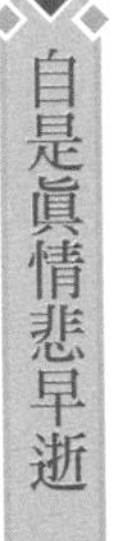

自是眞情悲早逝

納蘭性德是一位率性本眞、情感深摯的詞人，這是他屢出佳作的泉源。他的見聞思悟、眞情實感以及哀怨悲切的愛情經歷，都成爲他創作的豐富素材。

納蘭性德的志趣和理想不同於一般的滿族紈褲子弟，他傾慕漢族文化，喜好廣結天下志士。由於他仗義疏財、待人眞誠，一時間文人墨客雲集納蘭門下。與納蘭性德相交的友人皆是世傑俊才，如顧貞觀、嚴繩孫、朱彝尊、陳維崧、姜宸英等人，不僅才高八斗，而且性情超脫。

納蘭性德的感情經歷曲折哀婉。二十歲時，他與時任兩廣總督盧興祖之女締結良緣。妻子盧氏相貌姣好、性格溫婉、氣質端莊，更可貴的是與納蘭性德情投意合、感情深厚。可惜好景不長，三年後，盧氏因難產亡故。在沉重的精神打擊下，納蘭性德懷著無比悲痛的心情，創作了不少淒婉哀怨的悼亡詞，其間流露出連綿不斷的懷念之情和痛失知己的孤苦之

納蘭喜作水與荷

自古以來，文人都有詠物言志的傳統，以高潔之物比喻自己的品格德行，如陶淵明賞菊、周敦頤愛蓮、鄭板橋詠竹等。而納蘭性德寫景狀物，尤喜用水、荷的意象。他的詞集被命名為《飲水詞》，也是取「如人飲水，冷暖自知」之意。在傳統文化中，水常用來比喻君子之德，而荷花更是「出淤泥而不染」的聖潔之物，象徵君子潔身自好、超凡脫俗的精神追求。凡納蘭性德居住之處、遊樂之處，必有水與荷的存在。比如，他將自己與友人的雅聚之所命名為「淥水亭」，其間有一潭水，水中盛開荷花。根據記載，納蘭性德辭世之時就在「淥水亭」，是伴著水與荷的芳潔而逝。

恨。後來，納蘭性德繼娶官氏，並納顏氏爲妾，然而都不復曾有的那段刻骨銘心的愛情。直到三十歲時，納蘭性德在友人顧貞觀的引薦下，結識了江南才女沈宛，頓感一見如故，引以爲紅顏知己。沈宛是浙江烏程（今浙江湖州）人，字御蟬，長於作詞，有著作《選夢詞》，被時人評價爲「風韻不輸納蘭」。納蘭性德本欲納沈宛爲妾，但因家庭反對等原因未能如願。一段本該美好的愛情又這樣夭折，納蘭性德因此更加鬱鬱寡歡。

出身與志向的相違，癡情與無情的矛盾，使納蘭性德的內心充滿壓抑。康熙二十四年（一六八五年）春，納蘭性德抱病與友人相聚，席間醉酒詠歎，觸目傷情，回去後便一病不起。七天後，年僅三十一歲的納蘭性德病亡，葬於京西皂莢屯。一代詞人英年早逝，「文人祚薄，哀動天地」。

家家爭唱《飲水詞》

納蘭性德的人生經歷深深地影響了他的詞作，使他的作品飽蘸真情，具有很強的感染力。當時，他的詞集《飲水詞》被人們爭相傳唱，是謂「家家爭唱《飲水詞》，納蘭心事幾人知」。後來，人們將納蘭性德的詞作重新整理，合三百四十九篇，編爲《納蘭詞》，流傳不衰。

納蘭性德擅長小令，長調亦文辭優美。其作品中大多是對個人的愛情、友情、鄉情的抒發，少有國事、天下事的宏大主題。但他秉承了唐宋婉約詞派的傳統，以情取勝。納蘭性德的詞作融合濃厚的感傷情緒於清新婉麗中，尤其是悼亡詞可謂字字血淚、催人淚下。其好友顧貞觀評價道：「容若詞，一種淒婉處，令人不忍卒讀，人言愁，我始欲愁。」清初詞人陳維崧評價道：「《飲水詞》，哀感頑艷，得南唐二主之遺。」（「南唐二主」指五代帝王詞人李璟、李煜）據記載，納蘭性德的詞作在朝鮮也廣受歡迎，時人稱：「誰料曉風殘月後，而今重見柳屯田。」

（「柳屯田」指北宋詞人柳永，爲婉約派代表人物。）

納蘭性德的詞作以哀婉淒切的風格爲主，偶爾也有雄壯豪邁之作，皆是眞情的自然流露。他擅長採用白描手法，寫景、狀物、抒情都率性純眞，不刻意雕飾，語言風格樸質簡易，如出水芙蓉。近代著名學者王國維在其著作《人間詞話》中評道：「以自然之眼觀物，以自然之舌言情。初入中原未染漢人風氣，北宋以來，一人而已。」

在《飲水詞》中，最著名的作品有《木蘭辭．擬古決絕詞柬友》、《臨江仙．寒柳》、《長相思》（山一程）等。其中，「人生若只如初見，何事秋風悲畫扇」道盡了癡男怨女的愛恨情愁；「愛他明月好，憔悴也相關」、「西風多少恨，吹不散眉彎」則哀婉至極，「幾令人感激涕零」；而「身向榆關那畔行，夜深千帳燈」又洋溢著些許豪情，寫景壯觀，有豪放派詞人蘇軾、辛棄疾之風。

身爲清初入關不久的貴族子弟，納蘭性德能夠在漢人詩詞領域有如此造詣，不得不令人稱奇。自清亡後，納蘭性德的詞作更受推崇。民國時期，關於納蘭性德的研究如雨後春筍般湧現，胡適、鄭振鐸等著名學者都曾專門著述品評納蘭性德的作品。

李鱓·《墨荷圖》

「揚州八怪」之一的李鱓作。此圖描繪了暴風驟雨過後的荷塘一隅，表現了畫家高潔的志趣。

康熙南巡

在民間，有關康熙微服私訪的許多故事被傳為美談。事實上，這是有歷史典故的。康熙曾六下江南，視察河工水利、吏治民情，籠絡江南士子，選賢任能，為百姓謀取不少福利。康熙南巡得到後世普遍的正面評價，公認為「千古一帝」的歷史功績。

巡視河工

康熙下江南（亦稱南巡），前後共六次，分別在康熙二十三年（一六八四年）、二十八年（一六八九年）、三十八年（一六九九年）、四十二年（一七〇三年）、四十四年（一七〇五年）和四十六年（一七〇七年）。六次南巡歷時五百二十天，其中第五次南巡的時間最長，達一百一十八天。康熙成爲清朝第一位跨越海河、黃河、淮河、長江、錢塘江五大河系的帝王，開清朝帝王南巡之先河。

康熙南巡的首要目的是巡視河工。當時黃、淮水患嚴重，江南百姓苦不堪言。康熙於是斥巨資整修河工，嚴令河務官靳輔、陳潢等人治水，並親自巡視，臨場指揮。

康熙二十三年（一六八四年）九月，康熙開始首次南巡。他離京後直赴淮安地區，視察河患形勢與施工狀況。康熙登上工地，巡視了黃河北岸各處險要工程。

康熙三十八年（一六九九年），第三次南巡時，康熙四處巡察黃河水勢，還登上堤岸，拿著水平儀仔細測量。經過實地考察，康熙提出了新的治河方略，即「治河上策，唯以深浚河身爲要」，同時在兩岸強化堤壩，引黃河暢流入海。在這個計劃的指導下，時任河道總督張鵬翮帶領工匠辛勤修築河工，四、五年內便使河工初定，水患稍平。

康熙四十四年（一七〇五年），康熙第五次南巡，考察河工完竣後的成效。他看到河床日深，水位低於岸堤很多，又聽聞黃淮下游兩岸的百姓年豐食足，感到無比欣慰，對文武百官說：「觀此形勢，朕之河工大成矣。朕心甚爲快然。」

體察民情

康熙南巡的另一目的是考察吏治民情。康熙年間，江南一帶仍有南明勢力遺留，人心浮動，民情不穩。康熙借南巡之機，一方面體察民情，一方面籠絡江南士子民心。

康熙六下江南，每次必祭拜孔廟、禹陵、明太祖陵，迎合漢族士人的心理。康熙二十三年（一六八四年）冬天，康熙首次南巡時，曾冒著嚴寒趕赴曲阜，拜祭孔廟，向孔子神位行三跪九叩大禮。

康熙還下令在江南地區擴增學額，以招納江南士子出仕爲官。爲了淡化清兵入關「揚州十日」的影響，康熙爲史可法等明末志士修建忠烈祠，並減免當地百姓的賦稅。康熙曾經親自恩賞過不少士大夫。例如第四次南巡時，康熙接見了當時的著名學者胡渭，不僅賞賜其御扇，還親筆題寫了「耆年篤學」的匾額。這些舉動緩和了江南士人的反抗情緒，使他們逐漸接受並依附於清廷統治。

與此同時，康熙非常重視在南巡中瞭解官吏品行，並參照百姓口碑決定官員的陞遷任免。他曾說：「臣子的賢良與否，朕處於深宮之中，怎麼能夠瞭解呢？」通過巡訪，康熙提拔了一些百姓感懷的好官，如靳輔、郭琇等，也處置了不少官場弊端。

最爲難得的是，康熙南巡時非常注重體恤百姓，嚴禁擾民。首次南巡時，他曾經看到一些百姓因爲房屋田舍被水淹沒而只能寄居在高地上，當即沿岸巡行了十餘里，悉心詢問百姓受災的緣故。接著，康熙召集地方官商討救災對策，透過「浚水通流」救民於難，使當地百姓無不感激。康熙還反對臣下鋪張浪費，科派擾民。他南巡往往「不設營幄，不御屋廬」，不乘坐奢華船舶，不濫取於民間。這些做法受到當地百姓的廣泛歡迎，也受到後人的一致褒揚。

康熙南巡圖（局部）

描繪康熙三十八年（一六九九年），康熙南巡途中當地百姓爭相觀看的場景。

「三賜御匾」李光地

如果說康熙一生中有一位最寵愛的臣子，那麼這個人就是李光地。李光地不僅獲得「三賜御匾」的殊榮，而且與康熙「情雖君臣，義同朋友」，被康熙引為知己。李光地在平定三藩之亂、平定臺灣等大事中獻策，在治河、民生、理學等方面亦貢獻良多，被視為清初一代名臣。

冒險獻計得重用

李光地，字晉卿，號厚庵，別號榕村，明崇禎十五年（一六四二年）生於福建安溪一戶士紳之家。他是當時聞名鄉里的「神童」，五歲時入學堂讀書，一啟齒便誦讀如流，竟與書中一字不差。他還擅長楹聯作對，常有驚人之句，連私塾先生都甘拜下風。十三歲時，李光地已經讀了大量經史百家之書，尤其精於宋明理學的研究。十八歲到二十歲，他接連寫出三部理學著作——《性理解》、《四書解》和《周易解》。康熙三年（一六六四年），二十二歲的李光地參加鄉試，中舉人。康熙九年（一六七〇年），李光地中進士，名列二甲第二名，選翰林院庶吉士，授編修。

三年後，李光地省親歸故里，適逢三藩之亂爆發，耿精忠於福州叛亂，鄭經也趁亂出兵泉州。耿精忠與鄭經二人均聽聞李光地才名，便派人招納李光地歸附自己。不得已之下，李光地前去赴會，但兩天後便以父親生病爲由返回家中，藏匿起來。他依據自己掌握的敵情，苦思破敵良計，於康熙十四年（一六七五年）五月寫了一封呈給清廷的密疏。疏中說：「耿精忠盤踞的福建疆域狹小，糧產稀少，已呈現出糧盡兵疲的衰勢。朝廷宜派兵採用急攻的戰略，不宜拖延戰機，以防有變。耿精忠叛軍主力據於仙霞、杉關，鄭經的軍隊駐紮在漳州、潮州交界處，如果清軍選派一萬或五、六千精兵，假扮爲入廣部隊，經贛州轉向汀州，那麼叛軍必會趕去援救。不出一月，清軍主力就可進入福建，敵人便不戰自潰。」當時福建形勢萬分凶險，李光地擔心密疏落入敵手，便將其封在蠟丸中，遣家僕隨身帶著，抄小道連夜進京，交由內閣學士富鴻基轉呈康熙。康熙審閱密疏後讚不絕口，稱李光地「矢志忠貞，深爲可嘉」，並下令參照李光地的提議部署破敵方略。

康熙十五年（一六七六年），耿精忠敗降，康親王揮師進入福建，繼續追剿鄭經部隊，同時尋訪李光地的下落。不久，李光地拜謁康親王，再次表明自己欲報效清廷的心意。康親王奏報康熙，稱李光地「顚沛不渝，矢志爲國，應予表揚」。從此，李光地開始得到康熙賞識和重用，很快就破格提拔爲內閣學士兼禮部侍郎。

康熙二十年（一六八一年），臺灣鄭經病逝，李光地即刻向康熙上奏，稱：「鄭經既死，其子鄭克塽軟弱無力，部下紛爭不斷，這是攻取臺灣的大好時機。」他還大力舉薦施琅擔任水師統帥。這一建議得到康熙的採納，對平定臺灣影響深遠，李光地也因此更受寵信。

掐絲琺琅雙耳瓶

清宮養心殿造辦處琺琅作造。瓶為銅胎鍍金，通體以淺藍釉為地，纏以鍍金雙龍，華貴而精美。

政績卓著　三賜御匾

康熙二十六年（一六八七年），李光地以母親生病爲由乞歸，次年回京，授翰林院掌院學士。三十三年（一六九四年）任順天學政，母親病逝，李光地奏請回鄉奔喪，康熙以「學政關係緊要」爲由不准。後來，李光地幾次乞假爲母守孝，康熙都捨不得放行。

康熙三十七年（一六九八年），李光地被任命爲直隸巡撫。上任後，他專注於治理子牙河水系（在今河北省，包括漳河、滹沱河和滏河）相關事宜。他親自步行探勘水勢，很快便制訂了詳細的治理方案。而後，李光地帶領官府衙役及民眾疏通河道，引兩河河水注入大運河，僅用了十個月，便完成子牙河工程。康熙親臨視察後非常滿意，還題寫一首《子牙河詩》表彰李光地的功績。

一年後，李光地又接手永定河治理工程。他日夜操勞，每天親自巡察工地，敦促工匠趕工。起初，工匠並不理解，甚至心生反感、消極怠工。李光地得知這一情況後，將工匠們召集起來，耐心地講解永定河工程的意義，使工匠們積極投入工作。最終，預計工期爲一年的永定河工程，竟用了四十天就全部完工。康熙特賜予李光地一塊匾額，上有御書的四個大字「夙志澄清」。

李光地任直隸巡撫期間勤政爲

民，為百姓做了不少事。例如，他曾上奏康熙赦免百姓「偷墾之罪」，因而革除了清初圈地的弊端，使百姓有耕種田地的權利。他還設置常平倉，在災荒之年賑濟百姓，同時請求減免稅賦，廢除「十家連坐法」、「凌遲」、「滅族」等酷刑峻法。他在任期間，百姓生活改善，滿、漢民族衝突有所緩和。由於政績突出，李光地累遷至吏部尚書，拜文淵閣大學士。

康熙五十二年（一七一三年），康熙再次賜予李光地御匾，上書「夾輔高風」四字，意思是說李光地是德才兼備、高風亮節的輔佐能臣。兩年後，康熙第三次賜李光地「謨明弼諧」的御匾，稱譽他「計謨明智，輔弼和諧」。

著名的理學家

李光地不僅是政績卓著的官員，還是學識淵博的理學家。他自少年便專注於理學，「以濂洛關閩為門徑，以六經四子為依歸」。透過深入研究二程、朱熹的理學著述，李光地也形成自己的見解。例如，他認為理學的最高範疇是「性」，理即性，反對心學；人性皆為善，只是「才」有差異；性為實，心為虛；性為本，氣為具等。他還精通樂律、曆算，曾問學於顧炎武、梅文鼎等學者。

李光地一生著述頗豐，有《周易通論》、《周易觀象》、《尚書解義》、《洪範說》等四十三種。清朝編修的《四庫全書》中曾評價道：「光地之學，源於朱子，而能心知其意，得所變通，故不拘墟於門戶之見。」

康熙一生崇尚理學，對於編修理學典籍非常重視。李光地憑藉其理學學識，被康熙欽點掌理國史館、典訓館、方略館，協助編纂《朱子全書》、《周易折中》、《理性精義》

太和殿

該殿建於明永樂十八年（一四二〇年），初名奉天殿，清時更名為太和殿。這座大殿是新皇帝登基、頒布重要詔書、公布新進士黃榜及派大將出征等舉行重大慶祝、典禮儀式的地方。

等書。當時，李光地幾乎天天入宮，與康熙探討理學問題，也常有機會建言獻策，與康熙交流有關軍國大事的看法。學術的切磋、頻繁的交談，使康熙對李光地愈加賞識，逐漸引以爲知己。李光地也藉機奏請弘揚經學，鼓勵對《詩》、《書》、《春秋》等經典的研究，對清初文化的振興有很大幫助。

情雖君臣　義同朋友

提及康熙與李光地的關係，一言以蔽之，可謂「情雖君臣，義同朋友」。在許多問題的處理上，康熙都習慣徵求李光地的意見，而且多採納之。比如，在文字大獄《南山集》案中，古文家方苞曾被論死，後來因爲李光地的求情而被赦免；甚至在廢立太子一事上，康熙也參考李光地的意見，於康熙四十七年（一七〇八年）復立已廢太子胤礽。

李光地深受寵信，卻也頗受爭議。在他爲官的大半生中，參奏彈劾之聲不絕於耳。指責的理由有：早年出賣摯友陳夢雷；不回籍爲母奔喪，違背孝道；貪戀官職等等。然而，這些並未動搖康熙對李光地的信任。康熙還時常爲李光地澄清，向群臣解釋說：「光地並非不孝或貪戀官職，他曾多次請辭官，只是朕不允罷了。」李光地晚年多病，曾感染惡瘡、疥毒，幾乎不能行動。他多次以病乞歸，康熙仍「惜其去」而不准。康熙對李光地關懷備至，不時賞賜藥物、補品，甚至親自指導治療方法。李光地感激涕零，爲報聖恩，也強忍病痛編修官書，又完成了續編《朱子全書》等著述。

康熙五十七年（一七一八年），李光地病逝，康熙聞訊深爲悲痛地說，「朕知之（指李光地）最眞無有如朕者；知朕亦無有過於光地者」，並賜謚號「文貞」。

李光地賣友案

耿精忠叛亂時，李光地以父病為由脫離了耿精忠的勢力。這時，與他同年考中進士的好友陳夢雷假意歸順耿精忠，並與李光地約定作為內應，共同致力於平叛大業。然而，李光地回鄉後，以自己的名義上疏給康熙，卻對陳夢雷共謀一事隻字未提。此後，李光地憑藉這一功勞青雲直上，仍然從未提及陳夢雷之功。

康熙二十年（一六八一年），陳夢雷被指投降叛賊，含冤下獄。當時能夠證明陳夢雷清白的只有李光地。但李光地起初並未為好友申冤，直到陳夢雷面臨被斬、朝中大臣紛紛指責時，李光地才上奏康熙，稱陳夢雷是被迫投降，「罪有可原」。陳夢雷痛斥李光地「賣友求榮」，並寫文章與李光地決絕。然而對於陳夢雷共謀一事，李光地又矢口否認。此案的是非曲直至今仍無定論，但這確實成為李光地一生中最不光彩的一件事。

康熙親征噶爾丹

俄國入侵的風波剛剛平息，西北的準噶爾部又爆發叛亂。野心勃勃的噶爾丹率領數萬鐵騎，吞沒了漠北、漠南蒙古的大片土地，甚至在俄國的唆使下妄圖進攻中原。康熙御駕親征，三次出兵，乾淨利落地剷除了噶爾丹叛軍勢力，因而平定了西北邊境。

野心勃勃的噶爾丹

抗擊俄國侵略的戰事剛剛取得勝利，西北的準噶爾部又開始蠢蠢欲動。俄國在侵略東北受挫之後並不服輸，轉而挑唆準噶爾部的首領噶爾丹發動叛亂。噶爾丹原本就野心勃勃，妄圖稱霸，此次仗著有俄國撐腰，愈發驕恣，開始蓄謀向漠北、漠南蒙古發動進攻。

漠北蒙古、漠南蒙古、漠西蒙古是蒙古族的三大支部。漠南蒙古又稱內蒙古（地域相當於今內蒙古自治區），最早歸附清朝，對清廷最爲忠誠；漠北蒙古又稱喀爾喀蒙古、外蒙古（地域相當於今蒙古國、新疆東部等地），繼而歸降；漠西蒙古（地域相當於今新疆西部等地）最後臣服，而準噶爾部就是漠西蒙古的一支。準噶爾部原本在伊犁河流域過著平靜的遊牧生活，但自從噶爾丹坐上準噶爾的首領位置以後，準噶爾部就在他的統治下開始肆意擴張。

噶爾丹出生於順治元年（一六四四年），是準噶爾部的傑出領袖巴圖爾琿台吉（蒙古部落首領的一種稱謂）的第六個兒子。起初，他並不是準噶爾部的首領人選。十歲時，噶爾丹遠赴西藏，當了十幾年的喇嘛。後來，準噶爾部發生內訌，噶爾丹的哥哥僧格被殺。康熙十年（一六七一年），噶爾丹聽說這一消息後，意識到奪取統治權的機會來了，於是馬不停蹄地趕回準噶爾，擊敗政敵，成爲了準噶爾部的首領。

當上首領的噶爾丹並不滿足，反而野心勃勃。他先是出兵俘獲自己的叔父楚琥布烏巴什，接著又擊敗了漠西蒙古的和碩特部，使準噶爾一舉成爲漠西蒙古之首。不久，噶爾丹又率兵蕩平漠西蒙古各部，南侵南疆、東討青海，勢力猛增。至康熙十七年（一六七八年），噶爾丹已經控制了天山南北以至青海、西藏的大片地區。第二年，他得意洋洋地自稱「博碩克圖汗」。

爲了實現自己的政治野心，噶爾丹還不惜投靠俄國侵略勢力，每年都派使者前去俄國，表達修好之意，乞求軍事支援。俄國也積極地插手蒙古各部事務，並慫恿噶爾丹脫離清朝，歸附俄國。

御碑亭

內蒙古呼和浩特市小召（席力圖召）院中的「御碑亭」，用滿、漢、蒙、藏四種文字記載了康熙平定噶爾丹的經歷，為他表彰功績。

康熙二十七年（一六八八年），準備就緒的噶爾丹率領三萬鐵騎向漠北蒙古發起進攻，實際上是公開對清宣戰。噶爾丹率軍分南、北兩路進攻喀爾喀三部。噶爾丹的軍隊一路燒殺搶掠，草原上鮮血橫流，哀鴻遍野。數十萬牧民不得不撇下自己的牲畜和家園，倉皇逃跑。每天，只見通往漠南蒙古的棧道上，奔逃的難民、駝馬絡繹不絕，不下萬數，前後綿延六十餘里。由於缺乏糧食和飼料，不少牧民和牲畜死於途中，屍臭的味道傳到數里以外，景象慘不忍睹。

僅一年多的時間，漠北蒙古就被全面征服，各部首領和貴族逃到漠南境內，接受清廷的保護。面對噶爾丹的侵襲，康熙迅速應對：首先對難民進行緊急救助，撥發糧食、茶、布、牲畜十多萬，並劃出科爾沁一帶的草場供逃亡的牧民遊牧。同時，康熙向噶爾丹發出嚴正警告，要求噶爾丹歸還侵佔的土地，立即停戰。

可是，噶爾丹對康熙的警告置若罔聞。他不僅狂妄地聲稱絕不退兵，還以追擊漠北蒙古爲名，率軍大舉進犯漠南蒙古。

烏蘭布通之戰

康熙二十九年（一六九〇年），噶爾丹率兵兩萬進入烏爾會河以東地區。理藩院（清廷處理蒙古等少數民族事務的機構）尚書阿喇尼帶兵出戰，很快敗下陣來。不久，噶爾丹的大軍就經由烏珠穆沁地，一直深入到距離北京僅七百里的烏蘭布通（今內蒙古翁牛特旗西南）。一時間，京師告急，人心惶惶。

噶爾丹的接連取勝令康熙大爲震撼。康熙突然意識到噶爾丹的野心絕不止是稱霸蒙古那麼簡單，他甚至想要窺視中原、圖謀京師。所以，這股力量萬萬不能小覷，倘若不盡快剷除，一定會留下無窮的後患。於是，康熙做出了一個極有魄力的決定——親征噶爾丹。

同年七月，康熙親自披掛上陣，下令兵分兩路向噶爾丹進發。他任命裕親王福全爲撫遠大將軍，皇長子胤禔爲副將，率左路兵出古北口；任命恭親王常寧爲安北大將軍，簡親王雅布、信郡王鄂札副之，率右路兵出喜峰口；內大臣佟國綱、佟國維、索額圖、明珠等參贊軍務。康熙則親自率領御林軍，在大軍後方的波羅和屯（今河北隆化）指揮戰鬥。

安北大將軍常寧率領右路軍隊先與噶爾丹叛軍交戰，不料被打敗。噶爾丹長驅直入，信心大增，揚言「康熙做南方的皇帝，我來做北方的君長」，還勒令清軍交出漠北、漠南蒙古各部的首領。康熙審時度勢，命令右路軍隊暫停進攻，由撫遠大將軍福全率領左路軍隊反擊，並由康親王傑書等屯兵在歸化城（今內蒙古呼和浩特舊城），阻截噶爾丹的歸路。

清軍與噶爾丹叛軍在烏蘭布通展開激戰。噶爾丹佔據烏蘭布通的制高點，將數萬騎兵屯聚在大紅山下，前有河流阻擋，後有樹林掩護，可謂易守難攻。接著，噶爾丹在軍前布置「駝城」，將上萬隻駱駝綁住腿腳，令其臥在地上，再在駝背上放上箱子，用濕氈子裹住，排成了一道堅固的防線。他率領叛軍躲在「駝城」後面，從箱垛的中間射箭放槍。清軍並沒有被這樣嚴密的防禦嚇倒。福全率領軍隊同時從十二座營地出發，衝向

《北征督運圖冊》（局部）

《北征督運圖冊》是根據康熙平定準噶爾叛亂西路大軍軍糧督運官范承烈的經歷畫成的。圖中對所經城鎮、台站、山川河湖、沙漠、道路里程、各族官兵、民夫、車馬都進行詳細描繪，是一篇描述生動的歷史文獻。

「駝城」，士兵們用火槍、火砲對準「駝城」狂轟，頃刻間砲聲震耳，火光沖天。噶爾丹的防線哪裡抵得住槍砲的襲擊，「駝城」很快就被打了個缺口。清軍乘勢發動總攻，與叛軍進行激烈廝殺；福全又派兵從後山夾擊，使叛軍無處可逃。經過一整天的廝殺，叛軍死傷數萬人，噶爾丹的主力幾近覆沒。

到了夜裡，噶爾丹率領殘部逃到大紅山裡，企圖再擇機逃出。清軍將大紅山團團圍住，不給噶爾丹任何機會。走投無路的噶爾丹只好派人去清軍大營談判，用謙卑的言辭乞求講和。福全下令停止追擊，並派人向康熙請示。康熙聽到噶爾丹求和的消息，疾聲大呼道：「速速進軍去追，別中了噶爾丹的奸計！」然而，康熙的指示傳到軍中，爲時已晚。噶爾丹果然是假意求和，利用清軍放鬆警惕的時機，率部突圍，倉皇逃回科布多（今蒙古國吉爾格朗圖）。

康熙五彩海水龍紋瓷盤

在噶爾丹敗逃之際，康熙迅速召集漠北、漠南蒙古各部，宣揚君威，重組編製，穩定人心。經過此次召見，漠北蒙古各部也成爲清朝堅定而可靠的臣屬。

昭莫多之戰

噶爾丹逃到科布多以後，表面上向清廷屈服，暗地裡仍在招兵買馬，以圖東山再起。康熙三十三年（一六九四年），康熙約噶爾丹會盟，噶爾丹不僅斷然拒絕，還殺害清廷派去的使臣。他派使者去俄國請求援助槍砲和軍隊，又派人去漠北、漠南蒙古放話說，「已經向俄國借到鳥槍兵六萬，不日就要對清發動大舉進攻」，蓄謀煽動各部叛亂。

噶爾丹的種種行爲使康熙看到其不知悔改的眞面目。爲了拆穿噶爾丹的陰謀，康熙施用「反間計」，祕密派科爾沁土謝圖親王詐降噶爾丹，對噶爾丹說，「願爲內應，與您一起夾擊清軍」，並約好起兵時間。噶爾丹果然中計，帶著六千人馬順流而下，一路搶掠牲畜。清軍早有防備，一舉將其擊敗。噶爾丹回到漠北後，捲土重來，於康熙三十四年（一六九五年）率領三萬鐵騎進駐巴彥烏蘭（今蒙古國溫都爾汗西）地區。

第二年，康熙再次御駕親征，發三路清軍征討噶爾丹。東路軍由黑龍江將軍薩布素統帥；西路軍由大將軍費揚古統帥，阻截噶爾丹的後路；中路軍則由康熙親自帶領，與其餘兩路約定日期一起夾攻。

行軍途中，康熙與將士們同甘共苦，每天只吃一頓飯。走了七十多天，人馬勞頓，仍然不見噶爾丹叛軍的行蹤。這時，傳來敵軍前鋒就在附近的情報，又有俄國出兵相助的消息，而東、西兩路大軍尚未趕到，這使軍中不少將士產生畏懼情緒。伊桑阿、索額圖等隨軍大臣力諫康熙以龍體安康爲重，暫緩進軍，或者乾脆班師回朝。康熙憤怒地說：「朕祭告天地、宗廟而出征，還沒有見到賊兵就折返，有何面目向天下人交代？況且，如果中路大軍退兵，賊兵全力對付西路，西路大軍豈不是無力應對？」於是，康熙下令大軍向敵軍大營快速前進，並親自部署戰略，同時派使者去敵營中昭告噶爾丹，康熙親征的消息。

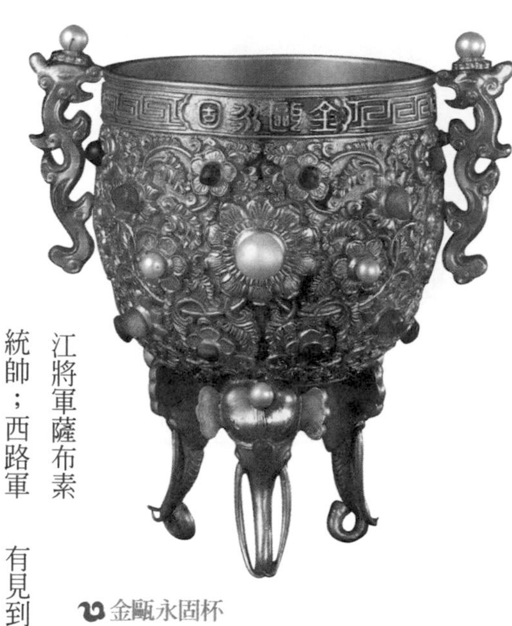

金甌永固杯

杯高十二．五公分，口徑八公分，通體鏨刻纏枝花卉紋，杯身鑲嵌數十顆碩大珍珠，紅、藍寶石和粉色碧璽。杯兩側為雙立夔耳，夔龍頭上各嵌一顆珍珠；底部以三象首為足，外形呈鼎式。「金甌永固」，寓意大清的疆土、政權永固。

噶爾丹聽說康熙親征以後，已經畏懼三分；又看見康熙所率大軍陣容龐大，軍紀嚴明，四處旗幟飄揚，來勢洶湧，十分驚恐。噶爾丹帶著人馬拔營而起，連夜撤退。第二天，康熙率軍準備迎戰時，才發現對面敵營早已空無一帳。他一面派兵追擊，一面派人通知西路大軍阻截噶爾丹。

噶爾丹跑了五天五夜，到達了昭莫多（今蒙古國烏蘭巴托東南），不料又在此遭遇西路清軍。大將軍費揚古派人在茂密的樹林中設下埋伏，又派四百將士作爲誘兵，且戰且退，將叛軍引入伏擊圈。噶爾丹叛軍一到，四面號角聲乍起，大批清軍衝出與叛軍拚殺，一舉消滅叛軍萬餘人。費揚古接著派兵佔據山頂，從山頂射箭放槍，又派出一路人馬在山下襲擊叛軍的行李和物資，切斷其退路。經過一場激戰，叛軍或死或降，主力全軍覆沒。噶爾丹的妻子阿努中槍而死，噶爾丹僅帶著數騎落荒而逃。

平定噶爾丹叛亂

昭莫多一戰使噶爾丹元氣大傷，再也無力進攻。在兩次慘敗的打擊

滿蒙聯姻

滿蒙聯姻是由歷代和親制度的基礎上發展而來，是政治聯盟的重要模式。清朝聯姻的對象主要是漠南蒙古，尤以科爾沁爲主。皇帝將自己的女兒嫁到蒙古，再迎娶蒙古貴族的女兒入宮，因此清宮后妃中，蒙古女性占很大比例。

在文學作品和民間傳說中，康熙曾將自己心愛的女兒嫁給噶爾丹，藉由滿蒙聯姻來做緩兵之計。事實上，這在歷史上是不存在的。不過，在平定噶爾丹之後，康熙確實仿照滿蒙聯姻的做法，把一些宗室之女遠嫁給準噶爾部的貴族，以顯示優待之禮。例如，康熙曾厚待噶爾丹之子色布騰巴爾珠爾，將其封爲一等侍衛，還將宗室覺羅長泰之女嫁給他，授予他「鎮國公婿」的稱號。

下，噶爾丹軍隊內部也分崩離析、人心渙散。更爲重要的是，噶爾丹在準噶爾部的根據地被他的侄兒奪占，新疆、青海各部也紛紛起兵反叛，以至於噶爾丹四處逃竄，無處安身。

面對眾叛親離的噶爾丹，康熙仍然以寬大的態度對待，特命理藩院官員前去勸說噶爾丹投誠。可是，窮途末路的噶爾丹竟不領情，仍然孤注一擲，負隅頑抗。康熙終於失去耐心，決定三度親征，給噶爾丹最後一擊。

康熙三十六年（一六九七年），康熙第三次親征噶爾丹。當時，噶爾丹只剩下五、六百人馬，已經毫無勝算。這些叛軍聽說清軍來伐，慌忙舉手投降，還主動爲清軍帶路。噶爾丹的侄兒策妄阿拉布坦也落井下石，派出軍隊準備活捉他。俄國見勢倒戈，對噶爾丹袖手旁觀。

於是，此次出征以摧枯拉朽之勢消滅了噶爾丹力量。噶爾丹身陷絕境，萬念俱灰，只好服毒自殺。這場歷時八年的平叛戰爭終告勝利，西北邊境重獲安寧。此後，康熙對準噶爾部實行寬容和善的政策，安撫了準噶爾部的王公貴族。

康熙晚年，噶爾丹的侄兒、準噶爾部首領策妄阿拉布坦又起兵作亂，侵擾西藏地區。消息傳至朝中，大臣們紛紛反對出兵西藏。康熙再次果敢地說：「朕以爲，如果現在不進兵西藏，使賊寇無所忌憚，他們就會再去煽動沿邊各個部落興兵叛亂，到時候豈不是更難處置？」於是，康熙特派「安藏大兵」征討叛軍，不久就平定了西藏。

康熙三次親征噶爾丹，以卓越的膽識和智謀平定這場爲禍甚深的叛亂，留下輝煌的功業。

兩廢太子風波

康熙的皇太子胤礽早在襁褓中時，就被立為太子。但特殊的成長環境也令他性情驕縱乖戾，屢次犯錯，招致兩度被廢的命運。最終，無緣於皇位，病死於禁所。而兩廢太子的風波後來演變成更大規模的儲位之爭，成為康熙晚年最大的心病。

溺愛中成長的皇太子

康熙十三年（一六七四年），康熙寵愛的皇后赫舍里氏在坤寧宮生下一名皇子後，不幸難產而死。康熙萬分悲痛之下，將滿腔的感情都傾注在這個新誕生的小生命上。他爲這個皇子取名保成，後來又改名爲胤礽，意思是希望他能平安長大。胤礽在康熙的皇子中排行第六，但因前面有四個皇子夭折，胤礽便成爲了皇二子。自出生之日起，胤礽就成爲了康熙的掌上明珠，康熙對他異常的重視和關愛。康熙十四年（一六七五年），年僅二十歲的康熙決定立儲，將剛滿一週歲的嫡長子胤礽立爲皇太子。自此，康熙就把胤礽當做皇位接班人悉心培養。

胤礽幼年時，康熙不顧政務繁忙，親自教他讀書和寫字，還爲他講解四書五經。在很長一段時間內，康熙每天上朝之前都要檢查胤礽的學習情況，直到確認胤礽背熟了經書的內容，才放心上朝。康熙十七年（一六七八年），五歲的胤礽突患天花，康熙日夜守護在床前照顧胤礽，竟爲此輟朝十二天。

胤礽六歲時，康熙特地請張英、李光地、熊賜履、湯斌等博學名臣擔任胤礽的師傅。每天清晨五點，天還沒亮，胤礽就要去上書房早讀，然後將經書背上一百二十遍，接受師傅的檢查。上午，胤礽練習書法，吃完午飯後又要繼續朗讀、背誦新的文章。傍晚，胤礽要練習射箭，然後還要聽師傅講課。經過幾年的刻苦學習，胤礽在十幾歲時已經精通滿漢文化，騎射技藝嫻熟，在各方面都有優異的表現。加上相貌堂堂、聰慧機敏，康熙對他更加喜愛。

爲了能經常見到胤礽，康熙特別

在自己燕居的暢春園以西修建了一座園林，供胤礽居住。胤礽成年以後，康熙開始帶胤礽出巡，參加各種盛大場合。有時，康熙故意留胤礽在北京，讓他代理朝政事務，學習治國安邦之道。

康熙親征噶爾丹期間，胤礽奉命留京處理軍務。有一次，康熙因太思念胤礽，特地寫了一封信說：「朕不由思念太子，如何釋懷。如今天氣已熱，將你所穿棉衣、褂子等捎來，務必揀你穿過的，以便皇父想你時穿上。」由此可見康熙舐犢情深。

性情暴戾多樹敵

胤礽生下來就失去母親，自幼在溺愛中長大，性情難免有些驕縱孤僻。而胤礽的過分受寵也令其他皇子心生妒意，使胤礽長期被孤立。十四歲時，胤礽與自己的哥哥即皇長子胤禔的衝突鬧得眾人皆知。兩人每次都要在文治武功上一爭高低，互相較量。到了二十歲時，胤礽在皇子之間仍沒有朋友。相反，各個皇子都在暗地裡挑撥康熙與胤礽的父子關係，企圖動搖胤礽的太子地位。後來，皇子中就只有皇四子胤禛、皇十三子胤祥與胤礽的關係尚可。

在宮廷鬥爭的特殊環境中，胤礽的性格變得愈加冷漠，甚至出現了暴力傾向。他經常打罵、虐待自己的奴僕侍從，甚至隨意毆打朝臣貴族。他縱容自己的侍從到處敲詐勒索，仗勢欺人，自己也利用每一個機會向朝中官員索賄，以滿足奢華鋪張的生活需求。有一次，胤礽不知爲何緣故，竟親自動手鞭打平郡王納爾蘇和貝勒海善。人們皆稱胤礽「剛愎喜殺人」，連朝鮮使臣都說：「胤礽若當政，必亡清國。」

康熙對胤礽的行爲舉止深感不悅，但念及父子深情，仍期望胤礽自己能改善。康熙二十九年（一六九〇年），康熙第一次親征噶爾丹，途中患病，特召皇太子胤礽和皇三子胤祉前來探望。胤礽趕到行宮以後，看到康熙身體欠佳，臉色不好，竟沒有絲

金「大威德」壇城

壇城，梵語稱曼陀羅，意為聖賢集會修法處。壇城正中為經殿，殿上傘幢林立。殿四面有門，殿內坐大威德及眾賢。壇城小巧玲瓏，製作精細，是不可多得的藝術珍品。

毫憂戚的神色，反而談笑如故。康熙又傷心又生氣，認爲胤礽「絕無忠愛君父之念」，就把他打發回去，只留下皇三子胤祉陪伴身邊。

然而，康熙仍未對胤礽完全失望。在第二次、第三次親征噶爾丹時，康熙照舊對胤礽委以重任。康熙四十七年（一七〇八年），年僅八歲的皇十八子夭折，康熙聞訊極爲悲痛，胤礽卻毫無反應。康熙怒斥胤礽「毫無弟兄友愛之情」，胤礽不僅不思悔改，反而凌虐自己的隨從以洩憤，加深了康熙對胤礽的厭惡。

第一次廢太子

胤礽的麻木不仁使康熙開始重新考慮立儲的問題。康熙曾憤怒地說：「隋文帝正是因爲沒有預知其子隋煬帝的暴戾，才毀了一世英名！朕豈能容忍不忠不孝之人當政呢？」

胤礽察覺到康熙態度的變化後，竟又做出不合宜的舉動。爲了打探康熙的動向，胤礽每天派人去偵察康熙的日常起居；自己還在夜裡跑到康熙的大帳前，扒開大帳的縫隙，偷偷摸摸地向內窺探。康熙被這種形同「監視」的行爲弄得不得安寧，終於忍無可忍，決定廢黜太子。

康熙四十七年（一七〇八年），康熙在木蘭圍場的行宮召集諸皇子和文武百官，勒令皇太子胤礽跪下，宣布以「不法祖德，不遵朕訓，肆惡虐眾，暴戾淫亂，賦性奢侈，語言顚倒」等罪名廢黜太子。康熙無比痛心地說：「朕包容了二十年，但胤礽不思悔改，變本加厲，這樣的人怎能承擔祖宗的基業呢？」說著說著，康熙泣不成聲，最後竟哭倒在地上，被眾大臣扶起。

此次廢黜太子一事，對康熙的打擊極深。想到數十年培養的心血毀於一旦，康熙悲憤交加，以致六天六夜無法入睡。在傷痛的情緒中，康熙還不慎中風，導致右手不能活動，只能用左手批改奏章。

胤礽被廢後，其他皇子開始暗暗覬覦儲位，朝中大臣也紛紛議論太子

紫禁城角樓

角樓是紫禁城城池的一部分，它與城垣、城門樓和護城河同屬於皇宮的防衛設施。

的人選，這讓康熙帶來新的困擾。恰在此時，皇長子胤禔被發現用「魘勝巫術」詛咒胤礽。康熙在雷霆震怒之餘，意識到胤礽在此之前有可能是受巫術控制而致狂悖，至少也爲復立太子找到一個理由。於是，康熙四十八年（一七〇九年），康熙以「雖被鎮魘，已漸痊可」爲由，重新立胤礽爲太子。

「太子黨」與再廢太子

胤礽重回太子之位後，不僅沒有收斂，反而更加肆無忌憚地與一些朝臣結爲「太子黨」，企圖強行讓康熙提前退位。

早在第一次被廢之前，胤礽就與索額圖等大臣過往甚密，結黨營私。在康熙南巡期間，胤礽因病在山東德州靜養，索額圖奉命陪同照料。這段時間，胤礽所用衣物都是黃色，一切儀制與皇帝相同，招致康熙大怒。回京後，康熙下令拘禁了索額圖，給胤礽嚴重的警告。

然而胤礽第二次當上太子之後，仍然按捺不住。胤礽僅比康熙小二十歲，因此當時他已經做了三十多年的太子。他曾大逆不道地說：「自古以來，哪有做四十年太子的道理？」他聯合耿額、齊世武等朝臣重新結黨，使康熙的皇權遭到威脅。康熙認爲胤礽已無可救藥，也不再顧及父子之情，於康熙五十一年（一七一二年）宣布再次廢掉胤礽，將他囚禁。被囚的胤礽還不死心，借御醫診病的機會用礬水寫信給外面的大臣。康熙發現此事後，重重處置了一批「太子黨」官員，並下令加強對胤礽的看守。雍正二年（一七二四年），五十一歲的胤礽死於禁所，追封理親王，謚號「密」。

兩廢太子風波使康熙朝晚期的儲位之爭愈演愈烈，最終釀成一場更大規模的「九王奪嫡」，這也成爲康熙晚年最爲痛心的事情。

薄命皇后赫舍里氏

康熙的皇后赫舍里氏是輔政大臣索尼的孫女，自幼性情賢淑，頗識大體。康熙四年（一六六五年），十三歲的赫舍里氏與十二歲的康熙舉行大婚。婚後，二人恩愛甜蜜，並一起度過了對抗鰲拜的日子，因而感情彌深。赫舍里氏處事得體，將後宮治理得井井有條，深得康熙敬重。

康熙八年（一六六九年），赫舍里產下皇二子承祜。承祜機靈可愛，受到康熙與赫舍里的疼愛呵護。但好景不長，承祜年僅四歲就夭折了，赫舍里悲痛過度，自此身體變得孱弱多病。康熙十三年（一六七四年），赫舍里又生下皇子保成（即後來的胤礽）。正當康熙沉浸在喜悅中時，赫舍里卻因難產而陷入昏迷，御醫救治無效，這位薄命的皇后就這樣逝去了，年僅二十二歲。

盛世修典

王朝的盛世多與文化繁榮期相伴，而又以大型著作的編著出版為首要。康熙年間的《古今圖書集成》被譽為「古代百科全書」、「類書之最」，是現存最完整、規模最大的類書，也是康乾盛世的重要文化資產。

類書之最

康熙朝誕生的《古今圖書集成》，原名《文獻彙編》、《古今圖書彙編》，後經康熙御賜書名、雍正作序，是與《永樂大典》、《四庫全書》齊名的三大皇家鉅作之一。它始修於康熙四十年（一七〇一年），成書於康熙四十五年（一七〇六年），後來經雍正朝修正印製。全書含正文一萬卷、目錄四十卷，分爲五千零二十冊，總計一億六千萬字，涉及人文、地理、經濟、醫農、藝術等，堪稱卷帙浩繁、包羅萬象的曠世之作。《古今圖書集成》是現存最完整、規模最大的類書，有「古代百科全書」、「類書之最」的稱譽。

《古今圖書集成》的主編是康熙年間的名士陳夢雷。陳夢雷，字則震，號省齋，順治七年（一六五〇年）生於福建。他自幼聰慧，博聞強識，十二歲即中秀才，十九歲中舉人，二十歲中進士。康熙三十七年（一六九八年），陳夢雷發現已有類書都很不完善，便立志編著一部「大小一貫，上下古今，類列部分，有綱有紀」的鉅著。在清廷的支持下，陳夢雷依據一萬五千餘卷藏書開始分門別類地整理。他手不釋卷、夜以繼日，歷經五、六年的時間終於編成《古今圖書集成》。康熙對陳夢雷的著述表示讚賞，並御賜詩句表彰其功績。

然而，在這部輝煌的鉅著背後，其實有許多曲折心酸的故事。編者陳夢雷的人生經歷和成書的過程中，充滿了無盡的曲折和坎坷。

坎坷修書路

康熙九年（一六七〇年），陳夢雷與同鄉的李光地一起考中進士，二人同被授爲編修，交情頗爲深厚。然而，陳夢雷的人生遭遇也與這位好友緊密相關。

康熙十二年（一六七三年），陳夢雷與李光地回鄉省親。不久，耿精忠在福建叛清，強行招納二人作爲自己的幕僚。由於父親被俘，陳夢雷不得不投靠耿精忠，但心中卻始終想著報效清廷。當時，李光地以「父病」爲托詞欲逃回家，陳夢雷便與李光地約定：由陳夢雷在福州打探叛軍消息，草擬作戰方略和密疏；李光地派人從山路呈送密疏，共請清軍入閩。

不料，李光地回家後以自己的名義直接上疏康熙，博得康熙的賞識，自此青雲直上；對陳夢雷的忠心和功勞卻隻字未提，陳夢雷被蒙在鼓裡。八年後，陳夢雷竟被耿精忠的同黨徐鴻弼參劾，以「附逆」罪入獄，這時他才意識到李光地居功的事實。悲憤交加的陳夢雷要求李光地具實以奏，還自己清白。但李光地對陳夢雷所言「共謀之事」矢口否認。不久，康熙下令將陳夢雷流放遼寧。

直到康熙三十七年（一六九八年），陳夢雷才得以被召回京城，但仍未得到重用，只是成爲了皇三子胤祉的侍讀。半生坎坷的陳夢雷自知仕途無望，轉而將理想寄托於著書立說的事業上。他嘔心瀝血地編著了《古今圖書集成》，終於得到了胤祉的舉薦和康熙的認可。

誰知好景不長，康熙六十一年（一七二二年），康熙病逝。雍正即位後，將昔日與自己爭位的胤祉囚禁起來，陳夢雷也受牽連再度被流放，而《古今圖書集成》的編者中也刪去了他的名字。直至近代，陳夢雷的功績和經歷才考證清楚，坎坷一生的學者終得清白。

字書鉅著《康熙字典》

《康熙字典》是康熙年間官修的又一部鉅著，它集歷代字書之精華，直至今日仍對漢學文化產生深遠的影響。該書編纂於康熙四十九年至五十五年（一七一〇年至一七一六年），由張玉書、陳廷敬帶領三十餘位學者奉旨編修而成。

全書共分爲十二集，每集各分上、中、下三卷，以部首分類，按筆畫排列，同時有韻母、聲調以及音節分類排列。《康熙字典》有三個傑出的特點：一是收入漢字數量極大，共計四萬七千零三十五個字，超出以往任何一部字書；二是內容豐富、考證嚴謹，包含漢字的二百餘個部首，每個字都注有不同的發音、意義，容易混淆的字還編入了「疑似」；三是收入的字大多舉出釋義的例子，且幾乎都引自古書的原始出處，便於進行漢學研究。

《古今圖書集成》書影

酷烈的《南山集》案

康熙二年（一六六三年）的《明史》案血濺一時，時隔近半個世紀，康熙五十年（一七一一年）又爆發了一場文字大獄——《南山集》案。此案牽涉數百人，轟動朝野，起因也是一本明朝史書。案情的來龍去脈究竟如何？康熙為何興起大獄？

「狂生」戴名世

戴名世，字田有，順治十年（一六五三年）生於安徽桐城。戴名世二十六歲時考中秀才，但此後科舉之路一直不甚順利。直到康熙四十四年（一七〇五年），年過花甲的戴名世才考中舉人，四年後參加會試、殿試，獲一甲第二名（即榜眼），授翰林編修，參與編纂《明史》。

戴名世才華縱橫、文采斐然，難免有些恃才放曠的傲氣。無論是面對王公貴族，還是達官權臣，他都只是作揖之後轉頭就走，人稱「一揖之外無他語」。酒酣之時，他常常「吁嗟咄唶，旁若無人」，所念之詞無非是提及自己讀書萬卷、異於常人、懷才不遇。因此，戴名世在當時又有「狂生」之稱。

「逆書」《南山集》

戴名世平生最愛史學，對明清交替時期的歷史尤感興趣。他認爲清朝官修的《明史》不足採信，於是決定自己搜集史實，修一部南明王朝的歷史。早在二、三十歲時，戴名世遊歷各省，就遍訪南明遺老，搜尋明朝史書，累積了豐富的資料。後來，他又偶然得到一本名爲《滇黔紀聞》的史料。經過考證，他認爲該書眞實記錄了南明史實，於是採納很多書中的內容。康熙四十年（一七〇一年）前後，戴名世所著《南山集》一書付梓刊印。

這本《南山集》，後來被清廷認定爲「逆書」，成爲戴名世獲罪的證據。清廷認爲《南山集》一書中的「大逆不道」之處有三：一是多處採用了「亡明紀年」，收錄了「南明三王」年號；二是記錄了多爾袞處置明朝太子的史實；三是記錄了清朝強推「薙髮令」以及南明仁人志士的義舉，有煽動人民抗清之嫌。此外，戴名世還在與弟子的信中明確寫道，順治一朝「三藩未平、明祀未絕」，不得爲正統；清朝的歷史不應以入關北京爲起點，而應以康熙元年（一六六二年）爲起點。諸如此類的表述都觸犯了清廷的大忌。

興起大獄

康熙五十年（一七一一年），與戴名世素有積怨的都察院左都御史趙申喬上疏告密，稱戴名世「私刻文集」、「語言狂悖」，其所著《南山集》「大逆不道」。

刑部會審之後，判定「主犯」戴名世凌遲，《滇黔紀聞》的作者方孝標（已死）戮屍，戴、方兩家三代以內十六歲以上親族處死，十五歲以下發配爲奴。這場株連數百人的大案轟動朝野，被後世稱爲《南山集》案。

康熙看到刑部判罰意見後，深感牽連太廣、刑罰太重，下令從輕發落，將戴名世的凌遲改爲處斬，方登嶧、方苞等原「擬處死」的「罪犯」免死，改判爲「入旗爲奴」。不過，仍然有幾百人株連獲罪。

康熙對待漢族文化向來有「務以寬仁爲尚」、「莫要於寬舒」等原則，而《南山集》中並沒有辱沒清朝的言論，爲何要興起大獄，致數百無辜生命於苦難呢？據後人分析，其中一個重要原因是書中對於多爾袞處置明朝太子一事的記載正中康熙的心病——爲了平定人心，康熙對明朝太子的案件唯恐提及，而《南山集》卻直言不諱。此外，戴名世素來樹敵太多，案發後不僅得不到聲援，還被人落井下石，這也是《南山集》案難免酷烈的一個重要原因。

《明史》案

清廷為了維護其統治，製造文字獄，對有反清思想、異端思想的漢族士人進行殘酷鎮壓，莊廷《明史》案就是其中一例。

湖州富商莊廷購得明末朱國楨所著《明史》，並加上崇禎、南明史實，作為朱氏著作刊行。因為書中保存了滿洲的歷史發展史料，還有一些指斥滿族暴政的文字，且不奉大清正朔，使用南明年號，於康熙二年（一六六三年）被人告發。當時莊廷已死，被開棺戮屍。為書作序的地方官、學者，乃至刻書、售書等受牽連者有二千餘人，被處死的有七十多人。莊廷《明史》案是清代最早的一次文字獄。

藍釉描金銀粉彩桃果紋瓷瓶

清雍正、乾隆時期器物。瓶作葫蘆形，有雙耳，器身施藍釉，繪八組金銀彩桃果及蝙蝠紋，寓意福壽雙全。瓶內、蓋內、圈足內均施松石綠釉。

測繪《皇輿全覽圖》

《康熙皇輿全覽圖》是中國第一幅繪有經緯的全國地圖，是聘請西洋傳教士經過經緯度測量繪製而成。這份地圖在中國地圖發展史上具有劃時代的意義，自清朝中葉至民國初年國內外出版的各種中國地圖基本上都淵源於此圖。

重視地理學的康熙

康熙是中國少數幾個重視自然科學的帝王之一。康熙八年（一六六九年），康熙親政以後，開始重用南懷仁等西方傳教士。南懷仁等傳教士精通西方科學，擅長測量、計算和繪圖，曾向康熙呈獻自己繪製的世界地圖《坤輿全圖》，並向康熙介紹西方地理知識。由此，康熙對地理學產生了濃厚的興趣。後來，河患問題成爲影響江山社稷的大事，康熙深感考察河川水利的重要性，於是利用狩獵、出巡的機會，隨時對駐地的地理狀況進行勘測。

數十年間，康熙派官員考察中國境內的長江、黃河、黑龍江、金沙江、瀾滄江等幾大水系。還借南巡之機六下江南，走訪了黃河、淮河下游的許多地方。此外，軍事戰爭也讓康熙加深了對地理學的認識。藉由平定三藩之亂、平定臺灣、雅克薩戰役、征伐噶爾丹等戰事，康熙感到中國幅員遼闊、地理環境複雜、各地差異顯著，繪製一幅全國地圖是有必要的。在這樣的想法下，康熙開始著手安排實地勘測。

康熙四十三年（一七〇四年），康熙派遣侍衛拉錫等人前往黃河發源地，考察黃河之源的各個湖泊和黃河流出的路線，並繪製了地圖。一年後，康熙召集傳教士張誠、白晉等人，正式展開一場大規模的全國地圖勘測。

史無前例的地圖勘測

這場史無前例的地圖勘測開始於康熙四十四年（一七〇五年）。當時，懂得測繪技術的人僅有幾個西方傳教士，康熙便下令張誠等人在各省招募人員加以訓練。康熙四十七年

（一七〇八年），技術人員、測繪儀器、測定各地緯度以及繪製局部地圖等工作準備就緒，康熙才派遣一支勘測隊伍，從北京出發開始實地測量。勘測隊伍的成員包括傳教士雷孝思（Regis，一六六三年至一七三八年）、白晉等十幾人，清廷學者何國棟、明安圖、索柱、白映棠等，以及欽天監、理藩院的官員。

十幾年間，這支隊伍的足跡遍及東北、華北、華東、華南、華中、西南等各省，期間各省奉旨「選派幹員，隨往照料」、「供應一切需要」。康熙五十六年（一七一七年），勘測隊伍完成測繪，帶著一幅幅各省地圖返回北京。同年，清廷出版《皇輿全覽圖》（含總圖一幅，分省區圖二十八幅），但西藏、蒙古等地區仍有多處空白。康熙五十八年（一七一九年），《皇輿全覽圖》最終完成，印行銅版圖，共四十一幅，其中分省及地區圖增加到三十二幅。

完成後的《皇輿全覽圖》以北京的經線為中經線，以八個緯度為一排，共八排，對於經緯網採用梯形投影的處理方法，這是中國歷史上第一次使用經緯圖法繪製地圖。該圖的比例尺為一比一百四十萬，呈現範圍之廣、內容之詳、地理區位之精，超越了歷代所有地圖，被譽為「中國自古以來最精、最全之圖」以及「亞洲當時最好的地圖」。儘管圖中難免有失誤和偏差，但作為中國第一次全國性實地勘測和第一次採用科學方法繪製的地圖，《皇輿全覽圖》在中國地理學史上的地位無可替代。

《讀史方輿紀要》

《讀史方輿紀要》由清初學者顧祖禹歷時三十餘年、十易其稿而完成，共一百三十卷，二百八十餘萬字。書中按照明末行政分區詳細敘述了歷代疆域形勢及歷史沿革，研究了古今郡縣變遷及各地軍事地位，考訂了山川險要、戰守利害，論述了用兵攻取之宜、興亡成敗之跡，具有濃厚的軍事地理色彩。此外，書中對自然地理、城市演變、農業發展、漕運變遷等內容也有論述。該書因囊括歷代，包羅萬象、考證精詳、結構嚴謹，因此被譽為「千古絕作」、「海內奇書」。

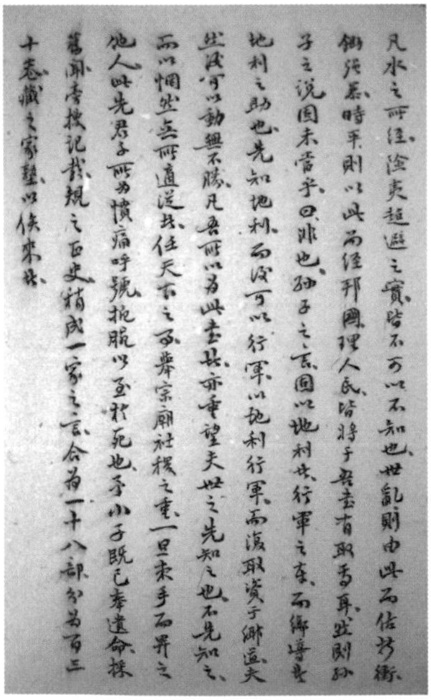

《讀史方輿紀要》手稿

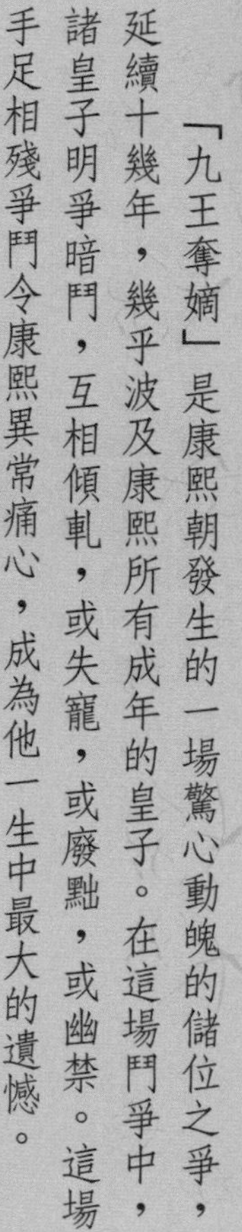

九王奪嫡

「九王奪嫡」是康熙朝發生的一場驚心動魄的儲位之爭，延續十幾年，幾乎波及康熙所有成年的皇子。在這場門爭中，諸皇子明爭暗鬥，互相傾軋，或失寵，或廢黜，或幽禁。這場手足相殘爭鬥令康熙異常痛心，成為他一生中最大的遺憾。

眾皇子圖謀儲位

康熙四十七年至五十一年（一七〇八年至一七一二年），康熙兩次廢黜皇太子胤礽。諸皇子逐漸出現覬覦儲君之位的野心，一場規模浩大的儲位之爭愈演愈烈。

康熙共有皇子三十五人，其中十二人夭折，餘下的皇子只要年齡稍大些的，幾乎都捲入儲位之爭中。早在胤礽的太子之位尚穩時，不少皇子就暗自開始爭位的舉動，其中以皇長子胤禔、皇八子胤禩動作最多。胤礽第一次被廢後，眾皇子蠢蠢欲動，開始明爭暗鬥。然而半年後的太子復立很快使這場爭奪戰表面上暫時平緩。過了三年，康熙再度廢黜胤礽。這時，眾皇子都明白胤礽再無復立的可能，於是肆無忌憚地展開一場長達十幾年的儲位爭奪戰。以上這些過程，被稱爲「九王奪嫡」。

「九王奪嫡」的「九王」一般是指皇長子胤禔、皇二子胤礽、皇三子胤祉、皇四子胤禛、皇八子胤禩、皇九子胤禟、皇十子胤䄉、皇十三子胤祥、皇十四子胤禵。在奪嫡之爭中，除了「太子黨」，還形成了三股強大的勢力：一是「長子黨」或稱「大千歲黨」，以皇長子胤禔爲首；二是「八爺黨」，以皇八子胤禩爲首，包括皇九子胤禟、皇十子胤䄉、皇十四子胤禵等；三是「四爺黨」，以皇四子胤禛爲核心，包括皇十三子胤祥（一說是「三爺黨」，以皇三子胤祉爲核心）。

最早敗落的「長子黨」

「長子黨」最早興起，也最早敗落。「長子黨」的胤禔出生於康熙十一年（一六七二年），爲惠妃那拉氏所生。胤禔自幼聰明能幹、才華橫溢，而且武藝超群，深受康熙的喜愛。在儒家正統思想中，皇長子的地位是尊貴的。儘管胤禔是庶出，而且康熙早已立皇二子胤礽爲太子，但胤禔的奪嫡之心並未減弱。

胤禔爭儲的一個重要條件是其舅父明珠的鼎力相助。明珠透過行賄、威逼等方式集結黨羽，拉攏朝中頗有權勢的大學士余國柱、戶部尚書佛倫、刑部尚書徐乾學等人，培植胤禔的勢力，逐漸形成「長子黨」。明珠深知，胤禔要想具備爭儲的資格，最重要的是建功立業。於是，在明珠的指點下，胤禔開始累積政治資本。

康熙二十九年（一七九〇年），康熙第一次親征噶爾丹，年僅十八歲的胤禔被任命爲副將軍，輔佐撫遠大將軍福全指揮戰事。康熙三十五年（一六九六年），二十六歲的胤禔再次隨康熙出征噶爾丹，負責參贊軍務，後因功被封爲直郡王。康熙三十九年（一七〇〇年），胤禔陪同康熙巡視永定河河堤，擔任總管，後來又奉命祭祀華山。幾次立功以後，胤禔爭儲的圖謀逐漸明朗，他與胤礽的競爭也公開化。

康熙四十七年（一七〇八年），康熙廢黜了胤礽的太子之位，因爲擔心胤礽「狂疾」發作，做出異常舉動，特將胤礽軟禁起來，並派皇長子胤禔嚴加看守。事後，康熙還特別關照胤禔以胤礽的教訓爲警戒，注意修身修德。胤禔誤以爲康熙已決定要傳位於自己，便慫恿康熙處死胤礽。他對康熙露骨地說：「胤礽所作所爲卑鄙骯髒，大失人心，皇父若想要誅殺胤礽，不需要親自動手。」康熙聽後憤怒地說：「你冥頑不化，不明情理，竟然不顧君臣大義，不念父子、兄弟之情，這與亂臣賊子有什麼區別？」

誰知胤禔仍執迷不悟，非要置胤礽於死地才安心。他製作了胤礽的小木偶，企圖用喇嘛教的魘勝巫術咒死胤礽。沒想到，此事被皇三子胤祉揭發。康熙獲悉後立即派人搜查，果然從胤禔的房間中搜出十幾個遭詛咒的人像。康熙勃然大怒，立即革除了胤禔的王爵，將其永遠禁錮起來。從此，「長子黨」徹底垮台。

勢力最盛的「八爺黨」

「八爺黨」是實力最強、呼聲最高的一派，同時也是最遭康熙忌恨的一派。

皇八子胤禩生於康熙二十年（一六八一年），因其母良妃出身卑微，所以胤禩起初的地位並不尊貴。然而，胤禩自幼通曉人情世故，爲人和善親切，人稱「八賢王」。十幾歲時，胤禩就已在王公貴族、朝臣百姓以至江南文人中間享有很高的聲望。在眾皇子中，皇九子胤禟、皇十子胤峨、皇十四子胤禵等人，都與胤禩交情篤厚。

胤禩與胤礽素來不合，加上親王、朝臣對他的擁戴，他很早就有結黨奪位的野心。有一次，胤禩偶遇相面人張明德。張明德爲胤禩看相後說他「後必大貴」，這更堅定胤禩爭儲的信心。經過胤禩多年的經營，他的身邊逐漸聚攏一批權臣，包括國舅佟國維、大學士馬齊、領侍衛內大臣阿靈阿、戶部尚書王鴻緒等人，再加上與他交好的三位皇子，逐漸形成龐大的「八爺黨」。

康熙四十七年（一七〇八年），康熙第一次廢黜太子之後，任命胤禩擔任內務府總管事。在這個特殊的時期，康熙對胤禩的特別器重，使「八爺黨」的成員似乎看到了立胤禩爲儲的希望，胤禩自己也處處以皇儲繼承人的身分自居。不久，皇長子胤禔的一句「今欲誅胤礽，不必出自皇父之手」，暗示皇八子一黨已有剷除太子的打算，康熙此時察覺到胤祀的不軌之心。

太子第二次被廢後，康熙召集朝臣特意商議立儲一事。「八爺黨」的重臣馬齊、阿靈阿等人紛紛在手中寫上「八」字，暗暗示意眾臣。結果，朝臣們異口同聲地推舉皇八子胤禩，這出乎康熙的預料。康熙馬上意識到胤禩結黨奪位的圖謀，而且隱隱感到「八爺黨」的勢力，已經對皇權構成嚴重威脅。

此後，康熙開始大舉剪除胤禩的黨羽，多次藉故斥責胤禩，還一度停發胤禩的俸銀。康熙曾說，「二阿哥悖逆，屢失人心；胤禩則屢結人心，此人之險，百倍於二阿哥也」，又宣布「朕與胤禩父子之恩絕矣」。「八爺黨」自此一蹶不振，牽涉其中的皇九子胤禟、皇十子胤䄉也失寵了。

蓄勢待發的「四爺黨」

經過多年的爭鬥，只剩下皇四子胤禛和皇十四子胤禵還具備爭儲的條件。

皇十四子胤禵（原名胤禎，雍正即位後爲避名諱而改）起初是「八爺黨」的成員，但介入不深。康熙念其年少無知，並沒有遷怒於他。胤禵文武雙全，具有出色的軍事才能。康熙五十七年（一七一八年），他被委以重任，出任撫遠大將軍，領兵征討準噶爾部策妄阿拉布坦叛軍，因此立儲的呼聲很高。但事實上，胤禵的排行與爵位都較低，康熙不太可能有立他爲儲的心意。

皇四子胤禛與胤禵爲一母所生，但關係不和。胤禛在「九王奪嫡」中始終表現得很低調、很謙遜，處處掩飾自己窺視儲位的圖謀。在兩廢太子風波中，諸皇子都各自圖利，落井下石，只有胤禛勇於站出來為廢太子胤礽說好話。這些做法贏得康熙的好感。

然而暗地裡，胤禛也一直在培植自己的勢力。他暗中將親信安插到外省做官，後來這些親信逐漸成為朝中要員。例如，年羹堯官至巡撫、總督，戴鐸官至布政使等等。此外，皇十三子胤祥一直堅定地支持胤禛。這些勢力構成了「四爺黨」。「四爺黨」表面上雲淡風輕，實際上卻力量雄厚、蓄勢待發。

康熙認為胤禛「誠孝皇父」、「友愛兄弟」、「勤奮實幹」、「堅固可托」，而且對胤禛之子弘曆極為寵愛。日復一日，康熙對胤禛愈來愈信任。晚年時，康熙常派胤禛參與皇族案件的調查，或是代替自己行祭祀禮。最終，康熙立遺詔傳位於胤禛。

不過，從康熙始終不立儲一事上，不難看出「九王奪嫡」對他造成的精神打擊。皇子不孝、手足相殘，這些都令康熙感到極大的挫敗感，成為他一生中揮之不去的遺憾。

曲阜孔廟大成殿

康熙三十二年（一六九三年）十月六日，孔廟重修工程完成，康熙派皇子胤祉、胤禛前往致祭。

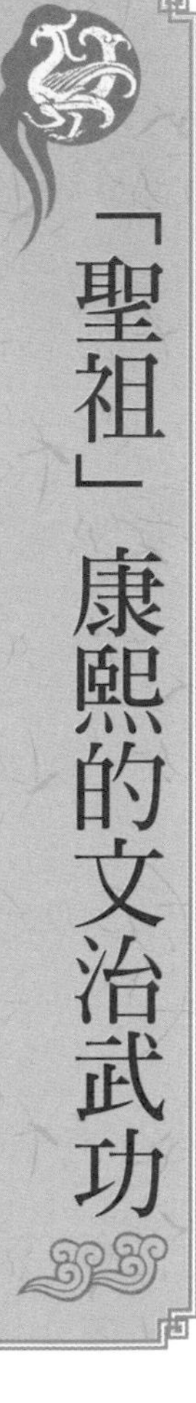

「聖祖」康熙的文治武功

康熙廟號「聖祖」，是清朝十二位皇帝中唯一享有「聖」字廟號的帝王。憑藉其安邦治國、修文致德的歷史功績，他開闢了「康乾盛世」的全盛時代，被後世尊為一代明君。更為難能可貴的是，康熙還文武雙全、勤政愛民、孝悌仁慈，這一切使他更加受人景仰。

千秋功業　獨步古今

康熙六十一年（一七二二年）十一月十三日，六十九歲的康熙病逝於北京西郊的暢春園。他在位六十一年，是中國歷史上在位時間最長的帝王；死後廟號「聖祖」，是清朝唯一一位享有「聖」字廟號的皇帝。

康熙在位期間，論武功，有擒鰲拜、平三藩、收臺灣、擊俄國、征蒙古；論文治，則有興水利、治黃河、獎墾荒、輕賦稅、修典籍。康熙對於清朝以至整個中國歷史有傑出貢獻，主要在以下四個方面。

首先是皇權的集中。康熙十六歲時就以過人的膽識剷除鰲拜，打擊擅權的守舊勢力，使國家大權集中於自己手中。後來，康熙遏止結黨謀私、威脅皇權的行動，如拘禁慫恿太子奪權的重臣索額圖，嚴斥支持皇八子結黨的國舅佟國維等，進一步削弱了皇親權臣的勢力。

第二是避免族群分裂與外敵侵略。面對三藩叛亂、臺灣未靖、俄國侵擾、噶爾丹興兵等大事，康熙果斷地調兵遣將，消滅反叛勢力，還曾三度親征，並簽訂了中國歷史上第一個平等條約《尼布楚條約》。在平定禍亂之後，康熙本著寬大懷柔原則，善待各民族，保護各族的宗教信仰和風俗習慣。

在康熙的努力下，清朝開拓了約一千三百萬平方公尺的廣闊疆域，北起蒙古，南至南海，西含新疆及於巴爾喀什湖，東至大海，西南達西藏、雲南，東南包括臺灣、澎湖列島，東北抵外興安嶺。在長達四十餘年的時間裡，中原地區無大的戰事。

第三是採取了一連串有利國計民生的政策，促使經濟繁榮、人口成長和國力強大。康熙廢止圈地令，實行

「更名田」，獎勵墾荒，興修水利，整修黃河、淮河、大運河的工程，也有效遏制為害多年的水患。他還大力減免賦稅，並在康熙五十一年（一七一二年）下令「盛世滋丁，永不加賦」，大大減輕了百姓的負擔。這些政策使耕地面積迅速擴大、農業生產快速發展和全國人口顯著成長，為康乾盛世的繁榮開創基業。

第四是重視漢族學術文化和西方先進科學技術，選賢任能，推動政務清明和文化昌盛。康熙崇信孔孟，提倡理學，將漢族幾千年來堅持的儒家思想奉為正統，因而籠絡了一大批漢族知識份子。他重用漢臣，不拘一格選賢任能，培養了不少實心任事、恪守職責的官吏。康熙還積極吸收西方先進的科技知識，任用一些精於科技的傳教士，對清初科學技術的進步和文化的發展貢獻良多。

康熙手跡

康熙認為書法可以修煉人的性情，緩和緊張情緒，是養生之妙道。

在康熙的治理下，國家統一、疆域遼闊、政局穩固、經濟繁榮、文化昌盛、人口成長、國力強大，呈現出一派政通人和的盛世局面。

勤學不倦　文武雙全

康熙的文治武功不僅表現在功績上，還表現在個人的素質上。他自幼崇文尚武、勤奮好學，在文、武兩方面均有很高的造詣，成為歷史上鳳毛麟角的文武雙全帝王。

康熙一生博覽群書，勤學不倦，涉獵領域廣泛，堪稱中國歷代最好學、最熱愛科學文化、最多才多藝的一位帝王。他自五歲起開始每天讀書十幾個小時，每每讀書至深夜而不知倦怠。親政後，康熙一面批改奏章，一面抽空讀書，無論寒暑從不間斷。十七、八歲時，康熙因讀書過於辛勞而咯血，仍不肯休息。為了學習治國平天下的學問，他從翰林中挑選博學多才的人，每天為自己講學。康熙二十三年（一六八四年），康熙南巡到燕子磯（位於今南京郊外），仍然不顧旅途奔波，讀書至半夜三更。侍講高士奇勸他休息，他不肯，並感慨地說：「朕每天讀書，必須要做到字字成誦才能停止，從來不願欺騙自己。」正因如此，康熙才能做到「帝王政治、聖賢心學、六經要旨，無不融會貫通」。

除了中國傳統學術文化之外，

景陵

位於河北遵化清東陵中的景陵，是康熙的陵寢。

康熙還孜孜不倦地學習西方先進的自然科學。他曾從南懷仁、白晉、張誠、徐日昇等西方傳教士，學習數學、天文、曆法、物理、地理等各門科學。據記載，康熙在學習歐幾里得幾何學時，常常連續幾個小時鑽研定律，演算習題，有時甚至會忘記用膳。遇到疑難問題，康熙更是虛心向傳教士請教，每每追根究柢，還親自實地考察、測量，務求眞理。

到了晚年，康熙讀書仍不懈怠。他與李光地等理學名臣探討理學，常常徹夜不眠；向傳教士學習自然科學，往往秉燭夜談；他還堅持每日臨摹字帖，多達萬餘帖，題寫的匾額也有千餘件。據康熙自言，宮中陳列的各類書籍，無論要查哪一卷、哪一本，他都能說出位置。康熙博學多才，人文方面的經、史、子、集，藝術方面的詩詞、書畫、音律，自然科學方面的數學、天文、曆法、物理、地理、農學、醫學等，他都有所研究。此外，他還精通多個民族的語言。康熙親自審定經、史、地理等方面的多種書籍，撰寫了八、九十篇自然科學論著。

在習武和軍事方面，康熙騎射武藝精湛，「力能挽強，並用十二把長箭，臣下罕有及者」。康熙三十五年（一六九六年），康熙率皇子侍衛等射箭，他箭無虛發，五矢皆中，眾臣驚呼「神箭」。康熙曾多次到長城內外、江浙地區演習武藝和進行軍事操練。此外，他還熟讀《孫子兵法》等軍事著作，具有很強的軍事才能。正因如此，康熙成爲親自指揮戰爭最多、取勝最多的帝王之一。

令人景仰的個人修爲

康熙孝順仁慈、愛民如子、儉樸務實，是一位德才兼備、知行合一的帝王。

康熙崇尚孝道，在生母病逝後，對嫡母孝惠章皇后恭順尊敬，每年都親自陪侍孝惠章皇后去熱河避暑。康熙五十六年（一七一七年），六十四年歲的康熙不顧病痛腳腫，仍堅持乘轎去探望病危的嫡母。他跪在地上握著嫡母的手，動情地說：「母后，臣在此！」對祖母孝莊太后，康熙更是恪盡孝道。他每天前往慈寧宮問安，虛心聽取祖母的教誨。每次祖母外出，康熙必要騎馬隨行，遇到雨天或陡坡路，康熙還要下馬扶轎前行。康熙二十六年（一六八七年），孝莊太后患重病，康熙日夜探視，親奉湯藥，衣不解帶地照料了三十五個晝夜，還步行至天壇祈禱，願減自己的壽命來延長祖母的生命。孝莊太后去世時，康熙號哭不止，數次昏迷，斷髮著服，親自送祖母入殮。

康熙爲人仁慈，對皇子和大臣都寬容相待，對知識份子和傳教士更禮遇有加。他勤政愛民，注重百姓休養生息，主張「以德化民，以刑弼教」，反對苛政暴政。他心懷天下、心憂百姓，希望建立「共四海之利爲利，以天下之心爲心，體群臣，子庶民」的理想國度。此外，康熙還力行節儉，反對奢華，提倡務實的作風，摒棄虛名尊號。

康熙在位期間，國家維持安定繁榮的局面，加上個人極高的修養，的確無愧於「聖祖」的尊號。

康熙的「小失誤」

在一些問題處理上，「聖祖」康熙也難免有一些「小失誤」。關於康熙的治政，最為後人詬病的是其晚年對皇子爭位和吏治貪腐的處理不當。在處理諸皇子結黨奪嫡的問題上，康熙猶豫寡斷，主意多變，兩度廢黜太子，而對於儲位的人選又不夠果斷，影響了政局的穩定。在皇子爭位事件的影響下，康熙晚年對於吏治的態度過於鬆散，導致吏治墮壞。

此外，康熙雖在平定臺灣後實行開海政策，卻在晚年重又推行限制貿易的政令，不利東南沿海地區的經濟發展。而發生於康熙五十年（一七一一年）的《南山集》文字獄案件也有擴大傾向。這些都顯示出康熙優柔、保守的一面。

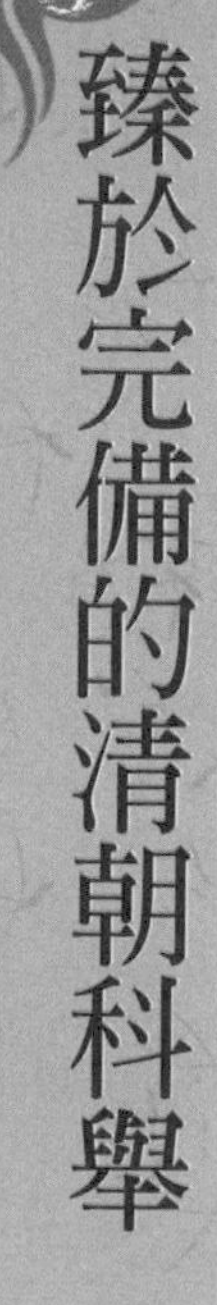

臻於完備的清朝科舉

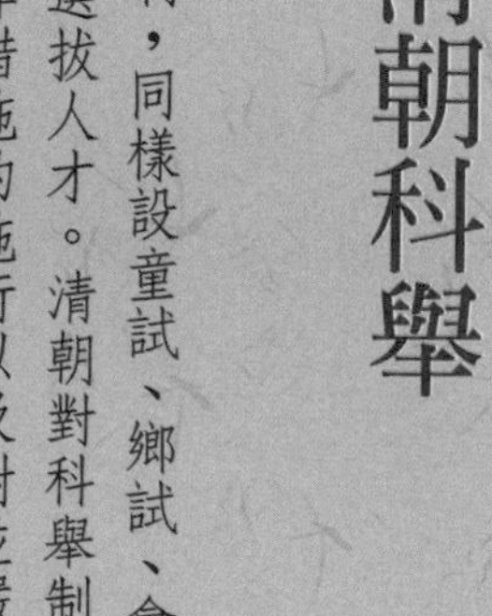

清朝科舉基本上承襲明朝舊制，同樣設童試、鄉試、會試、殿試等各級，同樣以八股取士來選拔人才。清朝對科舉制度的發展和完善主要表現在各種反舞弊措施的施行以及對並嚴懲科場舞弊，遏制了科舉舞弊，使科舉制度日臻完備。

嚴格的重重選拔

科舉制是以考試方式選拔官吏的制度，自隋代創立，發展至清初，已有千餘年的歷史。清承明制，仍然將科舉考試劃分爲童試、鄉試、會試、殿試等各級。

童試又稱童子試，是科舉應考的最初階段，分爲縣試、府試、院試三個步驟。嚴格來說，縣試、府試並不屬於國家舉行的正式科考，只是考生取得入學資格的途徑。通過這兩級考試的考生成爲「童生」，才有資格參加正式科考的第一步——院試。院試由各省學政或學道組織，每三年舉行兩次，分別爲歲試、科試。通過院試的童生稱爲「生員」，亦稱「秀才」。秀才獲得入學資格，可以去府、州、縣的官學讀書，再經選拔，便可參加更高一級的鄉試。

値得注意的是，還有一種成爲「生員」的途徑，就是進入國子監成爲監生。監生一般是皇帝特許或家族建功而獲准的身分，也有靠捐錢而成的「捐監」。此外，「生員」中成績優異者也有機會進入國子監學習，稱爲「貢生」，是一種榮譽的象徵。

鄉試三年舉行一次，時間多在秋季，考點設在京城及各省省城。鄉試考官一般由皇帝親自任命的官員擔任。鄉試的考場稱爲「貢院」，其中有一排排的號房，供考生居住與應考。鄉試的第一名稱爲「解元」，考中鄉試的考生稱爲「舉人」，具備了做官的資格，可以繼續參加會試。

會試一般於鄉試的第二年在京城舉行，考試時間多在初春，由禮部主辦，主考官往往由內閣大學士或六部尚書擔任。會試被錄取的考生稱爲「貢士」，拔得頭籌者稱爲「會元」。貢士還必須再參加一次複試，以決出一、二、三等。

「殿試」是皇帝親自主持的最高級別的科考，但實際上只考策問（解決政事或經濟問題）一場，主要是確定名次。該年四月放榜，公布一、二、三甲，泛稱爲「進士」。其中，一甲第一名即是「狀元」，第二名、第三名分別爲榜眼、探花。

標準化的「八股取士」

清朝與明朝一樣，堅持「八股取士」的選拔標準。科舉考試只能從「四書五經」的範圍內出題，考生只能寫作八股文，不能隨意發揮，否則會被取消應考資格。

所謂「八股文」，又稱「時文」、「制藝」、「制義」，是明、清科舉考試的專用文體，對格式、字數、結構等有嚴格的規定。八股文必須由破題、承題、起講、入手、起股、中股、後股、束股等八部分組成，其名也由此得來。其中，破題指開篇點破題意，要求用兩句；承題是繼破題之後，用三、四句或五、六句進一步闡釋說明；起講即開始議論，要求用幾句或十幾句寫出大意；入手則用一、兩句或三、四句，點出議論的切入點。接下來的起股、中股、後股、束股四部分是議論的主體，往往有既成的格式，如一反一正、一虛一實、一淺一深等，互相關聯，合成整體。就連字數都有規定，如康熙朝規定全篇字數約爲六百五十字。

八股文的題目都來自「四書五經」，考生必須依照「四書五經」的思想，按固定格式填寫，因而有所局限。有些考題甚至出得極爲冷僻，因此，考生必須將「四書五經」倒背如流才行。「八股取士」的方式十分制式，便於統治者在短時間內選拔人才，尤其是挑選那些忠順的御用文人。但是，這種死板的選拔標準容易禁錮文人的思想，難以選拔眞正的社稷之才。

針鋒相對的「反舞弊」

科舉制是讀書人出仕爲官、登堂入室的階梯，因此爲了飛黃騰達，考

「辟雍」大殿

北京國子監的「辟雍」大殿，是在乾隆年間由劉墉設計、和珅督造。

科舉考試作弊用的袖珍書籍

這本手掌大小的書籍上，密密麻麻地印滿了四書五經的內容。

生科場舞弊的現象層出不窮。針對五花八門的舞弊手法，清朝也推出一系列「反舞弊」措施。

比如，有一種舞弊手法名爲「槍替」，就是找人替考，受雇替考的人被稱爲「槍手」。這種舞弊手法多見於考取秀才的初級考試，有時也發生在考取舉人的鄉試中。爲了防止考生找人「槍替」，清代做出了五名考生互結聯保的規定，即同考的五人互做擔保，並找一到兩名廩生（科舉考試生員名目之一，享受朝廷補助）認保。一旦發現「槍替」現象，則五名考生連坐，認保的廩生被革除。

另一種舞弊手法是「冒籍」，是指考生冒外州、縣的籍貫參加考試，以增加錄取機會。「冒籍」現象多發生於初級考試。爲了杜絕「冒籍」，自清康熙年間起，清廷推出了「審音」制度，即核對考生的口音，以判別是不是本地人。此外，五名考生互結聯保也是防止「冒籍」的措施。

「夾帶」即「打小抄」，是科場上最普遍的一種舞弊手法。清朝考生「夾帶」的技術十分高超，往往以幾平方公釐的蠅頭小楷謄錄整部《論語》，或抄在小紙捲上，或抄在衣服夾層，或抄在胳臂大腿上，令監考人防不勝防。針對「夾帶」手法，清朝推出的反舞弊措施最多。例如，考生穿戴的衣褲鞋帽都必須是單層的，不能有裡襯；硯台不能過厚，毛筆必須空心；盛放文具的籃子必須鏤空能看清裡面……。爲了防止考生將文章抄在身體上，清廷甚至規定，考生入場時要解開內衣、內褲，接受嚴格搜檢。乾隆年間，順天鄉試曾經展開一次空前絕後的嚴查，派出大批軍役逐個搜身，並規定搜到「夾帶」一個賞銀三兩。結果，那次考試搜出「夾帶」者四十餘人，交白卷者六十八人，沒答完卷的考生三百二十九人，文不對題的考生二百七十六人，懾於嚴查未敢入場的竟有將近三千人。

而對於考場內的抄襲、換卷、傳遞紙條等行爲，清廷則規定考生間隔入座，並建設了高樓，專門監視考生的一舉一動。

嚴懲科場舞弊

在科場舞弊中，除了以上手法外，還有一種最難禁止的手法，那就是「通關節」。所謂「通關節」，就是現在所說的「走後門」。考生透過賄賂考官將自己的卷子判高分，以贏得「金榜題名」。

宋代以後，科舉考試實行「糊名」和「謄錄」的辦法，使考官無從辨認考卷的作者，有效避免了「通關節」。但考生逐漸也找出破解的對策，那就是在考卷上做暗記（一般是在段末以「也矣」、「也歟」、「也哉」等虛詞標記，或在文中使用特定的生僻字），然後將暗記寫在條子上遞給考官，以此達到舞弊的目的。「通關節」不僅破壞科場公平，而且敗壞吏治風氣，所以清朝對這一項舞弊採取極爲嚴厲的懲治手法。考生舞弊與考官徇私的行爲一旦被發現，通常都是死罪。

江南貢院

南京江南貢院是中國古代最大的科舉考場。圖為貢院中的雕塑，表現一位士子正在考場上凝眉沉思的情景。

康熙年間，江蘇考生程光奎、吳泌、席王乾等人賄賂考官，買取功名。康熙獲悉後大怒，派江蘇總督噶禮、巡撫張伯行等人徹查此案。最終，這些考生被判絞刑，主考左必蕃因縱容舞弊被革職，副主考趙晉，閱卷官王日俞、方名等因受賄直接判斬立決。

對於「槍替」等舞弊行爲，清朝也嚴懲不貸。乾隆四十八年（一七八三年），考生岑照請頗有才學的官員葉道和替考，許諾考中舉人後付給葉道和三百兩銀子。葉道和混進考場，替岑照考完了全部三場考試，最終岑照名列舉人第一名。後來，「槍替」被人揭發，岑照和葉道和均被判斬立決。

在反舞弊與嚴懲舞弊的雙重作用下，科場舞弊現象稍加收斂，考試秩序與考場風氣爲之肅清。由此，清朝科舉在康、雍、乾時期臻於完備，選拔了一批能臣幹吏。然而，物極必反，過於完備的科舉制也暴露出僵化、刻板的弱點，「八股取士」的制度更是不利於發現眞正的人才。自清中期以後，科舉制日趨腐朽，終於在光緒年間被廢除。

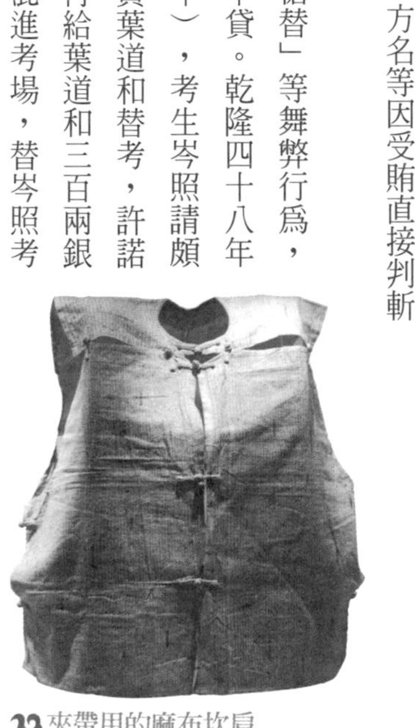

夾帶用的麻布坎肩

位於嘉定孔廟的中國科舉博物館中珍藏著一件清代麻布坎肩，上面密密麻麻地寫滿了蠅頭小楷，為當時士子夾帶所用。

雍正即位除異己

雍正即位之後，對自己的兄弟進行殘酷的報復，或圈禁、或暗殺、或流放，原來參與「九王奪嫡」的諸皇子幾乎無一倖免。此後，他又接連剷除追隨自己多年的年羹堯、隆科多等功臣。雍正打擊異己的行為一直備受爭議，是強化皇權的不得已而為之，還是暴君殘忍所為？

剷除允禩、允禟

康熙六十一年（一七二二年）十一月，四十五歲的雍正胤禛即位。剛剛坐上龍椅，雍正便迫不及待地處死了康熙晚年的近侍趙昌，並下令諸兄弟避自己的名諱，將原來名字中的「胤」字改爲「允」字，從此開始一場對「九王奪嫡」的徹底清算。

在儲位爭奪戰中，以允禩爲首的「八爺黨」一度是最龐大的勢力，允禟、允峨也追隨允禩，因此這一朋黨禟爲雍正最大的眼中釘。允禩爲人和善仁厚，雖然在康熙晚年失寵，但其籠絡的朋黨勢力仍很強大。康熙駕崩以後，允禩並不哀泣，反而對雍正的即位表現出極大的怨憤，隱隱透露出覬覦皇位的野心。雍正深知必須盡快消滅允禩，但迫於其強大勢力，只能以退爲進。

康熙駕崩後的第二天，雍正便出人意料地封允禩爲廉親王，任命其爲總理事務大臣，兼管理藩院、上駟院、工部等事務；此後又給允禩的兒子、同黨等一干人加官晉爵。雍正二年（一七二四年），雍正甚至公開對文武百官說：「允禩爲人貴重，賢能多才，有益於社稷國家，即便要朕讓位於他，朕也不會有片刻遲疑。」

面對這些封賞，允禩雖不得不接受，但對於雍正的用意也是心知肚明。他常對朝臣說：「皇帝今天加恩於我，怎知道不是埋伏了明天殺我之意？」果不其然，不出一年，雍正便開始爲消滅允禩做準備。他先是三番兩次在朝堂上說允禩「不以事君事兄爲重」、「懷挾私心」、「乖戾犯法」等。雍正三年（一七二五年），雍正歷數允禩多項罪狀，稱允禩「無一實心出力之處」、「不忠不孝大奸大惡」，將允禩圈禁起來。

允禟是允祀最得力的支持者，自然也逃不過雍正的打擊。雍正以「軍中需人」為由，派允禟遠赴青海，實際上是將其發配充軍。後來，允禟又被押赴保定，戴上鐵鎖手銬，被囚禁在四面高牆的小房子裡。至於允䄉，被雍正派往蒙古，途中住在張家口，允䄉不願前行，結果被處以革爵圈禁，查抄家產。

雍正三年（一七二五年）三月，雍正將允禩、允禟分別改稱為「阿其那」（滿語「狗」）和「塞思黑」（滿語「豬」）。半年後，允禩、允禟暴亡，雍正稱二人「自伏冥誅」，實際上可能是遭暗殺了。

打擊允禵、允祉

允禵是雍正的同母胞弟，原名胤禎，在康熙晚年頗受寵愛，聲望較高。康熙駕崩之時，允禵正在西北帶兵，未能及時得到音訊，還做著當皇帝的美夢。直到雍正召他回京之時，他才知道雍正早已即位，因此失望無比。允禵在康熙靈柩前痛哭了一場，看到雍正以後並不道賀，只是站在遠處勉強地磕了個頭。允禵的不滿情緒立即被雍正察覺，也為他後來的悲慘遭遇埋下禍根。

雍正元年（一七二三年），雍正命允禵送康熙靈柩至景陵，並命允禵留下看守，實際上是要將其軟禁。雍正的母親孝恭仁皇后思念幼子允禵，請求雍正放允禵回京，遭到了拒絕。孝恭仁皇后悲憤交加，重病不起，不久便過世了。為了慰藉母親在天之靈，雍正加封允禵為郡王。允禵並不感恩，反而有憤怒之色。或許是出於對母親的愧疚，或許是出於同母手足之情，雍正最終饒允禵不死，但仍將其囚禁在景陵。直到乾隆年間，允禵才被釋放。

允祉在康熙晚年的「九王奪嫡」鬥爭中參與最少，但也沒有逃過雍正的打擊。允祉長於學識文才，在文人

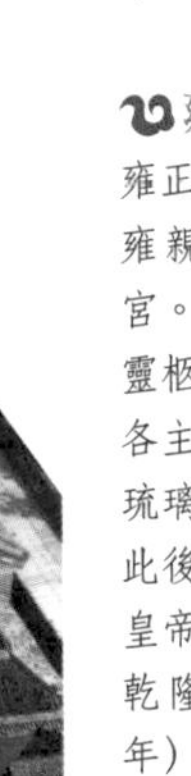

雍和宮

雍正即位後，將其舊邸雍親王府改建為雍和宮。雍正逝世後，因其靈柩停放在宮內，遂將各主要建築的屋頂由綠琉璃瓦改為黃琉璃瓦。此後，雍和宮成為清代皇帝供奉祖先的場所。乾隆九年（一四四四年），正式改建為喇嘛教寺院，成為清廷管理喇嘛教事務的中心。

雍正畫像

學士中很有影響力。允禵、允礽被禁後，允祉排行最長，經常代表康熙參加各類祭祀。此外，允祉編纂了一批著名典籍，功績卓然，在康熙生前深受器重。這些都令雍正感到威脅。雍正即位後，允祉第一個前來祝賀，沒有表現出絲毫的抗拒態度。但雍正還是借「允祉與太子素親睦」的理由，將允祉發配到景陵。雍正六年（一七二八年），雍正以允祉索賄為由，將其降為郡王，交由宗人府禁錮。兩年後，雍正又以允祉對怡親王允祥之死無戚容為由，奪其爵位，將其囚禁於景山。雍正十年（一七三二年），允祉卒於禁所。

康熙晚年被禁錮的允礽、允禵也先後過世，至此，與雍正年齡相近的兄弟或死或囚，只剩下允祥碩果獨存。

消滅年羹堯、隆科多勢力

在雍正爭奪皇位和剷除兄弟的過程中，年羹堯、隆科多等大臣立下大功，也借此掌握了中央軍政大權，成為威脅雍正的一股新勢力。

年羹堯早年投於胤禛門下，其妹與胤禛結親，多年來一直被視為雍正的親信。後來，年羹堯南征北戰，幫助雍正控制了四川、陝西、青海等封疆勢力，成為功勳赫赫的名將。隆科多出身高門，其父佟國維為康熙的舅舅，而隆科多自己又是雍正的舅舅，故素來備受尊崇。在雍正即位前後的皇室鬥爭中，隆科多始終對雍正忠心耿耿，建有重要的功勳。

雍正即位之初，對年羹堯、隆科多極為寵信，表現出遠超越君臣關係的至親情誼。但不久，雍正便察覺到年羹堯、隆科多二人恃寵驕橫，擅權營私，於是決定消滅這股勢力。雍正三年（一七二五年），雍正接連揭發年羹堯的過失，逐步裁撤其兵權，直到以九十二款大罪令其自縊而死。

接著，雍正便將矛頭對準隆科多，稱隆科多為年羹堯的同黨。隆科多意識到形勢危急後，主動辭去軍職，但仍未能逃過一劫。雍正四年（一七二六年），雍正削去隆科多的職務，派他前往阿爾泰山與俄國使臣議定邊界問題。隆科多在艱難的處境下仍盡心盡力，在談判中竭力維護國家的主權和利益。不料，雍正不顧談判進程，突然將隆科多召回京城，以四十一款大罪向隆科多開刀。最終，隆科多被圈禁於暢春園附近，於雍正六年（一七二八年）死於禁所。

暴君之辯

雍正剷除異己的行爲可謂殘酷暴戾，既不念手足之情，也不顧功臣恩義，歷來深受後人的非議。這些做法究竟是不得已而爲之，還是冷酷無情的性格所致？雍正剷除異己的行爲，是明君之舉還是暴君所爲？直至今日，史學界還仍爭論不休。

首先，「清君側」有其必要性，奪位失敗的皇子與居功自傲的朝臣對皇權確實構成威脅，歷朝歷代都要打擊這樣的勢力。雍正即位之初，允禩、允禟等勢力仍在活動，散佈不利於雍正的言論，而年羹堯、隆科多等權臣又結成新的黨羽，專橫跋扈，這些都使雍正的皇位不夠穩固。而他歷經了激烈的皇位爭奪戰，累積了豐富的經驗，又吸取了康熙過於寬仁的教訓，因而雍正大規模的清除異己有其必然性。

但另一方面，雍正在對付政敵的過程中，採用了過於殘忍的手段，如對自己的兄弟施以侮辱的稱呼，對政敵的同黨趕盡殺絕等等。同時，他還處理了不少對自己實際上已不構成威脅的人，如允祉、隆科多等。這些做法使民間對雍正的輿論評價大大降低，暴君之名亦因此得來。

嵩獻英芝圖

郎世寧作於雍正二年（一七二四年），是為雍正祝壽而作。

祕密建儲

深受「九王奪嫡」之害的雍正剛一即位，就宣布改康熙朝的公開建儲為祕密建儲。在執政的十三年間，他對於皇位繼承人選始終嚴守機密，直至駕崩之前才宣布傳位遺詔。祕密建儲改變了幾千年來立嫡長子的成規，不僅有利於選賢任能，而且也避免儲位登權，維護了皇室的安穩。

祕密建儲制度的確立

雍正元年（一七二三年）八月，剛剛坐穩龍椅的雍正在乾清宮西暖閣召集王公貴族和文武百官，宣布了一項重大的改革決定。雍正說：「當年聖祖因爲二阿哥的事情，身心交瘁，憂慮至極，這件事就不必詳述了。如今，朕的皇子們還年幼，立儲的事雖然不能現在舉行，但也必須非常審慎，不得不預先籌畫。今天，朕就將立儲一事親自寫在密詔裡，藏在匣子中，放到乾清宮正中間最高的地方，也就是世祖（順治）御書『正大光明』四個字的匾額後面，諸王、大臣意下如何？」

在場的百官無不附和，於是，一項嶄新的傳位制度——祕密建儲制度誕生了。根據雍正的旨意，皇位繼承人選的祕密將被藏在「正大光明」匾後的匣子裡，在皇帝駕崩之前，嚴禁任何人窺探。爲了防備不測，雍正又另外手書了一封密詔，常帶在身邊。皇帝駕崩後，顧命大臣將兩份密詔核對一致，然後擁戴密詔中指定的繼承人爲新任皇帝。

在此之前，立儲通常遵循立嫡長子的規矩。至清初，又採取過眾議推舉、臨終托孤的方式。康熙朝重又採納公開立儲、立嫡長子的成規。這些方法都無法避免皇子爭奪儲位的手足相殘，也使選任範圍有所局限。而雍正創立的祕密建儲制度，不僅改「立長」爲「選賢」，而且由於其祕密性，有效抑制儲位之爭，維護了皇室內部的穩定。

嚴守儲位機密

早在雍正元年（一七二三年）確立祕密建儲制度的同一天，雍正便將繼任者的名字寫在密詔中。然而，在隨後的十幾年中，雍正始終沒有透露機密半分，他謹慎地落實祕密建儲的制度。

雍正育有十子，但長大的只有四子。其中，除了年齡最長的弘時因罪遭到嚴懲之外，雍正對其他皇子都一視同仁。尤其是對皇位具有競爭力的弘歷、弘晝兩位皇子，雍正給予相等的待遇，令他們同一天封王，一同參與苗疆事務，並獲得參與祭天、祭祖等重大活動的機會。直到雍正十三年（一七三五年）八月，雍正駕崩的前一天，才召集顧命大臣宣布傳位遺詔。

雍正駕崩後，乾隆遵照遺命繼位，成爲祕密建儲制度下登基的第一位皇帝。回想其父生前的時光，乾隆認爲，只有兩件事依稀讓他感到雍正有傳位給自己的意思。一是雍正封自己爲「寶親王」，即有執掌寶位的預示，而給弘晝的封號是和親王，意思是希望弘晝輔佐弘歷，二人和衷共濟；二是雍正登基後首次祭天回宮，僅召見弘歷，給他祭天的供肉吃，而弘晝卻沒有享受到這樣的待遇，想來是雍正已將傳位弘歷的心意告知上蒼。連乾隆都只有察覺到這兩次，可見雍正保密工作眞是做到家了。

此後，祕密建儲制度又歷經乾隆、道光兩朝。咸豐帝只有一個皇子，不需建儲，同治帝、光緒帝都沒有子嗣，祕密建儲就被慈禧太后的「懿旨指定」所代替。

雍正的業餘愛好

雍正在位十三年，一直孜孜不倦忙於政務，似乎政治是他一生唯一的樂趣。其實不然，雍正在生活中也有很多愛好和興趣。比如，雍正喜歡在宮中養狗，並下令爲其寵物狗製作衣服、籠子、坐墊、小窩等，還給狗的衣服取了虎皮衣、麒麟衣之類的名字。

雍正還特別喜愛西洋的新奇物品。比如眼鏡，在當時還是稀罕物。雍正很喜歡戴眼鏡，在寢宮、龍輦等地方都備放眼鏡，還把眼鏡賜給大臣。他知道眼鏡有保護眼睛的作用，就下令製造鼓泡玻璃眼罩和平面玻璃眼罩，賜給工程處潑灰的人使用。雍正還特別愛用西洋傳來的望遠鏡、溫度計、懷錶、鏡子、日晷以至歐洲流行的假髮、服飾等。如此看來，雍正眞可謂是一位「時髦」的皇帝。

乾清宮

乾清宮是內廷正殿，殿的正中有寶座，兩頭有暖閣。順治、康熙兩位皇帝，都以乾清宮為寢宮。他們在這裡居住，也在此處理日常政務。乾清宮正殿高懸著順治御筆親書的「正大光明」匾，「建儲匣」就藏在這個匾的背後。

創立軍機處

雍正勤政務實，對自己的治國才能很有自信，因而他希望「代理大學士所應為之事」，乾綱獨斷，事必躬親。剷除異己勢力之後，雍正便著手確立一系列制度來鞏固皇權，其中最重要的就是創立軍機處。軍機處的誕生，顯示皇權達到了鼎盛。

軍機處的誕生

清初延續明代制度，設內閣，下轄六部，由內閣處理日常政務。如果遇到重要的軍國大事，則交由議政王大臣會議議處。起初，議政王大臣都由滿族親貴權臣擔任。康熙年間，康熙提拔漢臣進入議政王大臣行列，並設立南書房，用以咨詢各類事務並作出決策，相當於皇帝私人的智囊團。

雍正即位之後，深感在原來的制度下，皇權仍不夠集中，便決意對行政制度進行改革。雍正四年（一七二六年），雍正下令設立軍需房，以更加有效地調用軍需物資（一說是這一年設立軍需大臣，一說是雍正七年設立軍需房）。雍正七年（一七二九年），雍正出兵平定準噶爾部叛亂，由於內閣設在太和門外，與皇帝居住的內廷相距較遠，不利於裁定軍事要務，故在靠近雍正寢宮養心殿的隆宗門內設立了軍機房（一說爲軍需房）。雍正十年（一七三二年），軍機房改名爲辦理軍機處。到了乾隆年間，辦理軍機處正式定名爲軍機處，此後議政王大臣會議被廢止，內閣淪爲辦理例行事務的機構。

軍機處設立之初，無專職官員，

彩繪描金桃蝠紋方勝形漆几

几面為方勝形，六曲腿下接托泥。通體髹黑作地，几面彩繪描金桃蝠，寓福壽之意。

無正式衙署，只有值班房，成爲皇帝御用的特殊機構。軍機處的主要職責是奉行皇帝諭旨，辦理軍機要務，草擬文字書稿，並轉發給相關官員。剛開始，軍機處主要經手西北戰事的相關事務，後來擴展到所有軍務，最終總攬軍政大權，成爲最高的執政機關。而軍機處雖名爲辦理機要，實際上是從事文字工作，忠實執行和傳達皇帝的旨意，相當於皇帝個人的祕書機構。

「大軍機」和「小軍機」

軍機處設有「大軍機」和「小軍機」。所謂「大軍機」，就是軍機大臣，全稱爲「軍機處大臣上行走」，主持軍機處全部工作；而「小軍機」指軍機章京，亦稱「司員」，負責具體事務的辦理。

軍機大臣的地位很高，尤其是領班軍機大臣，在地位上堪比宰相，但實際權力卻小得多。軍機大臣分滿、漢官員，由大學士、六部尚書、侍郎、總督等朝臣奉旨兼任。軍機大臣沒有品級，也沒有俸祿，所有官員都是兼任，其待遇和升遷都在原部門進行。軍機大臣的任命沒有定制，人數也沒有限制，全憑皇帝一人說了算。此外，軍機大臣的職務也沒有具體規定，只是奉旨辦事，完成皇帝交辦的所有事宜。據記載，軍機大臣「只供傳述繕撰」，不能自由發揮自己的想法和意志。

雍正設立軍機處之後，任命的第一批軍機大臣均是言行謹慎、辦事細心、善守機密的三品以上官員，如博學老成的漢族大學士張廷玉、忠心賢能的怡親王允祥、經驗豐富的滿族親貴鄂爾泰等。每天清晨五點，雍正召

養心殿

雍正即位以後，將寢宮移至養心殿。而從軍機處到養心殿只有五十公尺的距離，這樣皇帝就能隨時召見軍機大臣，瞭解和處理國家大事。

見軍機大臣，「面授機宜」，軍機大臣根據雍正的旨意書寫文字，得到皇帝認可後，或以「明發上諭」的形式詔告天下，或以「廷寄上諭」的形式用密信寄給相關人等。雍正召見軍機大臣，有時一天一次，有時一天數次，視政務緊要程度而定。

軍機章京也沒有定額數，由軍機大臣在文武百官中挑選調用。他們的主要工作是起草文書、呈送或廷寄，因而往往由四品以下文筆出眾的官員擔任。

在軍機大臣與軍機章京的協助下，軍機處的辦事效率高。軍機處的事務必須「當日事當日畢」。下級官員上奏或皇帝旨意下傳，也無需經過層層機構的輾轉，節省了很多時間。此外，軍機大臣和軍機章京都分屬各衙門，只是一同爲皇帝辦事，因而不易結黨，不會威脅皇權。

建立「密摺」制度

「密摺」制度是與軍機處的設立相配套的一項重要制度。奏摺是朝臣向皇帝反映政情和發表意見的文書，在雍正之前，奏摺的撰寫、傳遞、批改等方面都沒有形成制度。歷朝歷代，奏摺在送呈皇帝批閱之前，都要經由中央有關官員審閱，這樣雖有利於政務公開，卻容易使奏摺內容洩露，官員不敢直言，也不利於鞏固皇權。

雍正首創「密摺」制度，規定上奏摺的官員必須親自書寫，由宮中製作皮匣，配備鎖鑰，用以儲藏和傳遞奏摺。上密摺的官員可以是各省督撫、提督、總兵官、布政司、按察使、學政等，以及一些受到雍正信任的其他官員。督撫以上大員的密摺由專人送到乾清門，直接交由皇帝；一般官員的密摺則由專人送至雍正指定的親信大臣處。而奏摺的內容，既包括地方機要事務、政務，也包括政策的討論。

「密摺」制度確立以後，中央至地方的大小事務都要透過奏摺的形式呈送雍正，雍正進行「朱批」以後才能生效，才能撰寫正式報告公開出來。如此一來，朝臣的密摺只有雍正一人能看到，而雍正的意見又經由保密度很高的軍機處傳達到特定的具奏人，因而確保皇帝可決定天下事，將大權牢牢控制在手中。因此，「密摺」制度與設立軍機處兩項措施，意味著中央、地方各大官員都只能直接與雍正交流，所有內情都是祕密，不接受監督，終於實現雍正「代理大學士所應爲之事」、「軍國大計，罔不總攬」的理想。

皇權的鞏固

軍機處的設立和密摺制度的實

行，不僅鞏固皇權，也使君主專制集權達到頂峰。

史上最勤政的帝王

軍機處發揮作用離不開君主的勤政。說起勤政，雍正可謂前無古人，後無來者。在位十二年零八個月間，雍正每天都工作到深夜，平均睡眠還不足四個小時，每份奏摺都是親筆批改。他一共留下了三萬五千餘件漢文奏摺，六千六百餘件滿文奏摺，單是奏摺上的批語就多達一千多萬字。雍正常年不休，十幾年間沒有出門遠遊，也不巡幸遊獵，每年只有生日那一天才會休息。

雍正自稱「以勤先天下」，「自朝至夕，凝坐殿堂，披覽各處章奏，目不停視，手不停批，訓諭諸臣，日不下數千百言」。他治理朝政極爲認眞，對於朝臣奏章中的錯別字、重複匯報的內容都能一一挑出，令朝臣無不歎服。正因如此，雍正一朝行政效率極高，儘管雍正在位時間不及康熙、乾隆的四分之一，卻完成了比康、乾兩朝更多的改革。

與歷代行政制度相比，軍機處是最能確保皇帝集權的制度。戰國以後的宰相制容易導致相權壓倒皇權的局面，一旦皇帝勢力不足，丞相就會專政擅權。明朝廢宰相，改設內閣和六部，雖削弱了相權，但內閣首輔仍在某種程度上扮演宰相的角色。清初沿用入關前的議政王大臣會議制度，凡軍國大事，都要經由集體討論擬定決策，再由皇帝裁決，這仍然對皇帝的權力有所限制。而雍正創立的軍機處，完全置於皇帝的全權掌控之下——軍機處只有執行權，至多可以提出建議，但決策權都在皇帝一人。文武大員都直接對皇帝一人負責，天下大事都直接由皇帝親自裁決，皇權發展達到高峰。

軍機處的設立和密摺制度的實行有三個優點：一是抑制僭越叛亂的可能性，有利於政局的穩定；二是便於皇帝洞察下情，制定政策，並有力地傳達、執行自己的決策；三是提高行政辦事效率。但皇權的過度集中也有負面效應，國家社稷的成效完全寄託於皇帝身上，一旦皇帝怠於朝政，或能力不足，國家就會遭殃。晚清時期的國力衰落、社會黑暗，便是這個因素。

軍機處內景

軍機處位於紫禁城內乾清門西側，是軍機大臣辦公的地方，軍機大臣在此協助皇帝處理軍政要事。

攤丁入畝與改土歸流

攤丁入畝與改土歸流是雍正力行的兩項重要改革。攤丁入畝廢除了中國幾千年來的人頭稅，使百姓擺脫了丁役負擔，促進生產發展和人口成長；而改土歸流則終結了土司制度，造福西南邊疆的少數民族。

人頭稅的由來

攤丁入畝的重點在於人頭稅的廢除。那麼，人頭稅又是從何而來？這得從中國古代賦稅制度的沿革講起。自秦漢以來，政府向百姓徵收的賦稅主要分為土地稅（按田畝數與土地品質徵收的稅）和人頭稅（按人丁計徵的稅）。此外，還要徵發大量徭役、雜役，承擔國家和地方的築城、修路、興水利、從軍打仗等公共事務，也以人丁計算。在古代的社會經濟條件下，土地的畝數和品質不易衡量。

然而，人頭稅和人丁差役卻很不公平。社會貧富不均，窮人與富人卻要繳納相同的賦役，這使窮苦百姓不堪重負。更嚴重的是，隨著經濟的發展，土地兼併愈來愈嚴重，大批農民成為無田或少田的人，更加無力承擔賦役，而占有良田的大地主又勾結官吏逃避賦役。此外，商品經濟的發展使流動人口增多，政府對人丁的控制減弱，如果再按人頭計算，會使政府徵到的賦稅大大減少。

在這些因素的作用下，從隋唐開始，徵稅標準逐漸由以人丁為主向以土地財產為主過渡。唐後期實行的「兩稅法」規定，每戶按資產交戶稅，按田畝交地稅，但並未取消對人丁的差役徵發；明代後期的「一條鞭法」規定，可以用銀兩代替人丁差役，但人頭稅還是存在。

清初沿用明朝的舊制，將名目繁多的賦役合併為地丁錢糧，按人丁徵收。在沉重的賦稅壓力下，百姓或不願繁衍，或隱瞞人口，或逃避戶籍，人頭稅的弊端暴露無遺，賦稅改革勢在必行。

意義重大的攤丁入畝

康熙晚年，很多朝臣已經意識到

這個問題，紛紛向康熙進言「統計地丁、人丁之銀數若干，按畝均派」。康熙五十一年（一七一二年），康熙下諭「盛世滋丁，永不加賦」，規定以後每年徵收的丁銀一律以康熙五十年（一七一一年）的數目爲準，實際上是取消了再生人口的人頭稅。

所謂「攤丁入畝」，簡言之，就是將人頭稅併入土地稅之中，統一按田畝多寡徵收賦稅。自雍正元年（一七二三年）開始，山東巡撫黃炳、直隸巡撫李維鈞等大臣相繼奏請雍正，建議推行攤丁入畝。雍正將這些奏摺拿到朝堂上，讓群臣討論，結果支持攤丁入畝的朝臣佔多數。

但是雍正心裡仍擔憂——如何統計田畝的多寡、優劣，才能做到均攤呢？於是，他命李維鈞詳細籌畫統計的方法。李維鈞提出，將地畝分爲三等，將丁銀按等級攤入，得到了雍正的認同。次年，攤丁入畝開始在直隸實行，進而推廣到其他各省。

攤丁入畝是意義深遠的賦稅改革。它減輕了窮苦農民的負擔，使農民願意積極從事生產，也簡化了徵稅方法和手續，確保國家的財政收入。攤丁入畝實行後，擁有大批地產的富戶要承擔更多的賦稅，因而對這一改革百般阻撓，不少地方都發生地主聚眾鬧事的事件。然而，攤丁入畝受到了平民的歡迎，最終使這項新政在激烈的抗爭中得以成功推行。

《雍正觀耕圖》（局部）

除賤爲良　士民一體

繼攤丁入畝之後，雍正又實行一項促進公平、接濟蒼生的新措施，那就是除賤爲良。

在傳統社會，士、農、工、商被視爲正當職業。在這四民之外，還有一些社會地位最低下、最卑賤的人，統稱爲「賤民」。「賤民」通常包括「樂戶」（樂師、官妓等）、「墮民」（以演戲、逐鬼、抬轎等爲生的男人及以說媒、接生等爲生的女人）、「蜑戶」（以船爲家、捕魚爲業的人）、「世僕」（是世世代代供主子使喚的奴僕）等。「賤民」所受的剝削壓迫非常嚴酷，不但不能從事士、農、工、商四民的行業，也不能入四民的戶籍，而且世代不能改變「賤民」的身分。

雍正即位之後，非常憐憫這些「賤民」，於是下令解除「賤民」的「賤籍」，准許他們改業，將他們與普通百姓一同編列。雍正還修改了一些殘忍的刑法，如廢除了對盜竊、逃人等處以割去腳筋的酷刑。

與之相對的是雍正對士紳的打壓。士紳享有豁免雜徭的特權，還往往欺壓平民，爲非作歹，雍正對這些不法行徑深惡痛絕。他下令推行士民一體當差的政策，並廢除士紳們攬糧、欠糧等特權。

如此一來，不法士紳的氣焰受到打擊，而貧苦平民的地位得到提高，社會更加安定，社會風氣也有所改善。

土司制度

雍正二年（一七二四年），各省初定，雍正又把焦點放在西南邊疆。雲南、貴州、四川、廣西等地區是壯、苗、瑤、黎、彝等少數民族聚居區。由於地處偏遠，山川縱橫，道路險阻，這些地區長期與中原地區隔絕，保留各自的部落，割據一方。限於政治、軍事力量，歷代中央政府都無力直接管轄西南地區，只好透過授予當地少數民族首領官職的方法，對這些地區進行間接統治。

這種方法發展到明代，形成了一套土司制度，管理當地事務的長官稱爲「土官」，由清廷賜予名號、俸祿，實行世襲制。在土司制度下，土官掌握地方一切實權，皇帝只擁有形式上的最高權威，實際上無法控制。

土官對當地人民的統治殘酷暴虐，可以任意奪取人民的牛馬、財帛甚至子女，隨心所欲地濫殺無辜。人民稍有反抗，輕則籍沒家產，賣身爲奴，重則施以剝皮、抽筋、折骨、挖眼等慘無人道的酷刑。在土司制度下，西南地區的社會生產水準極其低下，當地少數民族「饑饉難活」，度日維艱。此外，土司之間還經常相互仇殺，紛爭不斷。有些土官野心勃勃，成爲極不穩定的因素。

影響深遠的改土歸流

雍正四年（一七二六年），雲南

總督兼巡撫鄂爾泰在洞察「雲、貴大患」的基礎上，上疏雍正稱：「欲安民，必先制夷；欲制夷，必改土歸流。」改土歸流，也就是取消世襲的土官，改設府廳州縣，由朝廷派遣流官治理。

雍正早就深悉土司制度的壞處，只是苦無有效的解決辦法。此次鄂爾泰提出改土歸流，正合雍正的心意。鄂爾泰詳細闡述改土歸流的策略：「以計擒拿爲上策，出兵平剿爲下策。而以計擒拿之中，又以土官自己投獻爲上策，勒令土官交出大權爲下策。朝廷只需沒收土官的田賦、戶籍，但仍可以授予其職銜和一些獎賞，以表示鼓勵之意。」雍正一邊看鄂爾泰的奏摺，一邊連批數個「好」字，最後還情不自禁地寫道：「朕心中嘉悅，竟至於感矣！有何可諭，勉之！」

得到了雍正的支持，鄂爾泰依照既定方略開始改土歸流的改革。他調整了西南各省的行政規畫，準備好相應的軍事力量，然後對貴州、雲南、廣西等地依次展開改治。改土歸流的政策在推行過程中雖然遭到當地土官的激烈反抗，但最終於雍正八年（一七三〇年）在雲、貴地區完成這項工作。

改土歸流是西南地區重要的變革，它發展了西南地區的社會經濟，同時也強化了中央政府對邊疆的管理統治。

《農事圖》（其二）

雍正一朝無官不清

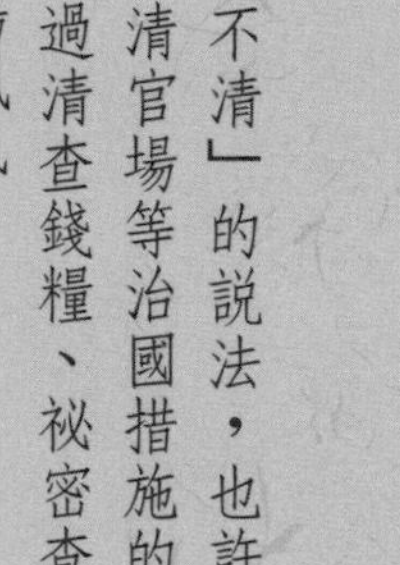

「雍正一朝，無官不清」的說法，也許有些言過其實，卻是對雍正整飭吏治、肅清官場等治國措施的公正評價。雍正重視吏治，選賢任能，透過清查錢糧、祕密查訪、耗羨歸公等措施，嚴懲貪腐，改善官場風氣。

清查錢糧　嚴懲貪官

雍正十分重視吏治，認為「國家首重吏治」。登基不久，朝臣們便紛紛進言，建議參照前朝慣例，對官員的虧空開恩赦免。雍正卻嚴厲地說：「凡聖祖康熙寬宥的貪官，朕都絕不饒恕！」接著，雍正對吏治的整頓就從清查錢糧虧空開始。

雍正元年（一七二三年），戶部虧空達到二百五十萬兩之多，各省、州、縣虧空的錢糧也成千上萬。正月初一，雍正接連頒發了十一道聖諭，告誡文武百官要廉潔奉公，盡忠職守。他下令清查中央與地方的虧空，任命最信任的怡親王允祥主管這項事務，明令三年之內務必補齊虧空，逾期再虧空的官員嚴懲不貸。

雍正言出必行，對任何官員都絕不姑息。雍正二年（一七二四年），允祥上報戶部虧空後，雍正立即將戶部尚書孫渣齊革職，下令歷任官員與戶部共同彌補。內務府總管李英貴等人冒支錢糧百餘萬，雍正立即將其家產抄沒。雍正的十二皇弟允祹曾執掌內務府事務，虧空甚多，雍正也命他典當家產來賠償。

雍正三年（一七二五年），雍正清查了當朝最大的貪賄案——年羹堯一案。儘管年羹堯身居高位，功勳卓著，但雍正對於他貪污受賄、侵吞勒索的罪行並不寬待。年羹堯收受「感謝銀」四十餘萬兩，勒索額外銀二十餘萬兩，冒銷、加派軍需兩百餘萬兩，侵佔俸銀十餘萬兩，有實物和贓銀為證。最終，雍正判年羹堯自裁，家產全部抄沒歸公。在這個大案中，四川巡撫蔡珽因揭發年羹堯而獲得雍正的信任，但是他捏造名目貪污三萬兩，還接受官員賄銀六萬餘兩、黃金九百餘兩。其罪行暴露後，雍正絕不顧念他的揭發之功，堅決下令將蔡珽斬立決。

據記載，在雍正的清查下，每年被查處的貪官有數百名之多，湖南、直隸等省有一大半官員被黜。幾年後，各省、各部虧空大多追回，國庫充盈；文武百官亦不敢貪賄，官場風氣爲之一新。

耗羨歸公　設養廉銀

在清查錢糧的過程中，一個重要的問題隨之而來，那就是耗羨的處理。所謂「耗羨」，亦稱「火耗」，是指官府向民間徵收的大量碎銀在熔鑄加工成大塊銀錠的過程中會出現損耗，因而官府在徵收錢糧時要多徵一定數量的損耗費用，這筆費用就是「耗羨」。

自明至清，耗羨的徵收實際上有很大的自由度，基本上由地方官掌握。真正的耗羨本來數量很小，但地方官員爲了私斂銀兩，以補充自己的收入，往往將耗羨的數額定得很大，輕則一兩銀加徵一錢多，重則一兩銀子加徵幾錢，而這筆銀兩絕大多數進入了地方官的私囊。私吞耗羨的現象十分普遍，清初採取不干涉的態度，實際上是默認了這筆「灰色收入」。

雍正認爲，耗羨不僅加重百姓負擔，也加深了官場的貪污腐敗，可謂積弊已久。適逢清查錢糧的過程中發現大筆虧空，倒不如將耗羨的費用拿來彌補虧空，既能補益財政，又能解決這一弊端。雍正二年（一七二四年），雍正正式宣布「耗羨歸公」，規定耗羨的管理權由州、縣一級收歸督撫，且耗羨的數額不得超過每兩二錢。如此一來，「灰色收入」就變成了合法的財政賦稅，耗羨的額度也有了統一規定，避免了官員私吞和苛虐百姓。

但是，耗羨歸公以後，地方官員的實際收入大幅減少，爲了滿足生活

「雍正年制」款琺琅彩雲龍紋瓷碗

大清戶部官票・一兩

戶部官票又稱「銀票」，它是以銀兩為單位的紙幣，面值一兩、三兩、五兩、十兩、五十兩之分。

享用，仍可能巧立名目，橫徵暴斂。事實上，清朝官員的俸祿確實微薄，正一品大員一年的俸銀不過一百八十兩、糧米百餘石；而七品知縣的年俸銀只有數十兩、糧米二十餘石。官員的生活開支普遍很大，這樣低的俸祿顯然無法滿足日常所需。於是，雍正又想出了「養廉銀」的辦法，即將歸公的耗羨一部分用於抵補虧空和地方公用，另一部分以「養廉銀」的名義發給官員。

雍正年間的「養廉銀」數目可觀，督撫每年能拿到萬餘兩，七品縣官也有數百兩至兩千餘兩不等。「養廉銀」雖不能從根本上解決貪腐問題，但的確能抑制官員的貪污勒索，有助於澄清吏治。

祕密查訪和引見官員制度

為了瞭解吏治實情，考察官員的政績和為人，雍正還建立了祕密查訪和引見官員制度。他採用的辦法主要是親自引見官員，與其談話，察訪吏治的情況，而後寫出評語。

無論嚴寒或是酷暑，雍正都要安排引見各地來京的官員。有些貧困地區的官員衣著樸素，為了覲見皇帝而四處尋覓衣服。雍正聽說後笑道：「朕看人，並不是看人的衣服。各地官員只要穿著尋常乾淨的衣服即可，千萬不要強行採辦，一味追求奢華。」有些官員地處偏僻，路途遙遠，雍正就酌情給予交通補助。還有些來自富饒之地的官員帶著食物、禮品面見雍正，雍正便不悅地說：「所有來見朕的官員都不要進獻，只需輕騎速來。」

華麗的四合院垂花門

清代中晚期，貧富差距擴大。豪門富户的深宅大院、雕樑畫棟，與平民百姓難遮風雨的茅屋草舍形成鮮明對比。

雍正與每一位引見的官員悉心懇談，細心察訪，每次談話結束後都要把對該官員的印象、任用意見等寫成評語。他將官員的評價分爲「下下」到「上上」等九等，如評價陳宏謀爲「實心任事……，將來可大望成人者，上中」；評價許登瀛爲「不似端人，平常，中中」。有些評語異常風趣，如寫楊弘緒「左腮頰有一凹的」，評王廷琬「丫頭似的一個人」。

雍正還經常委派心腹大臣進行祕密查訪，依據才能、忠心、務實、坦誠等標準考察官員，形成一套極有特色的制度。

選賢任能　反對朋黨

雍正整飭吏治，除了清查嚴懲之外，還注重選賢任能，褒獎清廉，爲朝臣樹立好官的榜樣。在雍正看來，用人要重大節，他並不要求官員十全十美，但要求官員做到忠於職守，勤於政事。如果在此基礎上又有治政才能，那麼這個官員就可堪重用。

雍正發掘和重用田文鏡就是一個很好的例子。田文鏡剛正清廉，辦事嚴謹，但其執拗的作風也樹立了不少政敵。雍正瞭解到田文鏡奉公勤政的事蹟後，不顧一些朝臣謂其刻薄、嚴苛的非議，大膽啓用。田文鏡曾歷任山西布政使、河南布政使、河南巡撫等職。他不負聖望，秉公執法，力除時弊，使地方上的吏治、經濟煥然一新。雍正欣喜地稱讚他爲「巡撫中之第一」、「模範疆吏」。

在雍正的選用下，鄂爾泰、張廷玉、朱軾、田文鏡、李衛、蔣廷錫、楊宗仁等清官、好官得以位列朝中，吏治得以改善。

此外，雍正還反對朋黨，嚴厲打擊朝臣締結朋黨的行爲。他感慨地說，「朋黨最爲惡習」，因而宣稱「將唐宋元明積染之習盡行洗滌」，「務期振數百年頽風」。

在雍正的努力下，清朝出現了吏治最爲清明的時期。無怪乎學者楊啓樵稱：「康熙寬大，乾隆疏闊，要不是雍正的整飭，清朝恐早衰亡。」

抄家皇帝

雍正嚴整吏治，雷厲風行，查處了一大批貪官污吏，故得「抄家皇帝」的稱號。《清史稿》論曰，「聖主政尚寬仁，世宗以嚴明繼之」，這是符合史實的。

康熙治政注重教化、培育，治政從寬。然而到了晚年，吏治逐漸鬆弛，貪賄敗壞的風氣已有所滋蔓。康熙雖已察覺，但因一生力主寬仁而不便嗜殺，於是他多次表示要傳位於一個「堅固可托」之人。

雍正勝任了這一角色。他性格剛毅，堅忍不拔，為政不畏阻撓，恰好彌補了康熙優柔的弱點。因而，憑藉其作風與才能，雍正能夠將官場整肅一清，延續康乾盛世。

年羹堯的宦海沉浮

清初名將年羹堯戰功顯赫，身為雍正的心腹，他一度深受倚重與寵信。然而僅僅一年的工夫，他的命運就急轉直下，一朝獲罪，兵敗如山倒。叱吒一時的年羹堯迅即落得身敗名裂的下場，不禁令人唏噓。

「年大將軍」威名揚四海

年羹堯，康熙十八年至雍正三年（一六七九年至一七二六年），字亮工，號雙峰，祖籍安徽懷遠，後改入漢軍鑲黃旗。他出身官宦世家，父親年遐齡官至工部侍郎、湖廣巡撫，兄長年希堯也做過工部侍郎。年羹堯自幼文武雙全，足智多謀，性情剛毅，具有淵博的學識和傑出的軍事才能。康熙三十九年（一七〇〇年），年羹堯考中進士，授庶吉士（官名，在翰林院內肄業三年，經過考試分別授職），從此踏上仕途。

憑藉允文尚武的才能，年羹堯很快就得到康熙的賞識，累遷至內閣學士。康熙四十八年（一七〇九年），年羹堯被破格提拔爲四川巡撫。這時，年羹堯還不到三十歲。同年，皇四子胤禛晉封爲雍親王，年羹堯的妹妹嫁給胤禛成爲側福晉，他也投靠雍親王門下，成爲胤禛的親信。他在四川任巡撫期間，親筆寫信給胤禛說，「今日之不負皇上，即他日之不負王爺」，以此表明忠心。

年羹堯出身文官，後來卻因偶然機會轉入軍旅，成爲以戰功著稱的封疆大吏。康熙五十七年（一七一八年），準噶爾部首領策妄阿拉布坦入

葫蘆式金執壺

壺為葫蘆形，金質，直口，短頸，外撇式圈足，長流彎曲，上有橫樑與壺體相連。壺體捶鏨二龍戲珠，間飾流雲紋，壺體四周鑲嵌各色寶石，龍首形曲柄以細鏈與寶珠形蓋鈕繫連。該器造型豐潤飽滿、典雅大方，紋飾細膩工整，工藝精純。

侵西藏，年羹堯上疏康熙，建議在邊陲增設驛站，以保障清軍的糧草供給，得到了康熙的讚許。同年，年羹堯擢升爲四川總督，總攬軍政、民事大權。兩年後，年羹堯又出任平西將軍，成爲撫遠大將軍胤禎（後改名爲允禵）手下掌握軍事實權的主將。康熙對年羹堯甚爲器重，在康熙六十年（一七二一年）親自召見並提拔他爲川陝總督。這意味著，年羹堯成爲了西陲的頭號重臣。在任川陝總督時，年羹堯以正面進攻和「以番攻番」的策略平定了青海郭羅克地方叛亂，立下了赫赫戰功，從此「年大將軍」更是威名遠播。

作爲胤禛的親信，年羹堯對其爭奪和穩定皇位有所貢獻。年羹堯不僅以封疆大吏的身分增強了胤禛的勢力，還對胤禛的競爭者胤禎形成牽制和監視。因此，雍正即位之後，對年羹堯更加寵信，將其視爲心腹。

君臣知遇情篤深

雍正元年（一七二三年），青海發生羅卜藏丹津叛亂，年羹堯任命管理撫遠大將軍印務，出兵平叛。他僅用十五天便橫掃叛軍，搗毀敵巢，再立奇功。回朝時，雍正興奮地親自去郊外迎接，特別恩准年羹堯與自己並馬而行，接受文武百官的拜賀。雍正還加封年羹堯爲一等公，晉升他爲太保，恩賞有加。

雍正對年羹堯頗爲倚重，准許年羹堯總攬西部一切事務，凡年羹堯管轄地區範圍內的地方要員都要聽命於他。雍正還鼓勵年羹堯直接參與朝政，在軍國大事、官吏升遷等事情上都要諮詢年羹堯的意見。年羹堯享有直接向雍正匯報的特權，可以隨時上奏，揭發官員惡行、朝政弊端。此外，年羹堯還被特許「傳達旨意，書寫上諭」。因此，年羹堯雖位列總督，但實際上相當於總理事務大臣。

雍正對年羹堯表現出超越於君臣的眞摯感情，這種感情在諭旨和朱批中不經意地流露出來。例如，雍正說年羹堯是「藩邸舊人」；「不但朕心倚眷嘉獎，朕世世子孫及天下臣民當共傾心感悅」等。他甚至不顧萬乘之

年羹堯畫像

尊，情不自禁地稱年羹堯爲自己的「恩人」。

在日常生活中，雍正對年羹堯也是關心備至。他常常賞賜年羹堯各種貴重寶物、奇珍異品，還替年羹堯父子加封爵位。年羹堯及其妻子生病時，雍正再三詢問，贈送名貴藥材。年羹堯在外征戰時，雍正時常與之保持通信，在信中告知年羹堯家中親人的情況，以免年羹堯擔心。一次，雍正心血來潮，要賜給年羹堯新鮮荔枝，命人快馬加鞭六天內送到西安，其寵愛程度幾乎可與唐玄宗賞賜楊貴妃相比。

年羹堯深受聖恩，亦是感激涕零。他曾多次在奏摺中說，「臣受恩最深」，再三表示不忘「忠君之念」。雍正對這段君臣知遇的佳話非常看重，希望自己與年羹堯能成爲「千古榜樣人物」。

居功自傲埋禍端

然而，這個願望終究沒能實現。

在萬千寵信之下，年羹堯開始居功自傲，得意忘形。雍正二年（一七二四年）十月，年羹堯進京面聖，王公大臣到郊外迎接。年羹堯安然坐在馬上，只是微微點頭回禮。雍正雖未發怒，但心裡已經不悅。從那時起，雍正對年羹堯的態度就發生轉變，原先朱批中那些動情的文字不見了，取而代之的是警告、苛責的話語，如「居心不純，大有舞智弄巧潛蓄攬權之意」、「若倚功造過，必致返恩爲仇」等等。

但年羹堯不僅沒有收斂，反而愈加作威作福，做出了很多僭越禮制的舉動，而損害了雍正的威嚴。比如，雍正的聖諭下達府上，年羹堯竟不行三跪九叩之禮；他贈送給屬下物品，卻要求屬下官員向北叩頭謝恩；他還在自己的轅門、鼓廳中畫四爪龍和穿著蟒袍的鼓手，裝飾與宮廷一般；四處宣稱自己對雍正有恩，說能肅清允禩黨羽都是自己功勞等等。更有甚者，當雍正欲爲《陸宣公奏議》一書撰寫序言時，年羹堯竟以「不敢上煩聖心」爲由，擅自替雍正寫好了序，強迫雍正認可。

此外，年羹堯結黨營私、貪斂財富的行徑也很嚴重。排斥異己，任人唯親，將自己保舉的官員安插在吏部、兵部和川陝省地的要職。他還大肆收受官員賄賂，冒充軍需之名私吞錢財，敗壞了官場風氣。如此僭越無度、貪贓枉法的行爲，自然不被見容。年羹堯的禍端已經埋下，自雍正二年（一七二四年）底開始，他的命運便急轉直下。

一朝獲罪如山倒

雍正三年（一七二五年）初，雍

正對年羹堯的不滿公開化。朝中大臣也看清形勢，紛紛揭發年羹堯的罪行，一時間有兵敗如山倒的形勢。

這年二月，天空出現「日月合璧、五星聯珠」的祥兆，文武百官都上疏爲雍正慶賀。年羹堯的奏摺字跡潦草，還誤將「朝乾夕惕」寫成了「夕惕朝乾」。雍正借題發揮，說年羹堯「自恃己功」、「大不敬」，隨即革去他川陝總督的職務。這成爲年羹堯下台的信號。四月，雍正又奪取年羹堯的兵權，改爲杭州將軍。見年羹堯失勢，朝臣們紛紛與之劃清界限，參劾奏章從四面八方湧入京城。

在一片討伐聲中，十二月，雍正宣布年羹堯的九十二條大罪，其中三十餘條可判極刑。年羹堯入獄後，還心存幻想，上書給雍正請求開恩。信中說：「臣萬分知罪，求主子饒恕。臣年紀未老，留作犬馬，慢慢給主子效力。」其中「主子」的稱呼是沿用雍正爲親王時在藩邸的舊稱，年羹堯企圖以此打動雍正。但雍正心意已決，非剷除年羹堯不可，最終只是念其舊功，令年羹堯自裁。年羹堯的父兄被革職，其子年富被斬首，家產被抄沒，十五歲以上之子皆發配充軍。名噪一時的「年大將軍」就這樣身敗名裂、家破人亡。

年羹堯曾欲自立為帝

在不少野史的記載中，都說年羹堯被削奪兵權後，曾有起兵謀反、自立為帝的打算。如《清代軼聞》中說，有一天夜裡，年羹堯的幕僚都勸其反叛，年羹堯沉默許久，抬頭觀望天象，長歎一聲道：「天象不諧啊，還是屈居人臣吧！」《新世說》中記載，年羹堯的門客孫劍才勸其謀反，年羹堯說：「我雖握有兵權，但成敗不可知。」

儘管這些史料不盡可信，但年羹堯的幕僚或門客慫恿其謀反的事情應當是確切的，年羹堯也一定有過稱帝之心。但是，年羹堯深知雍正的統治已很穩固，起兵謀反無法成功，因而不敢付諸行動。正如雍正所言：「深悉年羹堯之伎倆，而知其無能為也。」

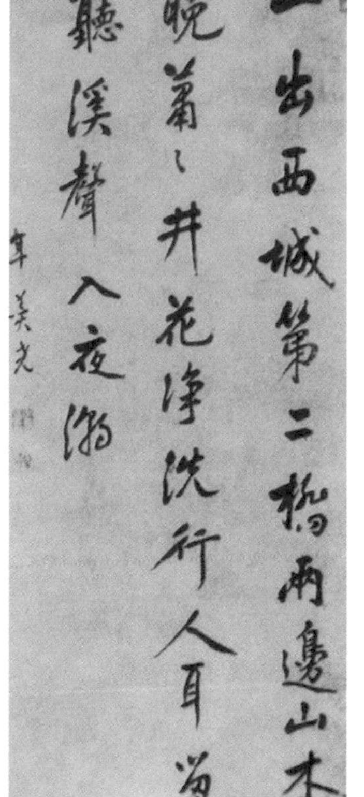

年羹堯書法

歷史上的年羹堯以武功著稱，文采和學識也同樣出眾。他的書法骨力勁利，筆法精研，自成一家。

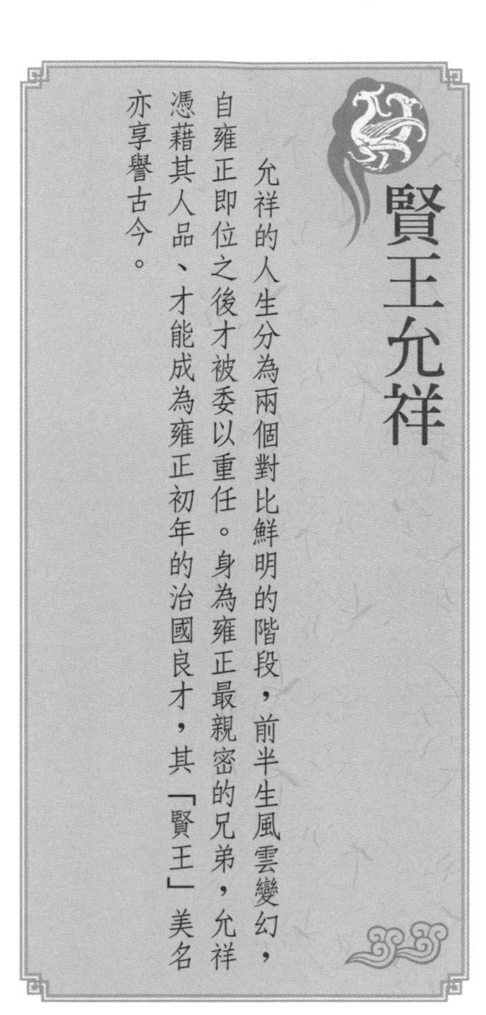

賢王允祥

允祥的人生分為兩個對比鮮明的階段，前半生風雲變幻，自雍正即位之後才被委以重任。身為雍正最親密的兄弟，允祥憑藉其人品、才能成為雍正初年的治國良才，其「賢王」美名亦享譽古今。

風雲變幻的前半生

允祥原名胤祥，是康熙的第十三個兒子，其母爲敏妃章佳氏。於是，允祥十四歲那年，章佳氏不幸病逝。於是，允祥由皇四子胤禛的生母烏雅氏撫養長大。

允祥自幼聰慧伶俐，文武雙全。他擅長寫作詩詞，文風工整清新，書畫方面的修養也很高。允祥的騎射技藝精湛，每發必中，經常跟隨康熙外出狩獵。據說，有一次，康熙帶允祥圍獵時，突然從樹林中衝出一隻猛虎，張牙舞爪地向允祥直撲而來。允祥面不改色，從容地操起獵刀，將猛虎一刀砍死。隨駕的朝臣侍從無不震撼，紛紛讚歎允祥神勇過人。

據史書記載，允祥在眾兄弟之間唯獨與皇四子胤禛關係親密。胤禛比允祥大八歲，幼年時經常與允祥一起練習書法，還曾親自教授允祥算術。後來，允祥經常外出離京，仍不忘與胤禛保持書信往來。在這些書信中，有一些是允祥創作的詩詞。胤禛將其收在自己的詩文集中，因而使允祥的部分詩作流傳下來。

由於才能出眾、性情仁和，允祥一度深得康熙的喜愛。康熙五次南

黃玻璃菊瓣式渣斗

黃色玻璃製成，通體作十六瓣菊花式。此器製作規整，造型典雅，色彩艷麗，是雍正年間玻璃藝品的代表作。

巡，有四次都帶著允祥，尤其是第四次南巡時，康熙還特命允祥單獨去祭拜泰山，其器重程度可見一斑。當時，不少朝臣都認爲「十三阿哥是皇上最寵愛者，前途不可估量」。

然而風雲突變，在康熙第一次廢太子之後，允祥的處境發生了轉變。皇長子胤禔以巫蠱之術魘鎮太子胤礽，被貶爲庶民圈禁起來；皇四子胤禛與皇十三子允祥也被牽連獲罪。關於允祥在其中做了什麼，史料大多記載不詳。雍正在給允祥的悼詞中稱允祥是被皇長子陷害，後世學者有的推斷允祥與胤禛是同謀，有的認爲允祥是替胤禛頂罪。總之，從那以後，允祥便徹底失寵，幾乎消失於康熙晚年的重大活動中。允祥也因此消沉煩悶，又因在禁所遭受寒濕，患上了一種名爲「鶴膝風」的腿疾。

果親王允禮像

雍正即位後，兄弟中只有兩人受到優待—十三弟允祥和十七弟允禮。允禮，先被封為果郡王，再晉陞為親王；先掌管理藩院事，繼任宗人府宗令，管户部。

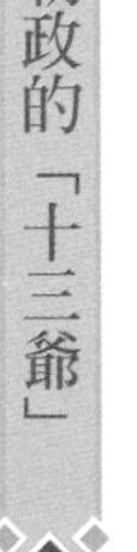

總理朝政的「十三爺」

儘管允祥失去了奪嫡的資格，但他並未完全退出儲位之爭，而是站在胤禛的一邊，成爲胤禛最親密的兄弟和同黨。也正是因爲這份情義和功勞，在雍正即位之後，大肆剷除異己的風波中，允祥才得以碩果獨存。

康熙六十一年（一七二二年）底，雍正剛剛登基，就封允祥爲和碩怡親王，出任議政大臣，總理朝政和軍國大事。不久，允祥又奉命總理戶部三庫。面對雍正的委以重任，允祥不負聖望，鞠躬盡瘁。

在財政賦稅方面，康熙晚年各省、各部的虧空嚴重，國庫只餘下八百萬兩存銀。允祥本著「國家休養生息，民康物阜」的原則，清查錢糧，量入爲出，短短幾年時間，不僅彌補了虛空，還支付了雍正年間對西北用兵的龐大軍費。至雍正六年（一七二八年），國庫存銀已達到四千餘萬兩，由此足見允祥理財的功績。

在整飭吏治方面，允祥負責對全國官員的清查處理，秉公辦事，細緻入微，發現和處理了一批貪官污吏。審案時，允祥以仁厚之心，曉之以理，動之以情，不用重刑，而重實證，又能不徇私情，依律論斷，最終使幾十件大案得到公允處理。

雍正三年（一七二五年），允祥接管京畿地區的水利營田事務。他分區治理，分散用水，不久就實現了河流暢通，良田灌溉的景象。

四年後，清廷出兵西北，平定準噶爾部叛亂，允祥出任首席軍機大臣，完成了兵馬糧草及各類軍用物資的調度。

允祥的工作涉及經濟、吏治、刑獄、軍事、民生等諸多方面，最多時曾身兼九職。這些事務無一不是積弊已久，難於應對，而允祥能將各類事物治理得井井有條，這在歷代能臣中實爲罕見。

在允祥的努力下，前朝積弊一一革除，江山社稷重現欣欣向榮的景象，朝野上下均對這位治政有方的「十三爺」感佩不已。

雍正的「柱石賢弟」

允祥總理朝政，功績卓越，堪稱清廷的中流砥柱。雍正對這位賢能的弟弟亦是非常倚重，一再稱讚允祥爲「柱石賢弟」。

允祥不僅才能突出，而且勤勉、忠誠、謙遜。對於雍正交代的所有工作，無論事情大小，他都會悉心料理。如漢族侍衛的管理、養心殿用具的製作、雍正陵寢的選址、各位皇子的事務以至督領圓明園八旗守衛禁兵等等，宮中府中的大小事務，允祥無不用心籌畫，而且件件「精詳妥協」，契合雍正的心意。據宮廷檔案紀錄，就連雍正覺得燈飾做得不稱心，或者眼鏡需要修改這樣的家務事，都要允祥來代勞。

允祥任事八年，勤苦耐勞，雍正自然待他也非同一般。雍正爲表彰允祥的功績，對其多番賞賜，但是允祥始終謙遜恭敬，從不居功，往往都予以辭謝。雍正深知允祥爲人廉潔，「家計空乏」，便援引康熙朝分封兄弟二十三萬兩錢糧的舊例，如數賞賜給允祥。但允祥數次上奏，再三懇辭，最後推辭不過，只收下了十三萬兩。後來，雍正又打算依照裕親王的慣例，支給允祥六年官物，再次被允祥固辭。雍正三年（一七二五年），雍正決定加封允祥的一個兒子爲郡王，令其指定一位。允祥婉言辭謝，表示無能接受這份隆恩。雍正執拗不過，只好變換恩賞方式，改成增加允祥的俸銀萬兩。

次年七月，雍正親筆書寫「忠敬誠直，勤慎廉明」八個大字，命人製成榜，賜予允祥。雍正還下諭說：「怡親王輔佐朕，殫精竭慮，恪盡忠誠，公而忘私，視國如家。朕深知怡

雍正與生母不和

允祥曾被雍正的生母烏雅氏撫養，這被認爲是允祥與雍正交好的原因。但事實上，雍正與自己的生母長年失和。雍正自幼被皇貴妃佟佳氏所撫養，與養母情深，卻與生母疏遠。而烏雅氏也不甚喜愛倔強的雍正，反而對幼子胤禵格外溺愛。

據史料記載，雍正每天凌晨三點到五點之間去給生母請安，此時烏雅氏尚在睡夢中，也就是說雍正的請安只是盡到禮數，竟根本不與生母碰面。雍正尊佟佳氏的弟弟隆科多爲舅舅，卻對自己的嫡親舅舅冷落有加。

這種母子不和的情況究竟出於什麼原因呢？據後人分析，除了「生恩不及養恩」之外，還可能由於雍正生母烏雅氏的地位低微，處事輕率，而養母佟佳氏尊貴受寵，雍正自然喜後者而厭前者。同時，烏雅氏偏愛幼子，雍正又不夠恭順，因而導致母子之間的間隙愈來愈深。

親王的德行，認爲這八個字無一有一絲一毫的過量之詞。」同年十月，雍正又下令將允祥儀仗再增加一倍，使其享受無尚的榮光。

允祥居功至偉，卻忠心耿耿，處世低調，時刻不忘謙卑謹慎，也處處保全雍正的尊嚴。這與年羹堯、隆科多等驕縱的功臣形成鮮明對比。正因如此，允祥的存在才沒有讓雍正感到威脅，允祥也得以保全善終。

「公忠體國之賢王」

在多年嘔心瀝血的治政下，允祥積勞成疾，再加上早年的腿病發作，終於在雍正八年（一七三〇年）臥床不起。五月，允祥病情加重，雍正聽說後連忙趕到怡親王府中探望，誰知趕到時，允祥已經病逝。允祥在病逝前，向雍正保舉了十七弟允禮，稱其「居心端方，乃忠君親上深明大義之人」。後來，雍正採納了允祥的意見，重用允禮，接續了允祥的職責，但允祥在雍正心中的地位再也無人可替代。

失去了最可靠的兄弟與助手，雍正萬分悲慟，連續幾天都寢食難安。他宣布輟朝三日，自己穿著素服一個月。期間文武百官也要穿尋常衣服，不許舉行宴會。

允祥病逝的第二天，雍正親自去祭奠，並感傷地說：「怡親王事朕八年如一日，自古無此公忠體國之賢王。」他下令恢復允祥的名字爲「胤祥」，配享太廟，賜謚號爲「賢」，並把在此之前御題的「忠敬誠直，勤慎廉明」八個字加在謚號上。後來，民間有百姓請求爲允祥建立祠堂，雍正予以恩准，又撥地三十餘頃作爲允祥的祭田。乾隆年間，乾隆下令入祀盛京的賢王祠，以表彰允祥的功德，並命允祥的後人世襲王爵。

李衛與田文鏡

李衛與田文鏡是雍正年間最被信任的兩位封疆大吏。兩人都不是科舉出身，文才平平，在被雍正發掘之前官職不顯。同時，他們都有明顯的為政和性格缺陷，非議之聲不絕。但雍正大膽重用，發揮了他們實心任事、勇敢果斷的長處，使之造福一方百姓。

李衛當官

李衛，字又玠，生於康熙二十五年（一六八六年），祖籍江蘇徐州，後遷居江蘇銅山。李衛出身於家境富裕的人家，但十歲時不幸父母雙亡，成爲孤兒。他自幼不愛讀書，喜好練武，成年後專注於經世致用的事務。

康熙五十六年（一七一七年），李衛花錢捐了一個員外郎的官銜，補入兵部。兩年後，他升爲戶部郎中。

關於李衛如何被雍正發掘的細節，正史沒有記載。不過，據清代文人袁枚的《小倉山房文集》記載，在雍正還是親王的時候，李衛在戶部供職。當時掌管戶部的親王私斂錢財，在徵收錢糧的時候額外加收銀兩，李衛十分不滿，多次勸阻無效。無奈之下，李衛只好想出一個特別的辦法，即在走廊上放一個櫃子，上面寫著「某王贏錢」。這位親王顏面掃地，自此不敢再多收錢財。雍正得知此事後，對李衛這個不起眼的小官刮目相看，於是一即位就對李衛破格提拔。這個故事的眞實性雖不可考，但它反映出雍正因欣賞李衛勇於任事的品格而重用之。

雍正元年（一七二三年），李衛被提拔爲雲南鹽驛道；次年，又擢升爲布政使，仍掌管清廷的稅源大項——鹽務；僅過一年，李衛再次升官，出任浙江巡撫，兼管兩浙鹽政，成爲手握大權的封疆大吏。此後，李衛先後擔任浙江總督，管理巡撫事，兼理蘇松七府盜案，加兵部尚書銜、太子少傅，授刑部尚書、直隸總督等。雍正稱讚李衛「操守廉潔，勇敢任事」、「秉公持正，實心奉職」、「爲朕所倚信之督臣」，由此可見李衛被重用的程度。

李衛也沒有辜負雍正的信任，在

各地任職期間力行改革、造福百姓，頗有政績。李衛當官的事蹟在民間廣爲流傳，被很多文學作品所採用。

力行改革　造福百姓

李衛當官的第一項政績是治鹽。針對私鹽販賣猖獗的問題，李衛奏請雍正加強沿海關隘的巡查，嚴厲打擊鹽梟販賣私鹽的活動。他還改革了鹽政賦稅制度，令鹽場的賦稅「有給丁灘者，以丁入地，計畝徵收；無給丁灘者，暫令各丁如舊輸納」。經過兩、三年的時間，李衛革除鹽課積弊，穩定鹽業生產，增加了稅收，得到雍正的賞識。

李衛任職浙江後，集督撫大權於一身，治政六年之久，爲浙江百姓謀取不少福利。他治理海塘，組織百姓開墾沿海和海島的荒山。他將浙江文人士子的表現詳細記錄，歸入檔案，恢復了因文字獄而停止一年的浙江鄉試；他大力推行「攤丁入畝」的賦稅改革，打擊那些抵制改革的地主，使這項造福百姓的措施推廣施行。

李衛在浙江的政績得到認可，以致於他離任多年以後，浙江的老百姓仍感念他的恩德。雍正對李衛的做法深爲讚許，特命其將李衛的經驗寫成書，供文武百官學習仿效。

李衛在剿匪治盜方面也有不錯的表現。他奉命緝捕江蘇一帶猖獗的盜賊，常出奇制勝完成任務。有時，李衛命捕快喬裝打扮混入盜賊窩裡，有時派手下假裝投靠盜賊作爲內應，他還常常利用茶館酒樓來探尋盜賊的蹤跡。沒多久，李衛就偵破了一批盜案，處置了以符咒惑民的張雲如、甘鳳池爲首的盜賊，改善使江蘇地區的治安。

在公道律法面前，李衛從不徇私。兩江總督范時繹與張雲如、甘鳳池有瓜葛，李衛發現之後徹查到底，最終將范時繹革職；當朝重臣鄂爾泰的弟弟鄂爾奇違法營私，李衛也不畏強勢勇敢揭發。雍正欣慰地稱讚李衛「毫不瞻顧」、「毅然直陳」。

後來，李衛赴任直隸，調整行政區劃，改革綠營兵制，整治河患水

木胎黑漆描金有束腰寶座

寶座是家具椅具中體積最大的，為的是襯托坐椅主人的威嚴和莊重。這件製作於清雍正年間的寶座，體積碩大，座面長近一百四十公分，面呈腰圓形，有束腰，曲線婉轉自如，頗具神韻。整個寶座顯得氣勢圓渾、沉穆典雅。

利，也立下不少功績。

但是，李衛的缺點也很明顯。他個性流於粗疏，不夠細緻，而且恃才傲物，性格驕縱，時常對上級官員無禮。李衛有時也接受官員的賄禮。因此，朝中參劾李衛的奏摺不少。雍正一方面再三勸誡李衛「謙恭持己」、「勤修涵養」，另一方面也對其他朝臣說，「李衛之粗率狂縱，人所共知者，何必介意」。由此可見，雍正知人善任，用人有所取捨。

李衛過世後，獲謚號「敏達」。

老來得勢的田文鏡

田文鏡是與李衛齊名的一位能吏。雍正常把他與李衛、鄂爾泰並稱說：「在天下督撫諸臣中，朕最關切的人，莫過於鄂爾泰、田文鏡、李衛三人。」

田文鏡，字抑光，生於康熙元年（一六六二年），漢軍正黃旗人。他出身監生，康熙二十二年（一六八三年）出仕，歷任縣丞、侍讀學士等。在雍正發現他之前，他做了四十餘年的小官。雍正元年（一七二三年），田文鏡已六十一歲高齡，眼看升官無望，誰知一個偶然的機會，竟使他的仕途峰迴路轉。

這一年，山西災荒嚴重，收成欠佳，山西巡撫德音瞞報災情。適逢田文鏡奉命告祭華山，途經山西，返回京城，雍正便召見他詢問實情。田文鏡將自己親眼看到的民間疾苦一一稟報，雍正聽後十分感動，認爲田文鏡「直言無隱」，破格提拔他爲山西布政使，前往災區辦理賑災事宜。

田文鏡到達山西後，救援了七、八十萬災民，又雷厲風行地清理積壓的案件，一時吏治一新。雍正深爲讚賞，次年又任命田文鏡爲河南布政使，後擢升爲河南巡撫。田文鏡僅用了兩年時間，就從卑微小官升爲封疆大吏，可謂老年時來運轉。

田文鏡到達河南後，大力整頓地方官府的虧空、攤派、隱匿土地等弊端，並整飭河工，開闢荒田，「每事秉公潔己」，政績優異。雍正五年（一七二七年），田文鏡以功升任河南總督，加兵部尚書銜，次年又出任河南山東總督，雍正八年（一七三〇年）兼任北河總督。

爲官鐵面嚴酷

田文鏡年過六旬而得重用，自然對雍正無比感恩。他忠心耿耿地執行雍正的政令，辦事踏實勤勉，最爲可貴的是鐵面無私、嚴酷幹練，因而使很多遭受阻撓的改革得以推行。

在執行清查錢糧、耗羨歸公、發養廉銀、攤丁入畝等改革措施時，由於這些新政觸動了不少富戶權貴的利益，改革遇到了很大的阻力。田文鏡不避親貴，不怕嫌怨，只要是阻礙新政實施的人，一定嚴懲重辦，使大小官員都望而生畏。田文鏡積極塡補虧空，改革賦稅，懲治貪官，強化治安，使「府庫不虧，倉儲充足，察吏安民」。

田文鏡爲官清廉，恪守名節，雖然做了近十年的封疆大吏，家境仍十分貧寒，其子女家人都是布衣穿著，身無長物。田文鏡接待官員從不送禮，也堅決抵制收受賄禮的風氣。他從不結黨營私，也因此得罪了不少官員。雍正對他的評價是「貪贓壞法之事，朕可以保其必無」，「老成歷練，才守兼優」。

當然，田文鏡的鐵面嚴酷也有爲人詬病的一面。他過於嚴厲刻薄，爲了完成雍正的任務，不惜責打下屬，勞頓百姓，因而得到「酷吏」的名聲。晚年時，田文鏡過於奉迎上意，不顧民生艱難，一味上奏河南境內「天降祥瑞」、「家給人足」。雍正八年（一七三〇年），河南發生水災，民不聊生，田文鏡瞞報災情，被人揭發。雍正念其以往功績，對田文鏡多加偏袒，暗示其告病還鄉。於是，田文鏡發跡於揭露匿情，最終卻以匿情不報而丟官。

兩年後，田文鏡病逝，雍正不計前嫌，予以厚葬，賜諡號「端肅」。

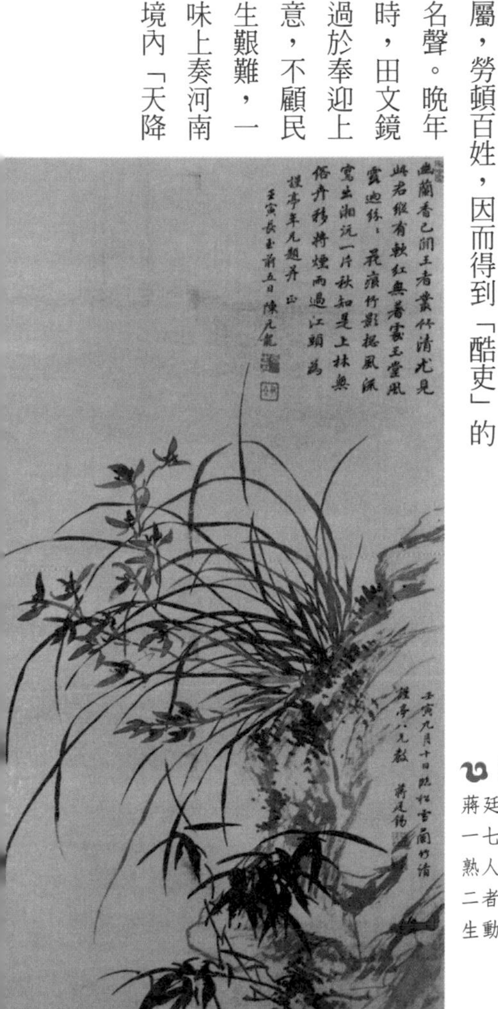

蔣廷錫．《幽蘭叢竹圖》

蔣廷錫，康熙八年至雍正十年（一六六九年至一七三二年），字揚孫，號西君、南沙，江蘇常熟人。他擅長畫花卉，以逸筆寫生、敷色墨暈，二者兼存於一幅之上。他的作品自然融洽、風神生動、氣度不凡。

雍正的「情報政治」

雍正善於透過暗察、密訪來發掘和考察官員，有時也難免有監視之嫌。據清代筆記《嘯亭雜錄》記載，雍正派人察訪官員情況，無論事情大小都要從實稟告。有一次，一位大臣買了一頂新帽子，次日上朝，脫帽謝恩。雍正笑著說，「不要弄髒了你的新帽子啊」，嚇得這位大臣一身冷汗。還有一次，大臣王雲錦與朋友玩「葉子戲」（古代一種類似撲克的遊戲），不慎丟了一張牌。第二天上朝時，雍正問他昨夜做了什麼，王雲錦實言相告。雍正笑道，「果然沒有欺瞞」，然後從袖中掏出了那張丟失的牌。類似的故事還見於清代很多史書中，由此可見，雍正廣布耳目的事情並不是毫無根據。

奇書《大義覺迷錄》

《大義覺迷錄》是雍正親自下諭編撰、頒發的一部奇書，它公開發佈當朝文人詆謗皇帝的「十大罪狀」，並針鋒相對地逐條進行批駁。該書的起因是轟動一時的「曾靜投書案」，對於這件文字獄，雍正極其反常地寬大處理。然而，這並不代表雍正放棄箝制思想；相反，雍正年間的文字獄異常酷烈。

曾靜投書案

「曾靜投書案」是雍正年間最轟動、也最奇特的一件文字獄。這件案子的起因只是一封反清書信，後來卻牽連愈來愈廣，直至波及已故的清初著名學者呂留良以及雍正的政敵允禩。而歷來以嚴酷著稱的雍正卻赦免了主犯曾靜，可謂奇事一樁。

曾靜於康熙十八年（一六七九年）生於湖南永興的一個平民家庭，自幼勤苦讀書，但屢試不第。無奈之下，開始閉門治學，招收門徒，以教書爲業，自稱「蒲譚先生」。在治學的過程中，他受到清初一些反清復明的思想影響，逐漸產生尊崇華夏、蔑視夷狄的觀念，並寫作《知幾錄》、《知新錄》等具有濃厚民族色彩的書。加上生活艱苦、科舉不順的經歷，曾靜希望能夠透過推翻清朝統治來恢復漢人文化，改變窮苦百姓的處境。雍正六年（一七二八年），曾靜聽說了雍正的一些負面傳聞，便意識到推翻清朝統治的時機到來了。

有一天，曾靜叫來自己的學生張熙，對他說：「當朝的川陝總督岳鍾琪是南宋抗金名將岳飛的後人，祖上與女眞族有深仇（滿族由建州女眞發展而來）。你帶著我的書信去找他，勸他起兵反清，他一定會答應。岳鍾琪戰功赫赫，手握重兵，只要他謀反，則反清大業可成！」張熙聽後深以爲然，便帶著列舉雍正種種罪行的密信，前去遊說岳鍾琪。

然而，岳鍾琪遠非曾靜所想像的那樣，他既不是岳飛的後裔，也毫無反清之心。相反地，身爲一名漢臣，岳鍾琪深受清廷重用，對雍正一直懷有感恩之心。由於掌握兵權，他時時擔心清廷懷疑他的忠誠，不敢有絲毫輕妄之舉。於是，當張熙勸說他叛變時，他驚駭萬分，馬上派人把張熙抓起來。同時，岳鍾琪連忙寫奏摺給雍正匯報，並再三表明忠心。

雍正瞭解內情後，下令徹查此案。很快地，張熙就在岳鍾琪的誘導下供出了曾靜，曾、張二人雙雙下獄。曾靜被捕後非常害怕，竟至痛哭流涕，還沒有用刑，曾靜就認罪伏法，連稱自己是一時糊塗，以後一定痛改前非。在刑部的多番審訊下，曾靜又供出了不少人。如反清復明的思想，曾靜說是受到清初學者呂留良著作的蠱惑；至於列舉雍正的罪狀，則是誤聽誤信允禩黨羽散步的流言。曾靜還為雍正歌功頌德，將雍正比作聖君堯舜，連雍正都覺得太過「諂媚」。

根據曾靜的供詞，已故四十餘年的呂留良成為元兇，允禩朋黨也牽涉進來，其他相關人等連同家屬有數百人株連在內，波及好幾個省，一時間舉朝嘩然。

奇書《大義覺迷錄》

面對這件文字大獄，朝臣們紛紛建議嚴懲所有「罪犯」。但這時，雍正卻一反常態地將曾靜、張熙二人釋放，還諭令自己的子孫後代都不准加害他們。對於曾靜書信中所說的雍正「謀父、逼母、弒兄、屠弟、貪財、好殺、酗酒、淫色、懷疑誅忠、好諛任佞」等十大罪狀，按說應屬絕對機密之事，雍正反而毫不避諱，將其編輯成書，頒發到全國各地。

這本奇書就是《大義覺迷錄》。說它「奇」，是因為昭告了宮廷唯恐避之不及的內容，這在歷代絕無僅有。雍正將呂留良的反清言論和曾靜的書信、口供一併收錄其中，修為四卷，一一刊刻，然後下令「各府州縣」、「遠鄉僻壤」的所有百姓都來看。他還威嚇說，無論文人士子還是鄉野匹夫，一旦發現有未見此書的，都要從重治罪。

雍正這樣做是想肅清負面輿論，

雍正觀景圖

繪雍正胤禛在朗吟閣觀景的情景。

雍正暴卒之謎

雍正十三年（一七三五年）八月二十一日，雍正染病，但仍照常工作。二十二日，雍正病情突然加重，次日子時便逝世了。關於雍正的病情和暴卒原因，史書並沒有明確記載。

清代筆記小說中盛傳，雍正是被呂留良的孫女呂四娘刺殺的，這一傳說當然是不可信。不要說呂留良的户籍記載上根本沒有呂四娘這個人，就算歷史上真有其人，她也不可能衝破紫禁城的層層守衛去刺殺雍正。這種解釋不過是民間出於對雍正大興文字獄的不滿而杜撰。

後世學者推斷認為，雍正是誤服丹藥而死。他一生篤信道教，生病後求助於丹藥，結果中毒身亡。由於這是不光彩的事，清朝史書就故意隱去了內情。儘管這一說法沒有證據，但還算合情合理，是目前眾多學者公認的觀點。

增加自己的威望。因此，他在《大義覺迷錄》中收錄的資料是經過精心挑選的（例如，曾靜致岳鍾琪的書信內容只公布了一部分），書中還對呂留良和曾靜的反清言論逐條進行批駁，希望籍此改變人們的判斷。

《大義覺迷錄》中，雍正首先駁斥呂留良「夷夏大防」的觀念，稱所謂「華夷之辨」是因爲古代疆域不廣，如今，原屬夷狄的湖南、湖北等地盡屬王土，可見「華夷本一家人」。接下來，雍正大費工夫地反駁曾靜所舉的十大罪狀。如「謀父」罪，雍正說，「萬萬沒有想到其誣蔑詆毀、怪誕奇特到這種地步」；又如「弒兄」、「屠弟」之罪，雍正更是詳細地敘述其兄弟的殘暴、狠毒之行，並宣稱自己「光明正大，公正無私」；而「好殺」罪，雍正稱自己「性本最慈」、「時刻以祥刑爲念」；至於「淫色」一條，雍正更是認爲「天下人不好色未有如朕者」。

然而，《大義覺迷錄》的刊布並沒有達到預期效果，人們似乎對雍正的辯駁並不信服，而採信了那些對清皇室不利的言論。雍正流傳至今的失德諸事，大多源於《大義覺迷錄》。因此，雍正一過世，尚未改元的乾隆就迫不及待地將這本書列爲禁書，並公然違背雍正的旨意，處死了曾靜和張熙。由此可見，他對雍正處理此案的方式極不贊同。

雍正年間的文字獄

雍正赦免了曾靜，還公開了案情，這並不是出於寬仁，而是另有意圖。曾靜叛而復降的事例，是對民間反清情緒最好的抵制。雍正將其寬大處理，並將曾靜的認罪口供和諂媚言辭都收入《大義覺迷錄》，爲的就是讓世人得到宣傳教化，以鞏固自己的統治。此外，這也是故作姿態，表明自己心懷坦蕩。

而與之相對的，呂留良、允禩等人的下場則非常悲慘。呂留良及其長子呂葆中被開棺戮屍，其次子呂毅中及學生沈在寬被斬首，呂留良的族人或充軍，或杖責，或爲奴。允禩朋黨更不必說，允禩、允禟不僅被辱稱爲「狗」、「豬」，還慘遭暗殺。事實上，這種嚴酷才是雍正的一貫作風。

對此，雍正異常酷烈，完全背離了康熙的寬仁之風，致使雍正年間的文字獄愈演愈烈。如謝濟世、陸生楠案，雍正四年（一七二六年），謝濟世參奏雍正的寵臣田文鏡，招致雍正盛怒，後來被革職發配新疆。三年後，他又被參奏所著《古本大學注》譭謗程朱，亂評時政，被判斬，後被免死。陸生楠則因所著《通鑑論》被指控「抗憤不平之語甚多」、「言辭更屬狂悖」、「顯系排議時政」，被直接處以死刑。又如屈大均案，廣東巡撫傅泰從《大義覺迷錄》中得知張熙景仰「屈溫山先生」，便聯想到本省自號「翁山」的著名學者屈大均，於是追查屈大均的著述，竟發現其中果然有不少「悖逆之詞」。當時，屈大均已死，其子急忙去官府投案自首，最終屈大均被戮屍，其子因自首而免死，但仍被流放福建。再如「清風不識字」案，翰林院庶吉士徐駿有一次在上奏章時，不小心將「陛下」寫爲「狴下」，令雍正大怒。後來，雍正派人追查徐駿的著作，發現有「清風不識字，何事亂翻書」等詩句，便認爲徐駿暗諷清廷，當即判斬立決。

雍正妃行樂圖

現藏於北京故宮，以寫實的手法描繪后妃的生活。

張廷玉與鄂爾泰之爭

雍正一生始終寵信的朝臣有五位——允祥、張廷玉、鄂爾泰、李衛，以及田文鏡。其中，允祥為親王，李衛、田文鏡為地方官，只有張廷玉與鄂爾泰堪稱雍正在朝中的股肱之臣。二人皆忠君勤勉、勞苦功高，也都備受恩寵與信任。然而，二人在晚年卻捲入黨爭，連遭打擊，差點晚節不保。

三朝元老張廷玉

張廷玉，字衡臣，號研齋，安徽桐城人，康熙十一年（一六七二年）生於官宦家庭，其父張英是康熙朝大學士。康熙三十九年（一七〇〇年），張廷玉中進士，歷任檢討（官名，屬翰林院）、南書房行走、侍講學士、內閣學士、刑部侍郎、吏部侍郎等職。

到了雍正元年（一七二三年），張廷玉已經是輩分很高的一位老臣。在鄂爾泰調入京城之前，張廷玉一度是雍正最爲倚重的朝臣。他接連擔任禮部尚書、戶部尚書、翰林院掌院學士、國史館總裁、吏部尚書等要職，授文淵閣大學士、保和殿大學士，還位居軍機大臣之列。乾隆初年，張廷玉出任皇子的老師，後來總理事務，因功晉爵三等伯。

張廷玉前後歷經三朝，爲官達五十年之久，然而細數他的政績，卻似乎平平無奇，都不足道。這是因爲張廷玉長期以來從事的是文字工作，相當於皇帝的祕書，事務冗雜而瑣碎，難以規整成幾件事功。例如，他最常做的事情是草擬聖諭，雍正凡有詔旨，就宣張廷玉入內，口述大意。張廷玉的記憶力很強，每次都能及時記錄，有時隔著簾子在几案上起草，寫成文稿後就立即呈給雍正審閱。雍正對張廷玉的文筆非常滿意，其草稿往往在短時間內就能過關。像這樣的擬旨工作，每天少則兩、三次，多則十幾次，異常繁重。

雍正七年（一七二九年），雍正爲便於處理平定準噶爾部叛亂的軍務，創立了軍機處的前身——軍機房，任命張廷玉爲首批軍機大臣之一。自此，張廷玉更加辛苦忙碌，經常坐在轎子裡批改文書，處理政務。

雍正又不分晝夜地召見，以至張廷玉經常夜裡二更天才能回家。回去以後，他仍然點著蠟燭完成一天中未竟的事宜，並籌畫第二天應辦的事務。有時候，他躺在床上，想起某件事情尚未辦妥，或者某篇稿件寫得不好，就披衣起身立即改正。張廷玉勤勉任事至此，無怪乎雍正稱其「辦理事務甚多，自朝至夕，無片刻之暇」。

「最承寵眷」的漢臣

張廷玉兢兢業業地執行雍正的命令，爲雍正多項改革盡心盡力。

任軍機大臣期間，他制定了「廷寄」的辦法，規定雍正的聖諭函封後交給兵部，由驛站負責遞送，稱爲「廷寄」。函件遞送速度視緊急情況又有日行三百里、四百里以至六百里加急不等。他還協助雍正完善奏摺制度，確認「密摺」的方式。此外，張廷玉花了許多精力編修史料，在《清聖祖實錄》、《明史》等編纂工作中「宣力獨多」、「其功甚巨」。

憑藉這些功勞，張廷玉得到雍正的賞識，被讚譽爲「器量純全，抒誠供職」、「大臣中第一宣力者」。

張廷玉爲官有一個優點，那就是「周敏勤慎」。他平生最信奉的一句話是「萬言萬當，不如一默」，因爲語多必失，所以他少說多做，處處小心，務求周到。這一點讓他頗得雍正的歡心，張廷玉也因此成爲雍正年間「最承寵眷」的漢臣。

林「大清雍正年制」款斗彩龍鳳紋瓷盤

張廷玉喜愛品茶，雍正便挑選各地進貢的茶葉，每個月賞賜張廷玉數次，有時還配上精緻的茶具。雍正五年（一七二七年），張廷玉患病，雍正對近侍說，「朕近日股肱疼痛」，近侍們紛紛問安。雍正笑著說：「張廷玉生病，難道不是朕的股肱不適嗎？」雍正八年至九年（一七三〇年至一七三七年），雍正身體欠佳，凡有密旨要宣，都要托付給張廷玉，並說：「當時在朝臣中，朕只信任這一人。」後來，張廷玉要返鄉祭父，臨行前，雍正送他一柄玉如意，並賞賜書籍物品若干。張廷玉回京時，雍正特命內大臣前去迎接，並備好酒宴。雍正臨終前，仍不忘安頓張廷玉的後事，給予其配享太廟的至高待遇。這在漢臣中是絕無僅有的榮耀，雍正對張廷玉的恩寵可見一斑。

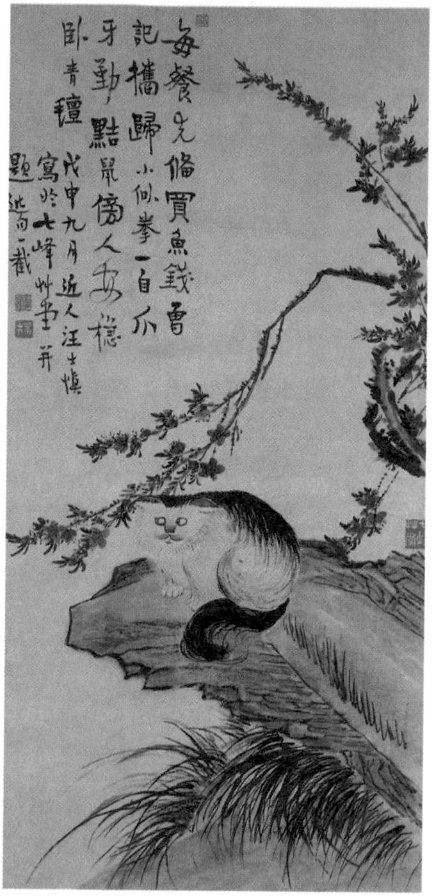

忠君剛正的鄂爾泰

鄂爾泰，字毅安，西林覺羅氏，滿洲鑲藍旗人。他生於康熙十九年（一六八〇年），祖父官至戶部郎中，父親爲國子監祭酒，可以說出身平平。鄂爾泰六歲入學，八歲開始習練書法和作文，十七歲中秀才，二十歲中舉人。此後，鄂爾泰步入仕途，在康熙年間接連做了侍衛、內務府員外郎等小官。康熙六十年（一七二一年），四十二歲的鄂爾泰想到仕途不利，心情煩悶，寫作了「攬鏡人將老，開門草未生」、「看來四十猶如此，便到百年已可知」等詩句。

雍正元年（一七二三年），鄂爾泰突然轉運，被越級升爲江蘇布政使，一舉成爲地方大員。兩年後，又被升爲廣西巡撫，後改任雲南巡撫，代理總督事宜。如此快速的晉升，連鄂爾泰自己也始料未及。雍正爲何對鄂爾泰格外重視呢？

據清代筆記《嘯亭雜錄》記載，康熙年間，鄂爾泰任內務府員外郎時，曾偶然與尚爲親王的雍正打過交道。當時，雍正命令鄂爾泰幫忙辦事，鄂爾泰嚴詞拒絕道：「皇子應當修身治德，韜光養晦，不宜與外臣結交。」雍正雖然碰了壁，卻未生氣，反而對鄂爾泰稱譽道：「你敢以郎官卑微的身分來拒絕皇子，可見執法有多麼堅定。」另據袁枚的《小倉山房文集》所說，曾有一個暴戾的親王，強迫鄂爾泰幫他做事，鄂爾泰不答應，這個親王就對鄂爾泰施以杖責刑罰。鄂爾泰仍不屈服，大喊「士可殺，不可辱」，還要求親王向他賠罪。這種忠勇正直的風格得到雍正的賞識，成爲鄂爾泰頗受重用的主因。

鄂爾泰升官後，認眞做事。他最大的功績當然是改土歸流，廢止土司

汪士慎・貓石桃花圖

清代畫家汪士慎繪。《貓石桃花圖》畫一隻狸貓蜷尾蹲踞在湖石上，軀體肥胖，雙目炯炯有神。背後以一枝桃花作背景，左上自題詩一首：「每餐先備買魚錢，曾記攜歸小似拳。一自爪牙勤黠鼠，旁人安穩臥青氈。」

制度，發展了西南地區少數民族的經濟與文化。鄂爾泰在任雲貴總督和廣西巡撫期間，改革行政制度，廢除陳規陋習，修建道路，興辦學校，使西南地區的百姓得到了不少實惠，他也因此建立很高的威望。此外，他還懂得用人之道，知人善任，並經常與雍正探討選賢任能的思想。

君臣情同知己

雍正十年（一七三二年），鄂爾泰因政績卓著被召回京城，出任內閣首輔、保和殿大學士。自此，他取代張廷玉，成爲雍正身邊的寵臣。

鄂爾泰畫像

雍正對鄂爾泰不僅寵信，而且懷有親人般的情感，君臣關係發展到如同知己一般。雍正五十大壽時，鄂爾泰在雲南任職未能趕到宴請現場。雍正感到有些失落，便命人將果餅四盤專程送往雲南，並帶話說：「朕把親自品嚐的食物送給愛卿，這就如同君臣二人面對面一起進餐一樣。」雍正在給鄂爾泰及其他朝臣的奏摺中，毫不吝惜讚美關切之詞，如稱讚鄂爾泰爲「第一好大臣」、「目今第一良臣」、「可以爲師範」等，並眞心地祈禱鄂爾泰「多福多壽多男子，平安如意」。雍正每個月都有對鄂爾泰的賞賜，他不僅對鄂爾泰賞賜財物，加官晉爵，還特別賜鄂爾泰「福」字，追封其三代。平日裡，雍正常與鄂爾泰討論朝政，一次，雍正在給鄂爾泰的奏摺批復上寫道：「朕含著眼淚看你的奏摺，愛卿眞是朕的知己啊！」

對於雍正的恩寵，鄂爾泰亦是感激涕零。他曾在奏摺中寫道：「自與皇上相逢，雖義理上是君臣，但恩情上實如父子一般。微臣不禁淚流滿面，彷彿兒女的形態一般。」又在另一份奏摺上寫道：「皇上疼愛微臣，如同臣的慈父；勉勵微臣，又如同臣的嚴師。」事實上，鄂爾泰與雍正的年齡相仿，君臣關係更像知己，但由於不敢造次，鄂爾泰只得拿父子、師生的情誼作比。

雍正駕崩之時，將鄂爾泰與張廷玉一併委任爲顧命大臣，並特別強調，「朕可以保證這二人始終不渝」，意思是希望繼任的乾隆善待兩位老臣。

張廷玉與鄂爾泰不和

張廷玉與鄂爾泰同樣身居高位，備受信任，難免有些爭寵之舉。尤其是鄂爾泰被召回京後，二人地位不相上下，性格差異又很大，於是愈發不和。張廷玉自恃資格老、功名高，對於鄂爾泰「平地起高樓」的升官方式很不以爲然；鄂爾泰脾氣倔強、性情傲慢、行事張揚，對張廷玉也有幾分不敬。

張廷玉與鄂爾泰共事十餘年，同室辦公，卻面和心不和。兩人常常一整天也不說一句話，鄂爾泰一旦有過失，張廷玉便橫加譏諷，令鄂爾泰無地自容。據記載，有一年夏天，鄂爾泰入朝辦公，一進門就摘下帽子，自言自語道：「天氣眞熱……，這帽子放在哪裡好呢？」張廷玉聽見後，故意奚落道：「我看，你還是乖乖地把帽子戴在自己頭上吧！」原來，清朝處置官員要先摘帽，張廷玉此言是暗示鄂爾泰不要「烏紗帽」了。鄂爾泰又氣又羞，竟爲這句話鬱悶了好幾天。

由於雍正朝嚴厲打擊朋黨，至雍正晚年，張廷玉與鄂爾泰的衝突雖然公開化，但僅局限在個人交

太廟正殿

太廟（即今天北京安門廣場東北側的勞動人民文化宮）是明、清兩代皇帝祭奠祖先的家廟，始建於明永樂十八年（一四二〇年）。太廟大殿兩側各有配殿十五間，東配殿供奉著歷代有功皇族神位，西配殿供奉異姓功臣神位。

往上，未發展成黨爭。不過，張、鄂兩大陣營已見雛形。儘管張、鄂本人沒有結黨的意圖，但兩黨還是不可避免地產生了。首先是因二人而發達的姻親各自聯盟，其次是二人的門生、門客互相對立，再次是朝中滿漢大臣分庭抗禮，漢臣多依附張廷玉，滿臣則多依附鄂爾泰。

晚年黨爭遭打擊

雍正十三年（一七三五年），貴州改土歸流遭遇叛亂，鄂爾泰因處理不當，被削伯爵。這件事觸發了黨爭，張廷玉一黨的張照企圖陷害鄂爾泰，結果因雍正駕崩而中斷。

到了乾隆初年，兩黨繼續爭鬥。在平定苗疆一事上，張照因爲假傳聖旨激怒了乾隆，遭到重罰。鄂爾泰一黨趁機落井下石，欲置張照於死地。乾隆察覺到黨爭的態勢，堅持「既不使一成一敗，亦不使兩敗俱傷」的平衡策略，寬赦了張照。

乾隆六年（一七四一年），鄂爾泰的門生、左副都御使仲永檀揭發張廷玉黨羽收受賄賂，又暗指密奏被洩露一事是張廷玉授意所爲，引起乾隆大怒。乾隆下令將仲永檀囚禁致死，又嚴厲警告鄂爾泰。

此後，乾隆不斷打壓鄂爾泰，數次「嚴行申飭」。儘管懾於雍正的遺命，乾隆未採取實際的行動，但鄂爾泰的聲譽畢竟有損。乾隆十年（一七四五年），六十六歲的鄂爾泰病逝，配享太廟，謚「文端」。

鄂爾泰死後，乾隆任用年輕的訥親爲軍機大臣，位列張廷玉之前。張廷玉成爲新的打壓目標，不得不更加謹言愼行，唯唯諾諾。他刻意疏遠朋黨，不介入人事糾紛，甚至不輕易幫別人說話，連乾隆都覺得張廷玉謙卑過度，竟至於「儒者」。十年後，八十三歲的張廷玉安然辭世，得善終，也配享太廟，謚號「文和」。

張廷玉配享太廟之謎

張廷玉是清朝唯一一位獲得配享太廟殊榮的漢臣。依據雍正的遺詔，張廷玉死後，其神位可以安放在清朝皇帝的祖廟—太廟的前殿西廡，接受後世皇帝每年一次的祭拜。此外，張廷玉的曾祖、祖父還被追贈爲太子太保，其母親吳氏也被追封爲一品太夫人。

縱觀張廷玉一生的政績，沒有驚天動地的創舉，他憑藉什麼功績得以配享太廟呢？後世學者大多認爲，張廷玉在編纂《清聖祖實錄》時，銷毀了大量不利於雍正的史料，尤其是關於康熙遺詔與雍正即位的眞實情況。因此，他得到雍正的絕對信任。同時，張廷玉在編修《明史》時，也加入了很多美化雍正的內容。此外，張廷玉身爲三朝元老，畢生兢兢業業，謹言愼行，這在清朝也是不多見的。

編纂《明史》

在編修著述方面，雍正在位期間，最大的編書功績是編纂了卷帙浩繁的《明史》。《明史》的編修歷時近一個世紀，是歷史上費時最久的一部官修史書。正因如此，《明史》以體例嚴謹、史料完善備受推崇，為「二十四史」的華麗收尾。

歷時近百年的編修路

順治二年（一六四五年），剛剛入主中原的清廷下令開始編修《明史》，以此宣告舊王朝的結束與新王朝的開始。大學士馮銓、李建泰、范文程、剛林、祁充格等人擔任總裁，另設收掌管七名、滿文謄錄十名、漢文謄錄三十六名，是《明史》的第一批編修人員。

然而，《明史》初期的編修工作很不順利。由於當時清廷對流寇、南明朝廷的戰事未休，政局不夠穩定，加上人力、物力不足，編修《明史》幾乎沒有太多進展。據記載，順治年間的明史館結構鬆散，官員大多爲七品官，俸祿不高，經常出現缺席的情況。編修人員也經常因其他事務而中斷編書，對此，清廷予以放任。因此，《明史》的編修工作時斷時續，只編纂了二十餘年歷史，還只是類編實錄，未能博采加工。

康熙初年，政爭不斷，《明史》的編修也一度擱置。直到康熙十八年（一六七九年），康熙透過「博學鴻詞」科選拔了一批人才，才正式開始進行有系統的編修工作。著名史學家萬斯同、王鴻緒，文學家朱彝尊、尤侗、毛奇齡等人匯聚明史館，黃宗羲、顧炎武等學者也提供了上千卷的明朝史料，一時間人才濟濟。其中，萬斯同奠定《明史》編修工作的基礎，他先後編寫並審訂了兩部《明史稿》，各有三百卷和四百餘卷。後來，王鴻緒又進行改編，成了《明史》的初稿，於雍正元年（一七二三年）進獻給雍正。

在雍正的主導下，開始了《明史》的第三次編修。隆科多、王頊齡爲監修，徐元夢、張廷玉、朱軾人出等任總裁，期間完成了明十二朝的本紀、永樂至正德九朝的列傳等。至雍正末年，《明史》已經大致完成。乾隆四年（一七三九年），張廷玉奉命最後修訂《明史》，終於定稿、翻刻、刊行。

《明史》的編修歷經順治朝的準備、康熙朝的奠基、雍正朝的成稿以及乾隆初年的最後完成等階段，共歷時九十五年，是歷代官方編纂史書中耗時最長的。這固然有政治穩定的原因，但更重要的是《明史》編修工作的認眞嚴謹所致。

二十四史的華麗收尾

《明史》是一部紀傳體史書，共三百三十二卷，包括本紀二十四卷、列傳二百二十卷、志七十五卷、表十三卷等，其卷數在二十四史中僅次於《宋史》，可謂卷帙浩繁。《明史》記載了自明太祖洪武元年（一三六八年）到明思宗崇禎十七年（一六四四年）共二百七十七年的明朝歷史，史料豐富，體例嚴謹。

《明史》編修的時間之久、用力之勤堪稱二十四史之最，它也因此具備了歷代史書無法比擬的一些優點。

首先，《明史》的史料豐富，尤其是第一手史料很多，收錄了邸報、地方志、文集、私家著述等大量生動的資料，僅地方志就有三千餘冊。

其次，《明史》的體例、敘述嚴謹周密、文字清晰，與其他史書相比，謬誤大大減少。萬斯同在編修《明史》時即說：「自唐代以後，史書中錯謬百出。修史者又往往以個人好惡隨意褒貶，致使同一件事由不同的人傳說竟大相逕庭。」於是，他對《明史》的編修態度異常嚴謹。編修人員將每篇初稿寫完後送給萬斯同審閱，萬斯同每看完一篇，就告訴編修人員取來某本書某卷某頁，補充或核實某件事，從沒有出過謬誤。同時，《明史》對一些敏感史實也能如實記錄，如清太宗皇太極設反間計誣害袁崇煥一事，以及明末「遼東三傑」之一熊廷弼的功過問題，都做到不失公允。

此外，《明史》還開創了一些新的體例，如列傳中加設了「閹黨」、「流賊」等條目，專門記載了明朝宦官專政禍國的罪行，以及明末流寇李自成、張獻忠等人的事蹟。儘管其間透露出一些仇視情緒，但終究爲後世保存了可靠的史料。

後世史學家大多對《明史》給予很高的讚譽，如「體例極精」、「未有如《明史》之完善者」等。作爲二十四史的最後一部，《明史》不愧爲華麗的收尾與謝幕。

寫盡衆生百態的《儒林外史》

在族人眼中，他是揮金如土的敗家子；在考官眼中，他是怪僻不才的落榜者；在朋友眼中，他是窮困潦倒的可憐人；而在文學史上，他是刻畫科場百態的諷刺大師。生活的起伏與科舉的坎坷，鑄就了吳敬梓憤世嫉俗、厭惡科舉的性情，也成就了古典長篇鉅著、中國諷刺小說的里程碑——《儒林外史》。

家道敗落的吳敬梓

康熙四十年（一七〇一年），吳敬梓出生在安徽全椒的一個科第官宦世家。他的曾祖父吳國對是順治年間的探花，祖父吳旦做過州同知，族祖父吳晟是康熙十五年（一六七六年）進士，吳昺是康熙三十年（一六九一年）的榜眼，於是有「五十年中，家門鼎盛」、「國初以來重科第，鼎盛最數全椒吳」的景況。不過到了吳敬梓的父輩，家道開始衰落，其父吳霖起只是個拔貢（地方保送國子監的貢生中的一種），官至教諭（縣學的教授）。

吳敬梓，字敏軒，號粒民，移居南京後，自號秦淮寓客。他自幼聰穎異常，善於記誦，吟詩作賦，「援筆立成」。在家學淵源的薰陶下，吳敬梓在文學創作方面很有才氣，被公認爲是文采斐然的才子。

十三歲時，吳敬梓的母親過世。一年後，他跟隨父親到各處做官，遊覽了江南各地的山水風光，還多次參加當地名士的聚會。同時，也接觸了官場上的一些內幕，目睹不少高官權貴腐敗齷齪的生活。吳敬梓的父親吳霖起堅守節操，不趨炎附勢，遭到一些官員的排擠。康熙六十一年（一七二二年），吳霖起無奈地辭官回鄉，身患重病。這段經歷使吳敬梓開始厭惡官場權貴。

二十三歲時，吳敬梓面臨人生中的第一個變故。他的父親病逝，叔父及族人爭相瓜分家產，吳敬梓勢單力薄，最終只分到了微薄的家產。在這場爭奪中，吳敬梓看清了長輩們滿口仁義道德，實則貪戀錢財的嘴臉。而那些原來與吳家交好的親朋，也逐漸疏遠，吳敬梓更覺得世態炎涼。

在父親吳霖起的影響下，吳敬梓生性豁達、胸襟開闊、爲人豪放，又因家底殷實，難免有些揮霍的習氣。

父親死後，吳敬梓一個人不善經營，終日與文人雅士飲酒作樂，又喜濟貧扶困，沒幾年，就將家產揮霍一空。族人們看到吳敬梓的境況，紛紛指責他爲敗家子；鄉里百姓也口耳相傳，告誡自己的子女以吳敬梓爲戒。吳敬梓不願再承受鄉親們的指責，索性將老家的房屋、田地賣掉，移居到江蘇南京。

諷刺大師的成長

以移居南京爲界，吳敬梓的人生分爲兩個不同的階段。在經歷了前一階段的揮霍生活後，吳敬梓失去了所有的財產，貧困激發了他在文學創作上的靈感，世故人情的經歷也讓他愈發叛逆。

在南京，吳敬梓進一步洞察了世俗的卑污與人性的醜陋。他看到了官吏的徇私舞弊、士子的追逐名利、文人的附庸風雅、豪紳的專橫欺霸，以及大眾的隨波逐流，這些不僅讓他憤世嫉俗，也讓他陷入反思。這一時期，吳敬梓寫了一大批文章針砭時弊，逐漸在江南享有文名。

吳敬梓對待科舉的態度也經歷了一個轉變的過程。幼年時，受到家族傳統的影響，吳敬梓曾經熱衷八股文寫作，並期待有一天能在科場上嶄露頭角。二十三歲時，他從外地匆匆趕回鄉里參加秀才考試，心情浮躁，草草寫作一文，竟然拔得頭籌。後來，吳敬梓參加舉人考試，文思泉湧，一揮而就，自覺文筆優美、有理有據，結果卻名落孫山。從此，吳敬梓對科舉取士產生懷疑，發出「如何父師訓，專儲制舉才」的慨歎。

吳敬梓塑像

雍正七年（一七二九年），屢試不第的吳敬梓又去應考，被考官評爲「文章大好人大怪」，差點因此而落榜。幸虧一位姓李的學政賞識他，才破格通過。接著，吳敬梓參加鄉試，又未能中舉。連年的失利使他對科舉漸漸心灰意冷。

幾年後，清廷開「博學鴻詞」科，吳敬梓被安徽巡撫趙國麟推薦應考，卻稱病不出。乾隆年間，乾隆南巡，文人士子都爭相去迎拜，吳敬梓卻蹺著腳躺在床上，擺出一副不屑的樣子。此時的他已經徹底摒棄了科舉。

科舉不利的吳敬梓生活更加窮困，只能靠賣文和朋友接濟艱難度

「博學鴻詞」科

「博學鴻詞」科是清朝在科舉制度以外，爲了籠絡漢族知識份子而開設的一種考試科目。此科對應考者的科名、資格沒有限制，無論是否爲秀才、舉人，無論是否有一官半職，只要經地方督撫推薦，都可以到北京來參加考試。

「博學鴻詞」科考試的主要內容是詩、賦、論、經、史、制、策等，相比於八股取士，涉及範圍更廣。凡考中的士子就可以任官，因此，當時的讀書人都趨之若鶩，應考者頗多。

康熙十七年（一六七八年），「博學鴻詞」科首次舉行，共推薦一百四十三人應考，考中十五人。雍正末年，「博學鴻詞」科再次舉行，然而未及考試，雍正就駕崩了。這批應考者在乾隆元年（一七三六年）參加考試，一百七十六人中考取十五人。吳敬梓被推薦應考，就是在這一次。

日，常常陷入身無分文、衣食無著的窘境。冬天，他沒有禦寒的衣物，就邀請友人繞著城郊步行幾十里，美其名曰「暖足」。吳敬梓的安貧樂道可見一斑。

在對世俗、人性、科舉等的批判中，吳敬梓逐漸形成了一種諷喻世事的人生態度。

爲科場衆生畫像

吳敬梓坎坷波折的人生經歷和他對世事人情的複雜感悟，成爲他寫作的豐富素材。三十多歲起，吳敬梓開始創作長篇諷刺小說《儒林外史》。歷經十幾年的嘔心瀝血，大約在吳敬梓年近半百的時候，《儒林外史》終於完成。

爲了躲避清朝文字獄的迫害，《儒林外史》假借明朝中期的時代背景，塑造了眾多個性鮮明的文人士子形象。他們大多是八股取士制度下被扭曲的病態形象，反映了科舉制度的腐朽黑暗，諷刺和抨擊了功名至上的思想。

《儒林外史》塑造了一大批鮮活的人物形象，可以說是爲科場眾生畫了一幅群像。例如，其中有人叫周進，一生篤信科舉，但到了六十歲還是童生，只能靠開學館維持生計。由於沒有功名，周進受盡侮辱，年輕的秀才、中舉的老爺都可以隨意嘲弄他，使他羞愧至極。然而一個偶然的機會，周進時來運轉，接連中秀才、舉人、進士，做了大官，從前奚落他的人立刻就變得恭恭敬敬，還爲他供奉「長生祿位」。還有馬二先生，樂善好施，品行正派，卻被八股制深深毒害。他屢試不第，但始終熱心八股，不僅自己熱衷，還向別人宣傳推銷。他的頭腦完全被八股文那套理論所佔領，以至於他的生活毫無情趣，當他面對西湖美景的時候，除了八股套話以外，已經想不起別的詞語。另一個可悲可歎的人物是王玉輝，他淡泊名利，甘守清貧，做了三十年秀才，始終沒有逃開禮教的束縛。他生平的志向就是維護禮教，爲此他甚至不惜讓自己的女兒爲夫殉葬。

這些人物在今天看來也許荒唐可笑，然而細想，他們的本性都是善良眞誠的，之所以變成畸形、變態的樣子，都是因爲科舉取士和傳統禮教的迫害。《儒林外史》透過塑造這些人物形象，達到了最深刻的諷刺效果。

諷世之書

《儒林外史》共五十六回（一說最後一回爲後人僞作），約四十萬字，描繪了近二百個人物。其中，絕大多數筆墨用以描寫科舉制度毒害下的眾生。不過除此之外，書中也描寫了張靜齋等隨波逐流的無聊文士，嚴貢生等行徑卑劣的豪紳，王太守、湯知縣等貪污暴虐的官僚等。更有杜少卿、虞育德、莊紹光等眞儒、賢人、奇人，他們修身立道，淡定清雅，代表了吳敬梓心中理想的文人形象。這些人物豐富了小說的內容，使之不局限於抨擊科舉的題意，而擴展到對專制制度、民族文化、人性解放等問題的深層探索。因此，《儒林外史》雖然爲眾生畫像，但又絕不僅僅是「眾生群丑相」，而是一部內涵更廣、寓意更深的著作。

《儒林外史》被譽爲中國諷刺小說的里程碑，吳敬梓也因此被譽爲與法國的巴爾札克（Honoré de Balzac，一七九九年至一八五〇年）、西班牙的塞萬提斯（Miguel de Cervantes Saavedra，一五四七年至一六一六年）、俄國的果戈理（Nikolai Vasilievich Gogol，一八〇九年至一八五二年）相提並論的諷刺大師。近代文學家魯迅先生亦盛讚《儒林外史》爲「公心諷世之書」，「可以謂之絕響」。

袁江・海屋沾籌圖

袁江，順治十八年至雍正三年（一六六二年至一七三五年），是康乾時期著名的畫家，擅長山水樓閣界畫。

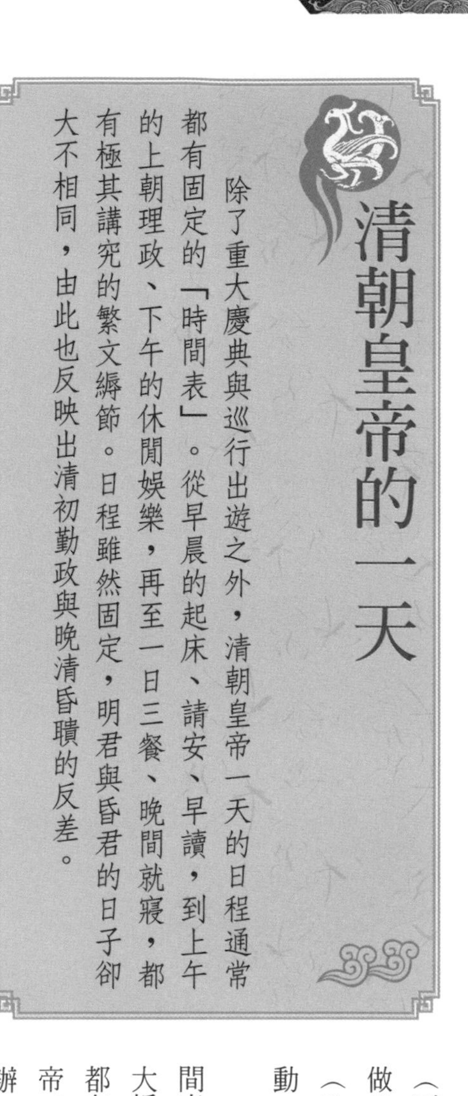

清朝皇帝的一天

除了重大慶典與巡行出遊之外，清朝皇帝一天的日程通常都有固定的「時間表」。從早晨的起床、請安、早讀，到上午的上朝理政、下午的休閒娛樂，再至一日三餐、晚間就寢，都有極其講究的繁文縟節。日程雖然固定，明君與昏君的日子卻大不相同，由此也反映出清初勤政與晚清昏聵的反差。

一日行程「時間表」

清朝皇帝的起居一直是民間津津樂道的話題。與治國安邦、裁處軍務等大事相比，人們似乎對皇帝的吃飯、穿衣、娛樂，甚至睡覺等私人生活更爲好奇。那麼，清朝皇帝的一天究竟是怎樣度過的呢？

根據清朝宮廷檔案的記載，皇帝每天的行程通常很有規律，可以用一張「時間表」加以概括：卯時（清晨五點至七點），皇帝起床、請安、早讀；辰時到巳時二刻（早上七點至九點半），用早膳；巳時二刻至八刻（上午九點半至十一點），上朝辦公，處理政務；午時至未時六刻（上午十一點至下午二點半），用午膳，進行午休；未時六刻至申時（下午二點半至五點），安排休閒娛樂活動，或看書學習、寫字作畫；酉時、戌時（下午五點至晚上九點），用晚膳，做佛事，或批改奏章；亥時及以後（晚上九點以後），結束一天的活動，回宮就寢。

不過，遇到特殊日子，這份「時間表」便不再適用。比如，萬壽節、大婚、喪葬等國朝大典，皇帝的行程都有特殊安排。康熙、乾隆皆爲長壽帝王，晚年逢十的大壽都要隆重操辦，每年的生日（稱爲「萬壽節」）也會舉行慶宴。另外，皇帝出巡的日子，行程安排也是視情況而定的。清朝皇帝的自由空間比歷代要大得多，康熙、乾隆都曾六次南巡，巡行狩獵等活動更是幾乎年年都有。

起床、請安與早讀

起床更衣是清朝皇帝一天生活的第一步。這個步驟說起來稀鬆平常，實際上也大有學問。

清朝皇帝的服飾有嚴格的制度規

範，不同的季節、場合需要穿相應的衣服，比如冬季穿皮、棉衣，夏季穿單、紗衣，春秋穿裌衣；上朝和大典時穿朝服和袞服，稱爲禮服，逢年過節時穿龍袍，稱爲吉服，平日生活中穿便服，行軍打獵時穿行服等等。衣服還要與帽子、鞋子一體搭配。這些服飾的質地、花樣、顏色等規格，都有詳細的規定。由於皇帝的衣著規矩繁瑣，宮中專門設有存放皇帝衣服的場所——四執庫，並有專門的太監班子負責爲皇帝穿衣佩飾。

龍袍

清代皇帝龍袍以明黃色為主，圓領，右大襟，馬蹄袖，有扣絆。穿龍袍時，必須戴吉服冠，束吉服帶及掛朝珠。龍袍的做工有刺繡和緙絲之分。其中緙絲工藝相對複雜，工藝上稱為「連經斷緯」，因這種工藝耗時過長，所以多用在龍袍上。

穿戴整齊後，皇帝就要去請安。請安的對象通常是皇帝的祖母（太皇太后）、母親（皇太后），以及太妃、太嬪等。太皇太后、皇太后一般住在慈寧宮或寧壽宮，太妃、太嬪等住在壽康宮、壽安宮等地。每天清晨，皇帝乘坐轎子出「吉祥門」，經過西二長街，再出「啓祥門」，到各宮一一向長輩后妃請安。乾隆當太上皇時，嘉慶每天還要到養心殿去給父皇請安。

請安結束後，皇帝就要到書房去早讀。康、雍、乾等三位皇帝都很勤學，用「一天之計在於晨」的最好時光來苦讀聖賢書，無論寒暑，從不間斷。讀書的內容主要是儒家經典和前朝歷代皇帝的《聖訓》、《實錄》。不過自嘉慶以後，皇帝早讀的勤勉之風就大減了。

極其講究的「用膳」

皇帝的一日三餐極其講究。皇帝進餐稱爲「用膳」、「傳膳」或「進膳」，日常進餐都由宮中的御膳房負責。御膳房包括各級官員、廚師、雜工三百七十餘人，御茶房、清茶房另設一百二十餘人，還有聽差太監一百五十餘人。

依照滿族傳統的飲食習慣，清朝皇帝對早膳、午膳（清宮將「午餐」稱爲「晚膳」）格外重視，認爲這是一天中的兩頓正餐。而通常意義上的晚餐（清宮稱之爲「晚點」或「酒

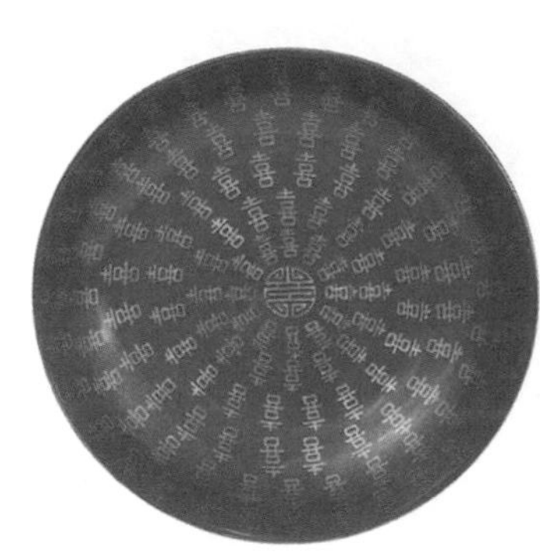

紅釉描金喜字盤

此盤施低溫礬紅釉，盤心飾描金喜字共六圈一百三十二字，是同治七年（一八六八年）皇帝大婚時所燒製。

膳」），往往以甜點小吃代替。兩頓正餐之後，都要各加一次小吃。除此之外，皇帝隨時想要吃東西，可再臨時傳喚。

清宮的膳食制度規定繁多。皇帝每頓正餐的標準一般是八道主菜、四道小菜，外加粥、湯或者火鍋等；每道菜的配料都有嚴格規定，不得私自更改；做菜時，內務府大臣還要在旁邊監督；每個月的食譜都由內務府大臣劃定，集爲一冊留存。

皇帝用膳的地方在寢宮或辦公場所。到了用膳時間，皇帝命御前侍衛傳膳，御膳房的大小官員便命太監們捧著紅色漆盒，將各色菜餚迅速端來。皇帝坐好後，先由太監們用「試毒牌」檢驗飯菜是否有毒，再由太監們親自嘗嘗，確定安全後，皇帝方可進餐。

除了日常膳食外，皇帝還要舉辦各種宴會，如與家人共進的內廷宴、招待朝臣和外賓的外朝宴等。這些由光祿寺、禮部、御膳房共同操辦。

上朝理政

用過早膳後，皇帝就要開始每天的正式工作——上朝理政。皇帝辦理公務通常有兩種方式，一種是召見朝臣，一種是御門聽政。

召見朝臣就是皇帝針對特定的事務，召見大臣議事。一般而言，皇帝在用早膳時，就會收到請求覲見的王公大臣遞上來的牌子（稱爲「膳牌」），皇帝看後決定召見何人。另外，皇帝也可自行傳喚大臣。在雍正朝設立軍機處以後，皇帝召見朝臣的方式就更爲常見。

御門聽政即是人們所熟知的「上朝」，時間多在黎明，由文武百官商討軍國大事的決策，皇帝聽政並進行裁奪。清初，皇帝只需要「逢五視朝」，而到了順治、康熙年間，皇帝幾乎天天上朝，以處理繁忙的政務。康熙朝的諸多重大決策，如撤三藩、討伐吳三桂、攻臺灣、平定噶爾丹叛亂等，都是在御門聽政時決定的。軍機處設立後，皇帝的權力更大，大臣議政、皇帝聽政的方式逐漸被召見朝臣的方式所取代。

皇帝與朝臣議事後，如有決策，便下發諭旨。上朝理政結束後，皇帝還要審閱和批改大臣的奏章。康、雍、乾三位皇帝勤於政務，批改奏章不遺餘力，常常要到深夜。

娛樂與就寢

每天下午是清朝皇帝休閒娛樂的時間。皇帝通常安排與妃嬪看戲、聽音樂、逛御花園，或吟詩作畫、看書學習等活動。

康熙勤奮好學，在辦公之餘掌握時間學習文理百科，習練弓箭騎射。雍正勤政刻苦，除了讀書之外，還要批改大量的奏章，因此常年娛樂活動極少。乾隆酷愛文學藝術，因而常常用下午的時間來寫字繪畫、下棋彈琴、鑒賞文物。

清朝皇帝的娛樂活動也很多，如康熙精通樂律，喜歡中西音樂；雍正篤信佛教、道教，喜愛養狗和賞玩西洋物品；乾隆的愛好更爲廣泛，琴棋書畫、花鳥魚蟲無不涉及。而泛舟釣魚、賞花觀景、歡宴暢飲，更是清朝皇帝常有的消遣。自乾隆開始，清朝皇帝、后妃還普遍喜愛看戲，宮廷裡時常有戲班演出，至京劇流行後就更加興盛。

用過晚點後，清朝皇帝通常要舉行祭祀法事活動。清朝皇帝崇奉的宗教是滿族原始宗教薩滿教，同時也供奉佛教、道教等。

結束了一天的活動，皇帝就要回寢宮就寢了。皇帝的就寢似乎是很神祕的生活，但事實上遠沒有民間戲說的那般神奇。清朝皇帝除了大婚後三天與皇后在坤寧宮同住外，平時都居住在寢宮，一般不允許在妃嬪宮中過夜。順治、康熙住在乾清宮，此後的皇帝都住在養心殿。皇帝需要哪位嬪妃前來侍寢，就翻哪位嬪妃的「綠頭牌」，是爲「召幸」。被召幸的嬪妃到皇帝寢宮去侍寢，然後再到附近的臨時住處歇息。

郎世寧・弘曆雪景行樂圖

此圖描繪了乾隆和子女一起共慶新春佳節的情景。

自詡文武的乾隆

乾隆自幼深得祖父康熙、父親雍正的寵愛，很早就被確立為皇位繼承人。他聰穎機敏、文武雙全、性格豁達、愛好廣泛，具有深厚的文學藝術修養和高超的騎射本領。可惜他過於自詡，好大喜功，終究對其執政有所影響。

自幼受寵承大位

乾隆愛新覺羅．弘曆，是雍正的第四子（原本排行第五，二子早夭），生於康熙五十年（一七一一年）八月十三日。

弘曆剛出生時並不受重視。當時康熙的皇孫太多，又不住在一起，弘曆直到十二歲之前，都沒有機會單獨拜見自己的祖父。況且弘曆的父親胤禛只是個剛剛冊封的親王，母親鈕祜祿氏出身也不高，故弘曆在諸皇孫中似乎並無出奇之處。不過，幼年的弘曆很快就顯露出過人的才能。

弘曆天資聰慧、機敏伶俐，讀書能過目成誦。康熙六十一年（一七二二年）春天，弘曆在其父胤禛的帶領下，在圓明園第一次近距離見到康熙。康熙對弘曆「見即驚愛」，立刻命人帶弘曆回宮，親自撫養教育。此後，在康熙生命的最後八個月中，一直令弘曆陪伴身側，還親自爲他教書授課。一次，康熙偶然提到宋代學者周敦頤的《愛蓮說》，弘曆馬上背誦如流，解釋清晰，令康熙非常讚賞。後來，康熙帶弘曆去南苑狩獵，弘曆常能射中野獸，隨侍們無不稱奇。康熙晚年爲「九王奪嫡」心緒不寧，常慨歎自己的皇子無一稱心，唯獨對皇孫弘曆讚賞有加。因此，康熙常常稱弘曆的生母是「有福之人」，對弘曆的養母說：「（弘曆）是命貴重，福將過予。」他還在朝臣面前稱讚弘曆「有英雄氣象」，幾乎等於公開宣布將來要讓弘曆繼承大統。

弘曆的受寵是雍正得以即位的重要原因。因此，雍正也對弘曆非常喜愛，登基不久就以祕密建儲的方式將弘曆立爲皇太子。雍正還專門請朱軾、徐元夢、張廷玉等著名文臣爲弘曆侍講，又派允祿、允禧等重臣教弘曆騎射和使火器用。短短幾年間，弘歷就累積了豐厚的儒家文化知識，精通滿漢文學，兼習文武。雍正十一年（一七三三年），弘曆被封爲寶親王，預示將來執掌寶位。此後，他奉命參與平定準噶爾叛亂、平定貴州苗族叛亂等軍國大事。

雍正十三年（一七三五年），雍正駕崩，弘曆依據密詔順利即位，改元「乾隆」。

多才多藝的乾隆

乾隆酷愛文學藝術，吟詩作賦、琴棋書畫、茶藝戲曲、文物古董，無一不通。他在詩詞、書畫方面尤爲擅長，其文藝才能可以說遠遠勝過歷代許多帝王。

藍釉描金粉彩開光轉心瓶

轉心瓶是乾隆官窯創製的特有瓶式，工藝極為複雜，在鏤空的瓶內套裝一個可以轉動的內瓶。此瓶底施湖綠釉，書青花「大清乾隆年制」六字篆書款。

乾隆最有成就的作品是詩歌。他自幼熟讀古詩，喜愛吟詩，二十歲時就將自己所作的詩文彙編成冊，刊印出版。此後，他接連刊印了至少五本詩集，每本詩集包括數十卷至百餘卷。乾隆一生共留下詩文四萬餘首，內容涉及軍事活動、巡遊玩樂、工程建築、懷古念舊等。儘管其中不乏隨意之作，但這仍是個驚人的數字。南宋著名的多產詩人陸游畢生作品總共九千三百首，還不及乾隆詩作的四分之一。乾隆平生的八十九年間，平均每天至少賦詩一首，常常與群臣聯詩應對，探討詩文。

乾隆作詩思路敏捷，下筆成章，注重格律工整、引用典故。有一次，乾隆寫了一首《塞中雨獵》，詩中用了一個「制」字，群臣遍查典籍也無法註釋這個字的意思。乾隆笑著說：「《左傳》中有『衣制杖戈』的典故，『制』就是雨衣的意思啊。看來你們這些鴻儒，還沒有將《左傳》讀通！」乾隆喜歡在詩中用一些冷僻的典故，可見他對漢文化的造詣很深，當然，也不免有賣弄之嫌。

乾隆還喜歡書法和繪畫，留下不少傳世作品。他的書法技藝不俗，小楷清逸俊秀，大字疏朗平和、圓潤流暢。直至今日，中國很多名勝古跡還留有乾隆題寫的碑刻。在繪畫方面，乾隆擅長山水畫，常以名山大川爲題材，或淡雅素淨，或富貴穠麗，展現出一種江山如畫的氣象。

乾隆還是一位文物收藏和鑒定專家。他喜愛收藏書畫碑帖、文房四

乾隆最愛的孝賢皇后

孝賢皇后是乾隆的第一任皇后，姓富察氏，是察哈爾總管李榮保之女。她比乾隆小一歲，性情溫婉賢惠，作風簡樸，深受乾隆的喜愛。

雍正八年（一七三〇年），作爲福晉的富察氏爲乾隆生下了皇二子永璉。乾隆對其非常寵愛，剛一即位就依照祕密建儲的制度，立永璉爲皇位繼承人。然而不幸的是，永璉只活到九歲便夭折了。幾年後，孝賢皇后又生下了皇七子永琮。但不久，永琮又被天花奪去了生命。接連喪子的悲痛使孝賢皇后備受打擊，身體也日漸孱弱。乾隆十三年（一七四八年），年僅三十七歲的孝賢皇后過世。

乾隆對此極爲悲痛，親自料理喪事，並寫了一首《述悲賦》來祭奠自己與孝賢皇后二十餘年的夫妻情深。此後的幾十年間，乾隆時常追思孝賢皇后，寫了無數的詩詞來懷念她。有人說，乾隆一生風流，眞正深愛的唯有孝賢皇后一人。

寶、珍奇古玩等雅物，具有很好的審美能力。他長於鑒賞書畫，對作品的眞僞、好壞看得很準確。他在自己的陵寢中擺滿了各種收藏品，幾乎布置成一座古董博物館，由此可見他對收藏的癡迷。

酷愛巡獵遊歷

乾隆雖然喜歡文藝，但並未因此廢弛武功。他常常告誡自己的皇子們，滿族皇室絕不能文弱不振，一定要繼承先輩騎射習武的傳統，保持勇猛尚武的精神。

乾隆的騎射技術雖比不上祖父康熙，但遠勝於父親雍正。每年，乾隆都要去木蘭圍場等地狩獵。夏天時，乾隆多召見武官，與其比武騎射。到了秋天，乾隆就率皇子和侍衛們去圍場打獵，還常常與隨從比誰打的獵物多。一次，乾隆在木蘭圍場狩獵，親自騎著駿馬進入深山叢林，尋找鹿群。鹿群因受驚而走散，一時無法找到。乾隆心生一計，命侍衛舉著一個做好的鹿頭，模仿「呦呦」的鹿鳴聲，很快就引出了鹿群。乾隆迅速開弓，一箭將鹿射死，並豪爽地取鹿血一飲而盡。據記載，乾隆狩獵時經常射鹿，並飲用新鮮的鹿血，以達滋補益壽之效。

乾隆酷愛巡行遊歷，其足跡遍佈

乾隆射獵英姿

大半個中國：北至塞外、南至江浙、東至山東、西至五台山、西南至中州，遍覽北國風光、江南秀景、山嶽巍峨、古跡清幽。乾隆曾六次下江南，五次出巡五台山，三次登泰山，每次持續數月。他還愛吃各地的美食佳餚、瓜果特產。借巡遊之機，乾隆還不忘體察民情，瞭解各地吏治風俗，結交四海名士鄉紳。

效仿康熙的思想作風

在政治思想與生活作風方面，乾隆受祖父康熙的影響遠大於其父雍正。他自幼受到康熙垂青，也一直以「皇祖」康熙爲典範處處效仿。

康熙治政寬仁，乾隆也以寬爲念，努力矯正雍正一朝的嚴酷之政；康熙重視文化，乾隆也優待學者文人，大量編纂圖書典籍；康熙體念民生，乾隆也數次減免賦稅，發展農業，強調「藏富於民」。甚至在很多具體做法上，乾隆也與康熙非常相似。比如，同樣六次南巡，同樣興修水利、視察河工，同樣舉辦「博學鴻詞」科，同樣舉行「千叟宴」等等。

在執政作風上，乾隆繼承了康熙務實、不迷信的優點。他不像雍正那樣迷信鬼神和祥瑞之說，而是相信人爲，重視實證。於是，乾隆剛一即位，就將雍正請來的僧人和道士逐出宮去，並嚴禁朝臣再談祥瑞之說。由於乾隆多承襲康熙的思想，所以在實際做法上，似乎對其父雍正多有違背。但整體來說，康、雍、乾三朝的執政目標是一致的。

不過，在生活作風方面，乾隆卻背離了其祖父和父親儉樸、謙抑的傳統，而是趨於奢華，好大喜功。乾隆的出遊、宴請、園林等無不靡費巨資，導致其晚年國庫虧空、朝政腐敗。自大、奢侈，不僅是乾隆個人最大的缺點，也是引發他執政後期諸多問題的根源。最終，在他的揮霍下，康乾盛世的基業逐漸傾頹。

三希堂

三希堂，位於紫禁城養心殿的西暖閣，原名溫室，是乾隆的書房。

新疆的歸順

乾隆初年，新疆動亂再起，西北戰火重燃。原本就不安分的準噶爾舉兵謀反；天山南部的大、小和卓木趁火打劫，妄圖獨立。面對西北告急的局勢，乾隆果斷地派遣著名戰將兆惠屢次征伐，終於肅清這兩股叛亂勢力。為杜絕後患，乾隆還改革當地政治制度，使新疆地方歸順清廷。

準噶爾部蠢蠢欲動

康熙平定噶爾丹叛亂後，新疆維持了數十年的安定。但是準噶爾部的叛亂勢力並沒有完全清除。乾隆初年，準噶爾部又開始外通俄國、內聯西藏，蓄謀分裂活動。乾隆十四年（一七四九），噶爾丹策零死後，準噶爾部發生內訌。噶爾丹策零之子達瓦齊與策妄阿拉布坦的外孫阿睦爾撒納兵戎相見，結果阿睦爾撒納落敗。阿睦爾撒納無奈之下投奔清廷，請求清廷出兵幫助剿滅達瓦齊的勢力。乾隆認爲這是剷除準噶爾部勢力的好機會，便命將領兆惠出兵西北，一舉打敗了達瓦齊。於是，阿睦爾撒納奪得了準噶爾部的部分領導權。

然而，阿睦爾撒納並非眞心忠於清廷，他只是想借清兵的力量謀取自己的領導地位。乾隆也覺察到阿睦爾撒納的野心，多次提醒兆惠多加提防，並命兆惠駐軍在阿睦爾撒納的駐地。爲了穩定邊疆，制止叛亂，乾隆又借鑒西漢時期「眾建諸侯而少其力」的經驗，封阿睦爾撒納等四位準噶爾部貴族爲汗，令他們相互制衡。

對此，阿睦爾撒納當然很不滿意。他先是兼併各部，煽動叛亂，然後勾結俄國，請求外援。他祕密地派使者去聖彼得堡，乞求俄國立他爲汗，並出兵侵略中國的額爾齊斯河一帶。當時，俄國正忙於歐洲的戰爭，無暇東顧，只提供各種戰備物資。

清兵出師不利

乾隆二十年（一七五五年），阿睦爾撒納公開反叛，出兵攻打伊犁。當時，駐守的清兵只有五百名，雖奮力拚殺，但寡不敵眾，清兵將領自殺殉國，伊犁失陷。消息傳至北京，乾隆震怒，立即下令調集大軍，征伐叛軍，命策楞擔任大將，玉保、達爾黨阿爲參贊。

清兵向準噶爾部急速行進，途中，忽然遇到幾名叛軍前來獻降。叛軍稱，阿睦爾撒納已經被部下捉拿，不日就將其人頭奉上。清兵將領策楞、玉保信以爲眞，下令停止進軍。誰知過了好幾天，也不見叛軍的蹤影，策楞這才察覺到中了敵人的緩兵之計。策楞立即發兵追擊，可是阿睦爾撒納早已逃到哈薩克。

乾隆聞訊大怒，立即將策楞、玉保革職，任達爾黨阿爲大將，兆惠爲副將，全速追擊叛軍。然而，達爾黨阿也是一個畏首畏尾、優柔寡斷的將領。他與叛軍交鋒，初佔先機，卻大意疏忽，致使阿睦爾撒納喬裝打扮而逃。達爾黨阿率兵去追，途中又遇哈薩克使者。這名使者稱阿睦爾撒納已經被哈薩克擒住，但要等哈薩克汗到來後才能獻給清廷。達爾黨阿不顧清軍將士的請戰要求，下令原地等待，並派人前去聯絡哈薩克人。但幾次往返，毫無結果，原來這次又是阿睦爾撒納收買哈薩克人布的騙局。此時，阿睦爾撒納早已祕密逃回伊犁，殺害了被革職的策楞、玉保，攻擊清兵。

清兵將領的無能助長了叛軍的氣焰，原本歸附清廷的喀爾喀部、輝特部、厄魯特各部也心生蔑視，竟

萬樹園賜宴圖

郎世寧繪。此圖畫的是乾隆在熱河承德避暑山莊內接見來歸降的阿睦爾撒納等蒙古族貴族的場面。

惠遠古城的東城門

位於新疆伊犁的老惠遠城，建於清乾隆二十八年（一七六三年），毀於俄國侵佔伊犁時期。現存惠遠城是光緒八年（一八八二年）清廷在惠遠舊城北十五里處仿照舊城所建。

隨之反叛。一時間，西北局勢萬分危急。乾隆憤怒地將達爾黨阿治罪，討敵重任落在了將領兆惠身上。

平定準噶爾部叛亂

兆惠是一位深諳軍務、才略過人的將領。他率領一千五百餘名將士趕赴伊犁後，得知各部皆叛，清兵已陷入孤軍深入的危險，立即領兵折回。一路上，面對叛軍的圍追堵截，兆惠率兵浴血奮戰，殺敵數千人。退至烏魯木齊時，清兵已傷兵滿營，彈盡糧絕。兆惠派人突圍去請援兵，援兵未到，叛軍已將烏魯木齊團團圍住。兆惠悲壯地說：「看來是等不到支援了，但我們絕不能坐等在這兒束手就擒！將士們，隨我衝出城去，殺向敵營，能殺多少殺多少！爲國捐軀，死而無憾！」將士們紛紛響應號召，無不以一當百，力戰群敵。

兆惠率部苦戰十幾天，終因力量薄弱，難以突出重圍。時值寒冬，將士們只能徒步在冰天雪地裡行走，飢寒交迫，無力再戰。兆惠只得率將士們安營紮寨，暫時休整。誰知天降大雪，道路阻塞，兆惠與將士們被困在營中，與外面失去了聯繫。眼看就要全軍覆沒之際，辦事大臣雅爾哈派遣的二千名援兵及時趕到，與兆惠的殘部合力一舉擊退叛軍，終於扭轉戰局。

經此一戰，兆惠威名遠播，被乾隆任命爲西北戰事的主要統帥，負責對叛軍發動最後攻擊。兆惠吸取了策楞、玉保、達爾黨阿等人的教訓，挑選了一批精兵，嚴行賞罰，整肅軍紀，同時備足糧草物資。清軍將士無不鬥志昂揚，蓄勢待發。

而在突圍戰中遭受重創的叛軍，此時內部出現分化：阿睦爾撒納已無法控制各部；輝特等部又流行天花，軍士死亡無數。

兆惠佔盡天時地利人和，出兵長驅直入，一路勢如破竹。叛軍各部接連被擊破，其首領先後敗死，阿睦爾撒納逃到俄羅斯境內。經過再三交涉，乾隆二十二年（一七五七年），我國政府才將患天花而死的阿睦爾撒納的屍體移交給清廷。

阿睦爾撒納死後，厄魯特各部還未平定。此後的三年間，兆惠率軍搜查厄魯特各地區的深山峽谷，終於將叛軍餘部一網打盡。至此，禍亂康、雍、乾三朝的準噶爾部叛亂勢力被徹底掃平。

爲杜絕後患，乾隆吸取其祖父、父親的教訓，在準噶爾部一帶加強軍隊駐防，改革了當地政治制度，重新規畫區域，設立官府，修築城池，使天山北路地區呈現出一派和平安寧的景象。

大、小和卓木叛亂

然而，正當清朝忙於平定准部叛亂的時候，天山南路的回部又叛亂。

天山南路是維吾爾族聚居地，地域廣闊，風景秀美，物產豐富。早在西漢時期，這裡就已歸屬漢朝中央政府統轄。此後，天山南路成爲絲綢之路的重要一站。明朝以後，回教在這裡十分盛行，因此清廷稱天山南路爲回疆，稱維吾爾族爲回部，其首領爲和卓木（回語稱穆罕默德的後裔爲和卓木）。

清初，準噶爾部數次叛亂，劫掠回疆，清廷都出兵援助。回部首領對清廷感恩戴德，眞心歸順。然而到了乾隆初年，新任首領波羅尼都（大和卓木）和霍集占（小和卓木）趁清廷平叛之機興兵作亂。

在阿睦爾撒納叛亂中，小和卓木曾在伊犁

《平定準噶爾圖卷》（局部）

本圖描繪了伊犁河叛軍七千多人向清軍大營投降的情形。

參與其中。後來阿睦爾撒納兵敗外逃，乾隆寬赦小和卓木，令其返回回疆。然而，小和卓木還不死心，回到回疆後，繼續煽動其兄大和卓木率兵反叛。

不久，大、小和卓木自立爲「巴圖爾汗」，聚集大量軍隊、馬匹、糧食、武器、彈藥，聯合回疆各城主一起反叛。清廷得知回部叛亂後，決定先不出兵，而是派人前去「責徵糧草」，嘗試招撫。然而，誰也沒料到，前去的官兵或被俘，或被殺，回疆各城均被叛軍控制，清廷這才認識到形勢的嚴重。當時，兆惠尚在天山北路追擊厄魯特叛軍，乾隆便命雅爾哈善爲主將，率萬人之師征伐大、小和卓木。

> **香妃傳奇**
>
> 香妃是乾隆朝最為傳奇的一位女子。在後世詩詞戲曲和民間傳說中，她傾國傾城，遍體奇香，深得乾隆的寵愛。其實，歷史上並沒有香妃其人，但是有香妃的原型——容妃。
>
> 在乾隆四十餘位后妃中，只有一位維吾爾族妃子，那就是容妃。容妃在大、小和卓木叛亂被平定之後，隨平叛有功的兄長圖爾都進京，被乾隆選入宮中。她的美貌與異域風情很快就得到了乾隆的垂青，經常得到乾隆的賞賜，還跟隨乾隆東遊泰山、拜祭孔廟。乾隆五十三年（一七八八年），五十五歲的容妃病逝。正史中並沒有關於容妃「體香」的記載。

定回疆　統西北

乾隆二十三年（一七五八年），雅爾哈善率軍迎擊大、小和卓木，連勝叛軍，斬殺敵人近五千名。大、小和卓木僅帶八百殘兵退守庫車城內。雅爾哈善派兵將庫車城團團包圍，打算圍困叛軍至彈盡糧絕，再勒令其投降。但雅爾哈善取得連勝後，志得意滿，放鬆警惕，整日飲酒下棋、尋歡作樂，也不去巡視軍隊。結果，大、小和卓木趁清兵不備，率四百名精兵突圍而逃；餘下叛軍開城獻降，雅爾哈善只得到一座空城。乾隆得知軍情後，雷霆震怒，下令將玩忽職守的雅爾哈善直接處死，並再次重用兆惠征伐叛軍。

敗逃的大、小和卓木分別流竄到喀什噶爾和葉爾羌。兆惠領兵自伊犁南下，行至葉爾羌，準備發起進攻。葉爾羌是大、小和卓木的主要據點，易守難攻，城周長十幾里，四面有十二個城門，城東有蔥嶺南河（當地話爲喀烏蘇，意指「黑水」）爲天然屏障，城內約有一萬三千名叛軍固守。兆惠見城池堅固，不宜強攻，便將軍營駐紮在黑水旁邊，人稱「黑水營」。

在這裡，歷史上著名的黑水營之戰轟轟烈烈地上演。乾隆二十三年（一七五八年）十月，兆惠探知大、小和卓木的牧群集結在城南，便決定帶兵渡河，襲取牧群，以充軍需。他派八百將士扼守通往喀什噶爾的道路，以切斷大、小和卓木的互援；又留數百人馬守衛黑水營；自己則帶千餘士兵由東向南渡河。不料，四百名騎兵剛剛過河，橋就崩塌了。霍集占率數千名騎兵洶湧而來，兆惠方知中了敵人的埋伏。兆惠立即率領清兵全力奮戰。他親自衝鋒陷陣，坐騎兩次被敵人擊斃，仍易馬再戰。清兵都抱著必死的決心，與叛軍殊死搏鬥，血戰一整天，殺敵數千人。然而，清兵也遭到重創，死傷數百，不得不邊戰邊向黑水營撤退。退軍途中，又遭叛軍阻擊，清兵被分隔爲數段。經過一番掙扎，清兵終於在天黑時趕回軍營，開始堅守。

香妃墓

新疆喀什阿帕霍加陵園（香妃墓），位於喀什市東郊五公里處的浩罕村，是一座典型的伊斯蘭教式的古建築。

此時，兆惠只餘下少數兵力。叛軍輪番展開進攻，清兵則拚死力戰。小和卓木率兵企圖困死清兵，兆惠就率人掘井、伐木、挖窖以圖生存；叛軍在河流上游灌水企圖淹沒黑水營，兆惠就派人在下游挖溝洩之；叛軍向黑水營發射砲彈，兆惠就以樹木阻擋，反而繳獲敵人鉛彈數萬。就這樣，兆惠等人竟堅守了三個月。這時，各路援軍到達，趕走叛軍，黑水營之戰清兵終於勝利。

敗退的叛軍看到清兵氣勢如虹，竟以爲清兵受到神靈庇佑，自此一蹶不振。兆惠等將領乘勝征討，率領兩萬大軍、三萬匹馬、一萬匹駱駝以及大批軍火彈藥，向叛軍發起總攻。清兵所到之處，維吾爾族人無不開城相迎，捐獻糧食。眾叛親離的大、小和卓木只得倉皇逃竄，躲進巴達克山裡。不久，大、小和卓木即被巴達克山首領殺死，其叛亂行動徹底失敗。

大、小和卓木叛亂平定後，乾隆採納兆惠的建議，在回疆多派駐兵，並命回疆各城城主輪班入京，以保回疆安寧。自此，天山南北平息干戈。

平定大、小金川叛亂

平定大、小金川叛亂是乾隆年間最為慘烈、耗費最大、傷亡最重的一場戰事。這場戰爭歷時五年，兩次出兵，折損多員大將，耗去國庫存銀多達七千萬兩。如此大的代價，終於換來平叛戰爭的勝利與西南地區的安定。此後，乾隆在西南地區擴大改土歸流，維護當地的長治久安。

首征金川遭重創

雍正年間，西南地區推行改土歸流，成效顯著。然而，由於雍正在位時間較短，西南地區各少數民族割據已久，仍有殘留勢力。乾隆中期持續時間最長、規模最大的大、小金川叛亂就是在這樣的背景下發生。

金川地區位於大渡河上游流域，是藏族聚居地，大金川、小金川是盤踞此處的兩個部落。大金川土司莎羅奔日漸勢盛，便圖謀兼併小金川及鄰近諸土司。乾隆十一年（一七四六年），莎羅奔劫持小金川土司澤旺及其印信。後來，在四川總督張廣泗的干預下，莎羅奔才被迫放回澤旺。

乾隆十二年（一七四七年），莎羅奔公然叛亂，出兵攻打其他土司。四川巡撫派兵鎮壓，反而被其打敗。消息傳到京城，引起乾隆的重視。乾隆立即任張廣泗爲四川總督，命其出兵平定莎羅奔的叛亂。

張廣泗率領三萬大軍分西、南兩路進發，約定以半年爲期，掃平叛亂。由於金川地區地勢險要，溝壑縱橫，張廣泗特帶小金川土司澤旺的弟弟良爾吉隨行導引。誰知，良爾吉早已與莎羅奔私下勾結，不斷透露清兵

粉彩象駝寶瓶瓷塑

通高三十四公分，長二十四・五公分。象作回首狀，元寶形鞍上馱有一個葫蘆形琺琅寶瓶。象是太平盛世的象徵，象馱寶瓶寓意「太平有象」。

四川甘孜地區丹巴大金川河風光

的動向給叛軍，致使清軍的行動處處受挫。

莎羅奔的叛軍在高坡陡壁上築造了大批石碉。每個石碉高三、四丈，用巨石壘成塔狀，四面開窗，叛軍就躲在石碉裡放暗槍。敵高我低，敵暗我明，張廣泗的軍隊在山下行進，佔不到優勢。他命令清兵向山上開砲，而砲彈只打到石塊上，傷不到叛軍。張廣泗又命令清兵向石碉發起猛攻，結果每奪取一個碉堡就要死傷數百人，而叛軍立刻又建起一座新的石碉。如此反覆，半年之期已過，張廣泗卻寸功未建，只好一再向清廷索要軍餉與援兵。

眼看著清兵數量已擴至五萬人，平叛仍不見效，乾隆於是派大學士訥親和雍正朝的老將岳鍾琪前去督師。訥親不懂軍務，卻狂妄自大，急功近利。他一到軍中，就強令清兵三日內攻破叛軍。由於叛軍早得到情報，提前部署，致使清兵遭到重大傷亡，數名將領戰死沙場，清兵竟從五萬人銳減到二萬餘人。在一次戰鬥中，三千名清兵甚至被叛軍幾十人所打敗，軍中士氣陷入前所未有的低潮。訥親見勢把責任全推給張廣泗；而張廣泗對訥親也萬分不滿。大敵當前，兩人竟開始內訌。時間又過了三個月，戰局愈發惡化。

傅恆力挽狂瀾

此時，經驗豐富的老將岳鍾琪查出良爾吉通敵一事，及時奏報清廷。乾隆獲悉實情後，一怒之下斬殺了張廣泗和訥親，改任大學士傅恆爲總指揮。

傅恆到任後，將內奸良爾吉、王秋等人處死，然後整頓軍紀，重振士氣。他親自勘察地形，分析兩軍佈陣，釐清張廣泗、訥親兵敗的原因。他上疏乾隆說：「敵人廣設石碉，易守難攻，張廣泗、訥親採取的強攻辦法是下下策……。爲今之計，臣決定不與敵人爭奪碉堡，而是帶兵深入，只等大兵齊集，四面出擊，一舉攻向敵人巢穴，定能取勝。」

乾隆本以爲土司勢單力薄，不足

爲懼，萬沒想到出兵兩年竟寸土未收，還三易統帥，斬殺兩帥，折損戰將、士兵無數。特別是傅恆關於石碉、天險的描述，更使乾隆萌生退兵的念頭。乾隆十四年（一七四九年），乾隆下令傅恆班師回朝。傅恆接到命令後，屢次上疏表達必勝的信心。誰知乾隆心意已決，始終沒有准奏。傅恆當機立斷，抗旨率兵進攻叛軍，連克叛軍，奪取數個石碉，軍威大振。莎羅奔聞風喪膽，信心盡失，加上念及岳鍾琪曾在任川陝總督時厚待過自己，於是決定向岳鍾琪投降。莎羅奔立誓效忠清廷，不再妄動，最終被免於治罪，繼續擔任大金川的土司。

乾隆得知勝利的消息，萬分驚喜，重重封賞了傅恆。

大、小金川二次叛亂

平定金川的戰事雖然勝利，但仍有殘餘反抗勢力。十幾年後，金川地區又爆發更大規模的叛亂。

乾隆朝中期，莎羅奔年事漸高，便將大金川的事務交由其侄朗卡處置。朗卡野心勃勃，自恃實力雄厚，便不斷侵擾鄰近各土司。四川總督阿爾泰深知大金川勢力較強，難以控制，便選擇息事寧人的方式，企圖透過安撫朗卡來解決問題。阿爾泰下令授予朗卡安撫司印章，並促成朗卡與小金川土司僧桑格（澤旺之子）聯姻結親。但阿爾泰這些措施不但未能使朗卡有所收斂，反而助長了他的囂張氣焰。此時，各土司中唯一能與大金川抗衡的小金川也與殘餘勢力結合，狼狽爲奸。阿爾泰此舉可謂弄巧成拙，養虎爲患。

不久，朗卡過逝，其子索諾木與僧桑格訂立了攻守同盟條約，於乾隆三十六年（一七七一年）起兵叛亂。乾隆聞聽此事，以阿爾泰處置不當將其處死，同時命大學士溫福、尚書桂林率軍出征平叛。此次再度征討金川叛軍，乾隆表現出不惜一切代價、務求「一勞永逸之計」的決心，共派出軍隊七萬人，動用軍費近三千萬兩。

溫福、桂林率領大軍，分別從西、南兩路征討。次年，清兵與叛軍交鋒，兩路均旗開得勝，收復了幾處失地。但不久，桂林爲求速勝，派將領薛琮率三千名清兵、只帶五天的糧草，深入墨壟溝（今四川小金縣西南）。薛琮出兵後，不幸被敵軍切斷後路，遭到前後夾擊，只好向桂林求助。桂林坐視不管，致使薛琮戰死，三千名士兵僅存二百餘人。事後，桂林怕遭懲處，對此事隱瞞不報。後來有人借此參劾桂林，乾隆於是改派將領阿桂接替桂林的職務。

再戰金川定西南

針對大、小金川一起叛亂的局

勢，乾隆頗具膽識地提出，要將敵軍分而擊之，先不聲張大金川的罪行，集中主要力量平定小金川叛軍。阿桂遵照乾隆的旨意，悄悄將清兵集結在墨壟溝，趁半夜天降大霧之機出兵，用皮船偷渡，搶佔了小金川的戰略要地甲爾木山。然後，他揮軍攻取小金川的門戶之地僧格宗，接著直搗小金川的心臟美諾。小金川土司僧桑格倉皇逃跑，投奔大金川而去。

此時，溫福也率二萬餘名清兵從西路進軍，然而他領兵無方，致使軍心渙散，無所作爲。大金川土司索諾木趁機偷襲清兵大營，結果清兵陣亡三千餘人，溫福也中槍身亡。此戰一敗，局勢突然對清兵不利。索諾木重新奪取小金川各地，使阿桂前功盡棄。阿桂面對危局，毫不慌亂，重新調整戰略，力戰五晝夜，一舉奪回小金川。憑藉此功，阿桂被任命爲全軍統帥。

乾隆三十九年（一七七四年），阿桂兵分三路揮師征討大金川。大金川地勢險要，據守堡壘比小金川嚴密十倍。阿桂指揮得當，任用手下海蘭察、額赤特、福康安等一批名將，集中攻取大金川的勒烏圍、噶爾崖兩處重地。經過兩年的艱難圍攻，清兵終於勝券在握。這時，索諾木爲求自保，毒死了僧桑格，將其屍首獻給清軍，妄圖被寬赦。阿桂堅決不准，一舉搗毀叛軍勢力。乾隆四十一年（一七七六年），走投無路的索諾木率眾投降。第二次大、小金川叛亂結束。

兩次平叛，歷時三十年，清廷耗兵費達七千萬兩。乾隆決心徹底推行改土歸流政策，在大、小金川舊地分別設阿爾古廳和美諾廳（後改名懋功廳），均隸屬四川省，此外還分別在其險要地區設兵鎮守。從此，這一地區徹底結束了混亂紛爭的局面。

健銳營在香山團城閱兵圖

健銳營又稱「健銳雲梯營」、香山健銳營，是清八旗禁衛軍中一支具有特種部隊性質的部隊。健銳營建於清乾隆年間，在大小金川之戰、大小和卓之戰中發揮了重要的作用。

土爾扈特萬里回歸

古老的蒙古族部落——土爾扈特部流落到額濟勒河流域，百餘年來受盡俄國的壓迫和欺凌。不堪重負之下，土爾扈特部人民決定萬里東歸。在首領渥巴錫的帶領下，他們跋山涉水、歷盡艱險，終於回到中原故土。

流落異國的土爾扈特部

土爾扈特部是中國厄魯特蒙古的一個古老部落，數百年來，生活在新疆塔爾巴哈台一帶，以遊牧爲生。明朝末年，土爾扈特部因受到準噶爾部的侵擾欺凌，其中一部分被迫遷移到額濟勒河（今俄羅斯境內伏爾加河，又譯窩凡合）流域，在這片人煙稀少的土地上重新建立家園。但是不久，野心勃勃的俄國就向西擴張，要求土爾扈特部向沙皇俯首稱臣，並對其實行殘酷的壓制政策。俄國政府不僅向土爾扈特部徵收沉重的賦稅，攤派名目繁多的徭役，還強迫他們放棄藏傳佛教的信仰，改信俄國崇奉的東正教。更令人髮指的是，當時俄國與土耳其開戰中，俄國政府強抓土爾扈特部的青年參軍入伍，充當砲灰。戰爭持續了二十一年，土爾扈特部的青年戰死沙場者達七、八萬人。

流落異國以後的百餘年間，土爾扈特部想盡辦法想返回中原。康熙年間，土爾扈特部首領阿玉奇派遣使者入京進貢。康熙聞訊喜出望外，立即派使臣萬里迢迢地趕赴俄國看望土爾扈特部人民。以阿玉奇爲首的土爾扈特人民熱情迎接。使團離開時，阿玉奇動情地說「俄國人與我衣冠俱不同，我終歸中國矣」，然後「垂淚而別」。

乾隆年間，清廷平定準噶爾部與回部的叛亂，西北重獲安定。消息傳到土爾扈特部，自上而下無不振奮。

蒙古盟長印

這方乾隆四十年（一七七五年）款「烏納恩殊朱克圖舊土爾扈特東部盟長之印」，是清代在蒙古地區以法律形式因俗而治的歷史見證。

此時，俄國政府又開始壓迫土爾扈特，爲了控制土爾扈特部，還強迫其首領渥巴錫的兒子充當人質。渥巴錫忍無可忍，於是召集土爾扈特部的大小頭目商議應對辦法。

擺脫俄國統治，東返故土

乾隆三十五年（一七七〇年）秋天，渥巴錫在額濟勒河下游的一個祕密之處召開會議。會議中，土爾扈特部一致決定擺脫俄國的控制，東返故土。不料，消息洩露，被俄國政府得知。渥巴錫只好提前行動，迅速組織土爾扈特部人民動身。

在這年冬天的一個凌晨，渥巴錫率領土爾扈特部三．三萬餘戶居民，帶著牲畜、糧草、衣物等行李，浩浩蕩蕩地啓程。一路上，土爾扈特部的人民飽嘗難以想像的艱險。他們越過沙漠、翻過高山、渡過大河，穿過重重險阻。途中，他們要不斷應對嚴寒、疾病和飢餓的侵襲，還要應付俄國、哈薩克、布魯特等國的追兵。在烏拉爾河附近的草原上，土爾扈特部遭遇到俄國追兵的攔截，九千名士兵和百姓被殺。在奧琴峽谷（今哈薩克境內），俄國軍隊又切斷其道路，渥巴錫組織駝兵、槍隊迎戰，粉碎俄國軍隊的阻擊。歷經八個月的艱苦跋涉，行程萬餘里，土爾扈特部終於到達了中國西北境內。此時，他們的人畜已經死亡大半，由出發時的近十七萬人，銳減爲七萬人。

土爾扈特部回歸的消息傳到京城，乾隆下令熱情接待渥巴錫一行，撥銀二十萬兩、牲畜十四萬匹、糧食四萬餘石等重賞土爾扈特部，並允許他們在伊犁河流域放牧，重建家園。渥巴錫也萬分感激，將自己收藏的外國鐘錶、火槍以及祖先流傳下來的明朝玉印等獻給乾隆。

乾隆三十六年（一七七一年），渥巴錫到承德避暑山莊拜謁乾隆。乾隆非常高興地接見他，並親自書寫兩篇記錄土爾扈特部東歸壯舉的文章，刻在石碑上，世代相傳。

土爾扈特部遊牧圖

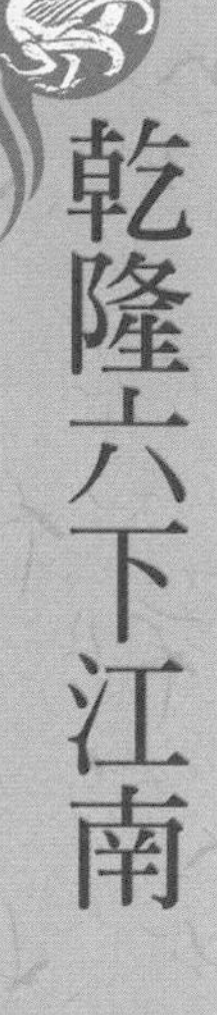

乾隆六下江南

與康熙一樣，乾隆也曾六下江南，而且南巡時間更長、排場更大、吃穿用度更奢華。正因如此，乾隆南巡成為二百餘年來史學、文學、傳說的熱門話題。

六下江南為哪般？

身為太平之君，乾隆比先人更加安於享樂，驕奢靡費。他對富饒而美麗的江南水鄉充滿嚮往，因此，遊玩享樂是南巡的動機之一。然而，他南巡的目的又不僅僅是貪慕風景，其背後還有更深層的社會政治、經濟和地理的原因。

從經濟上來看，江浙一帶，物產豐富，富甲天下，是國庫的命脈所繫。源源不絕的漕糧，從江浙沿大運河北運，供給京師；大量的稅銀，成為國庫收入最重要的來源。乾隆要透過南巡維持這一地區的安定，督察稅收狀況。

從政治上來看，江浙儒漢文化深厚，一直是漢人（特別是知識份子）反清情緒最強烈的地區。清入關以來，為了馴服江南的漢人，曾上演了「嘉定三屠」、「揚州十日」的屠戮慘劇。隨後幾朝，這裡又發生了多起文字獄。乾隆需要以南巡為由，緩和滿漢對立的局面。

在地緣上來看，江浙地區的河工、海塘工程每年耗費國庫大量開支，直接關係到當時政治、經濟的發展和統治的穩定。

乾隆相信自己藉由南巡江浙，能夠有效地解決這些社會問題。

聲勢浩大的南巡

乾隆十六年（一七五一年）正月十三日，乾隆第一次下江南。這次南巡規模盛大、聲勢隆重，隨行的王公大臣、侍衛官員、兵丁僕役等達二千多人，用船一千多艘。為了維繫民心，乾隆下令沿途所經州、縣當年應徵額賦蠲免百分之三十，其中受災歉收地區蠲免百分之五十；江寧（今南京）、蘇州、杭州是皇帝巡行駐蹕之地，當年應徵的地丁銀全部蠲免。乾隆繼承了康熙南巡時務實的傳統，每到一處，均接見官紳瞭解當地的治政情況、歷史沿革、人文風俗、本朝事蹟，參觀考察重要的工程、名勝古蹟，祭祀歷代漢族帝王、名人的祠廟和墳墓。在蘇杭，乾隆鑾於「群黎士庶踴躍趨近，就瞻恐後，紳士以文字獻頌者載道接踵」，諭令內閣對上獻詩文者進行考試。乾隆用這種方法，既選拔了一批人才，又籠絡了江浙的文人學士。回程時，乾隆祭奠了明太祖陵。五月初四日，乾隆返回北京圓明園。此次南巡，往返行程水陸共計五千八百里，歷時五個多月。

乾隆二十二年（一七五七年）正月十一日到四月二十六日，乾隆第二次南巡。

五年後，乾隆二十七年（一七六二年）正月十二日至五月初四日，乾隆第三次南巡。

第四次南巡從乾隆三十年（一七六五年）正月十六日開始，至四月二十一日從陸路回京。

乾隆四十五年（一七八〇年）正月十五日，年逾七十但仍精神矍鑠的乾隆開始了第五次南巡。他視察河防後由水路北歸，從德州登陸路，於五月初九日返回圓明園。

乾隆最後一次南巡是從乾隆四十九年（一七八四年）正月二十一日開始，於四月二十三日返回圓明園。

利弊之辯

乾隆六下江南，從積極的方面來看，選拔漢族人才，祭奠孔廟、周公廟等一連串行爲，贏得了漢族士人的認同；乾隆在六次南巡中，五次閱視河工，四次閱視海塘，有利於河工工程的順利進行。

然而，乾隆南巡一路極盡鋪張奢華；隨行官員乘機貪污舞弊，中飽私囊；地方官員只求逢迎獻媚，造成了國庫帑金的大量浪費，滋長了官吏的營私舞弊之風。乾隆中期國庫存銀高達七千五百多萬兩。經過歷次征伐、南巡、河工、海塘的消耗，到了乾隆

末年，清代建國百餘年來累積的財富已經消耗殆盡。

揚州瘦西湖五亭橋

五亭橋是揚州兩淮鹽運使和鹽商為了迎接乾隆南巡，而請能工巧匠設計建造。

清宮中的「洋畫師」郎世寧

在康乾盛世的宏大圖景中，中西文化的交融是絢麗的一筆。而提到中西交融，就不得不提技藝精湛的宮廷畫大師郎世寧。郎世寧在中國生活了五十一年，歷經三朝帝王，留下了不少傳奇的故事。他的藝術作品經久流傳，價值連城；他的宮廷生活豐富多彩，耐人尋味。

傳奇的「洋畫師」

郎世寧，以其宮廷畫師的身分聞名於世，然而少有人知道，他是陰差陽錯而成爲畫師的。郎世寧（Giuseppe Castiglione），康熙二十六年（一六八八年）出生於歐洲文藝復興的中心地區——義大利米蘭，自幼受到良好的藝術文化氛圍的薰陶。十九歲時，郎世寧加入了熱那亞耶穌會，不久便被派往中國傳播天主教。

康熙五十四年（一七一五年），康熙親自召見郎世寧，並聘用他擔任宮廷御用畫師。晚年的康熙非常重視西洋畫藝，卻對郎世寧傳授的天主教教義不以爲然。他對郎世寧說：「西方的教義與中國傳統的思想格格不入，朝廷之所以重用你們這些傳教士，是看重你們在數學、天文和藝術方面的才能。」

郎世寧成爲宮廷畫師後，工作異常辛苦和繁忙。他每天都要在畫室內作畫，直到下午五時。畫室夏天酷熱，冬天奇寒，爲了避免顏料凝結，郎世寧必須時常把一缸缸顏料放在小炭爐上烘烤。此外，他還要學習漢文與滿文。

康熙六十一年（一七二二年），康熙駕崩。雍正繼位後施行禁教政策，下令驅逐在華的傳教士，但在宮廷服務的傳教士例外，不僅沒被驅逐，反而受到更高的禮遇。郎世寧以其生動寫實的歐洲繪畫風格，備受雍正的青睞。這一時期，他創作了《聚瑞圖》、《嵩獻英芝圖》和《百駿圖》，展示了歐洲明暗畫法的魅力，使歐洲油畫技藝在清宮內盛行一時。

後來，雍正開始大規模地擴建「萬園之園」圓明園，郎世寧負責繪製園林建設的構圖，還畫出了不少裝飾殿堂的作品。一次，雍正欣賞郎世寧的畫作，特意指著其中一幅畫稿讚歎道：

郎世寧・百駿圖（局部）

《百駿圖》是郎世寧一生畫馬的巔峰作品，畫作為紙質，縱一百〇二公分、橫八百一十三公分，描繪了百匹駿馬遊牧嬉戲的生動場面。

「此樣畫得好！」

雍正十三年（一七三五年），雍正去世，乾隆繼承大統。乾隆愛好書畫詩文，郎世寧也因此得到前所未有的重用。他曾多次陪同乾隆出巡，出席各種重大場合，並創作了一批極具歷史價值的藝術珍品。乾隆很欣賞郎世寧的畫藝，幾乎天天都要到畫室去看他作畫，還時常獎賞他。此時，已至晚年的郎世寧仍念念不忘其傳教的初衷。他曾斗膽向乾隆進言說，「我們的神聖教律遭受譴責」，並將有關耶穌會的奏摺呈上；還有一次跪在地上請求乾隆「對我們憂傷感感的宗教開恩」。乾隆心中不悅，但並沒有將郎世寧治罪。後來，郎世寧繼續擔任圓明園的施工設計，還曾一度擔任掌管皇家園林工作的奉宸苑苑卿一職，官居正三品。他未能實現傳教的願望，而成爲了一名專職的宮廷畫師。

中西合璧的宮廷畫作

郎世寧的宮廷畫完美地融合了中西繪畫藝術，既表現西方繪畫中的寫實、立體、注重線條和結構等特點，也表現出中國傳統繪畫的傳神與韻味。他堪稱能手，人物、花鳥、山水、走獸畫無所不通，尤其擅長畫馬，其代表作有《百駿圖》、《乾隆皇帝大閱圖》、《嵩獻英芝圖》等。

《百駿圖》被譽爲中國十大傳世名畫之一，現藏於美國紐約大都會博物館。畫中的駿馬姿態各異，或徜徉草間，或回首嘶鳴，或安臥休憩，馬匹的動作、神情完全沒有重複之處。郎世寧筆下的馬精細逼真，線條流暢，連鬃毛與尾部的細節都被描繪得異常清晰。畫作中的背景則顯露出中國繪畫的寫意風格，遠處的一帶遠山蒼茫蜿蜒，近處的一棵老樹滄桑遒勁，樹葉與綠草鮮明生動。整幅畫卷色彩濃麗，構圖精巧，中西合璧，趣味盎然。

《乾隆皇帝大閱圖》畫軸中的乾隆一身戎裝，持弓立馬；胯下一匹棗紅色戰馬，神武矯健。人馬合一，英氣颯爽，顯示出清朝統治者「馬上定江山」的宏偉景象。畫作清晰地表現出前後層次以及明暗變化，不同於中國畫法的平面感。乾隆身穿的盔甲描摹細緻，顏色鮮亮，充分表現出西方油畫的特點；前景的草葉清晰生動，如同西方繪畫中的靜物寫生；遠景的浮雲和遠山朦朧飄逸，又近乎中國傳統的水墨畫。整體看來，畫作色調明麗、形象飽滿、生動傳神。

郎世寧．孝賢皇后朝服像

孝賢皇后，富察氏，滿洲鑲黃旗人，是乾隆的原配皇后。

郎世寧中西合璧的藝術作品令人讚歎不已，然而在這背後，他也付出了極大的心力。中西繪畫的技法和風格差別很大，要將二者巧妙地融合在一起可謂異常艱難。例如，西方的肖像畫經常會將人物置於側光環境中，人臉會半明半暗，以表現光線的層次感；但這在中國人的審美標準中是難以接受的，人們會認爲這是「陰陽臉」。郎世寧就借鑒中國人像畫法，讓人臉儘量接受正面光，同時在人物的鼻翼兩側、脖子和鼻子下方，施以略微的陰影，這樣五官就顯得更立體。再比如，清朝的皇帝不喜歡油畫，因爲油畫年代久了就會變得模糊不清。這就難爲了郎世寧等西方畫師，他們不得不鑽研一種艱難的繪畫技巧——用膠質顏料在絹上作畫。這種畫法雖能長久保存，但是不能修改或潤色，一筆下去就不能再加第二筆，因爲筆觸一旦猶豫或下筆太重，整幅畫作就會報廢。

在數十年的探索中，郎世寧終於融中西繪畫技法於一體，創作出自己獨特的畫風。他的作品具有極高的藝術價值，偶有流傳到民間的作品，都以天價被買家競相追逐。

戲劇性的宮廷生活

郎世寧一生的主要階段都是在清朝宮廷中度過的。在大半生的宮廷生活中，郎世寧經歷了不少戲劇性的片段，有機智幽默的「化險爲夷」，也有備受恩寵的盛大典禮。

有一次，乾隆的妃嬪們圍繞在郎世寧左右看畫，乾隆發現郎世寧顯得侷促不安，就試探地問他：「依愛卿看，她們之中哪個最美？」郎世寧答道：「皇上的妃嬪個個都美。」乾隆又追問：「昨天看畫的幾個妃嬪中，愛卿看誰最美？」郎世寧連忙答道：「微臣當時沒看她們，在數宮殿上的瓷瓦。」乾隆不信，又問道：「瓷瓦有多少塊？」郎世寧說：「三十塊。」乾隆即刻派人去數，果然不錯。於是，郎世寧就這樣機智地化解了尷尬問題。後來，郎世寧爲乾隆及其后妃畫了一幅群像。乾隆將此畫珍藏在盒子裡，僅在畫作完成、七十大壽和讓位時公開展示過三次，而後便下令封存，足見對此畫的珍視。

乾隆二十三年（一七五八年），郎世寧在北京度過七十大壽。壽辰當天，乾隆不僅賞賜他貴重禮品，還親筆爲他題寫頌辭。郎世寧乘轎返回時，前有二十四人的樂隊開道，後有滿漢官員騎馬相隨，所有在京傳教士都聚集在宣武門的天主教堂爲他祝壽。場面極其盛大，備受恩榮。

乾隆三十一年（一七六六年）六月十日，郎世寧在他七十八歲壽辰的前三天病逝於北京。乾隆爲此非常痛心，下詔將郎世寧的遺骨安葬在北京城西阜成門外的歐洲傳教士墓地內，並追賜侍郎銜。郎世寧不僅爲後世留下了大量珍貴的畫作，而且對中西文化交流貢獻良多。

郎世寧．乾隆皇帝大閱圖

《乾隆皇帝大閱圖》是郎世寧宮廷畫的代表作之一。此圖描繪了乾隆四年（一七三九年），乾隆皇帝在京郊南苑閱兵的情景。畫中，乾隆戎裝駿馬，英姿勃發，充分展現清朝皇帝的尚武精神。

清正宰相劉統勳

劉統勳是乾隆朝前期最受倚重的大臣。他以能諫著稱，敢於直言，在吏治、軍事等大事上極有貢獻；他治河疏運，嚴懲貪官，一片公心濟蒼生，深得百姓愛戴；他剛正廉潔、兩袖清風，「終身不失其正」，令朝野肅然。因而，劉統勳獲清朝最高謚號「文正」，被乾隆讚為「真宰相」。

直言能諫堪大任

劉統勳，字延清，一字爾鈍，康熙三十七年（一六九八年）生於山東諸城（今屬山東高密）。其父劉棨官至四川布政使，故劉統勳自幼接受了良好的儒家教育。雍正二年（一七二四年），二十七歲的劉統勳中進士，步入仕途。此後，他歷任南書房行走、上書房行走、詹事（即給事、執事，三四品官）、內閣學士、刑部侍郎等職，於乾隆六年（一七四一年）出任都察院左都御史。

劉統勳爲官剛正，以能諫著稱。當時，張廷玉、鄂爾泰等老臣位高權重，門生、故吏眾多，黨爭不斷，新得重用的權貴訥親等朝臣也是結黨營私，貪腐舞弊。不僅大大敗壞了官場風氣，也制約了乾隆的皇權。朝中大臣懾於權貴勢力，無人敢諫，反而爭相奔走送禮，唯恐巴結不上。只有劉統勳獨善其身。

三十四歲的劉統勳剛剛出任都察院左都御史，便毫不畏懼地彈劾當朝首輔大學士張廷玉。他在上呈乾隆的奏摺中說：「大學士張廷玉乃三朝元老，位勢極盛，然而其晚節應當審慎。朝中紛紛責言，說張、姚兩姓的官員幾乎佔到半壁江山。張、姚原本就是桐城大姓，兩家又世代聯姻，一旦有得官或舉薦的機會，都設法承襲或議敘，致使張氏大臣達十九人，姚氏大臣達十人。請聖上抑制、裁汰這些勢力……。」繼而，劉統勳又參奏大學士訥親道：「訥親總理吏、戶兩部，權力甚重，下屬官員紛紛奔走攀附，同僚官員也爭相避其鋒芒。所以，兩部議處的政事，有的輒轉駁回，有的過目不留，很多要務積壓數日，這恐怕不是謙虛集益之道。請聖上多加申飭，對於訥親掌管的事務適當予以裁減，以免政務廢弛。」

劉統勳的這些諫言耿直不避諱，乾隆非但沒有怪罪，反而在朝中宣讀，警戒張廷玉、訥親及其同黨。一時間朝野震驚，百官嘩然。乾隆對劉統勳的人品、爲官之道很賞識，接連提拔他任漕運總督、刑部尚書、吏部尚書、東閣大學士、首席軍機大臣、翰林院掌院等要職。自此，劉統勳成爲名副其實的宰相。乾隆對其頗爲倚重，凡軍國大事，無不召見劉統勳商議。劉統勳也一如既往地直言敢諫，提出了不少寶貴的意見。

在第二次平定大小金川叛亂的戰事中，乾隆對是否應撤兵一事猶豫不決，劉統勳力諫「斷不可撤」，並提出將領阿桂必能擔當重任。後來，阿桂統領大軍一舉平叛，贏得勝利。

還有一次，戶部上疏稱，各省、州、縣的倉庫官職多空缺，奏請以辦理文書的官員補上。乾隆向劉統勳詢問道：「朕考慮了三天，未能決議。愛卿以爲如何？」劉統勳緘默不言。乾隆又怒問，劉統勳才答道：「以聖上的智慧尚思考三天，臣年老昏聵，一時無法應對。」第二天，劉統勳面見乾隆說：「州、縣是治理百姓的地方，倉庫空缺官職應當由百姓來擔當。」話音未落，乾隆便首肯道：「准奏。」

治河懲貪濟蒼生

劉統勳爲官四十餘年，其中有近十年參與或負責河務，爲乾隆朝的治河事業立下汗馬功勞。劉統勳任內閣學士時，曾赴浙江學習海塘工程，因此對水利河務頗有研究。任漕運總督後，他赴山東賑濟河務，勘測河道，將聊城運河河水引導入海，又修固了德州的河壩，使河水洩通自如。後來，他又奉命前往江南處理減水閘、堤壩決口一事，疏浚河道，清除淤塞，使河流重歸故道。乾隆二十六年（一七六一年），劉統勳負責追查河南楊橋工程誤工一事，雷厲風行地革除積弊，

哨鹿圖（局部）

此圖繪於乾隆六年（一七四一年）秋季，是乾隆皇帝即位後首次赴圍場哨鹿打獵的情景。馬隊前列第三騎白馬者即為乾隆，其餘諸人為隨行的王公官員。

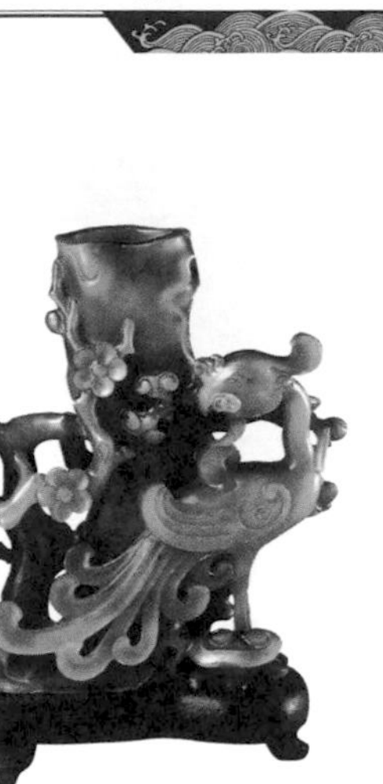
碧玉龍鳳花插

僅用一個多月的時間便完成工程，堪稱治河能臣。

在治河的過程中，劉統勳發現了一批貪贓枉法的官員，均予以嚴懲。如在江南治河時，劉統勳查得河督高斌、協辦河務巡撫張師載等官員侵吞公款，貽誤河工，當即奏請免其職務，予以重罰；同知李焞、守備張賓等官員放任河漲決堤，奏報錯誤，且平日侵吞河工撥款，劉統勳立即奏命將其誅殺。在查處河南楊橋工程時，劉統勳微服尋訪，看見路中大小車輛數百，滿載草料，押送的人疲倦地躺在一邊，其中有人哭泣。劉統勳上前詢問，哭泣的人說：「主管工程的官員向我們索要賄賂，我們沒給，他就不肯收我們的貨物，只好堆放在這裡了。」劉統勳聽後非常憤怒，立即召主管工程的官員前來，數罪並罰，欲將其問斬。後來在當地巡撫的苦求之下，劉統勳才改為杖責，令其一天之內收取草料。

劉統勳執掌刑部期間，也查辦了一批貪污腐敗的大案。早在乾隆二年（一七三七年），時任刑部侍郎的劉統勳就查處了浙江的貪糧案。後來，劉統勳幾乎每年都外出辦理重大案件，如雲南總督恆文、巡撫郭一裕、山西布政使蔣洲、陝西西安將軍都賚、江西巡撫阿思哈等假公濟私的貪官都是由他查出。

劉統勳治河與懲貪的措施為各地百姓謀了實惠，摒除了欺壓百姓、搜刮民脂的惡劣行為，因而深受百姓愛戴。河南、山東等地的百姓紛紛為劉統勳建立祠堂，表達對劉統勳的感恩與褒獎之意。

一生廉潔　兩袖清風

劉統勳位至宰相，身兼數職，三十餘年間始終深受乾隆的寵信，其程度堪與乾隆朝後期的大權臣和珅相比。因而，文武百官爭相攀附他，送禮、賄賂者絡繹不絕。但劉統勳一生廉潔，「終身不失其正」。

一次，劉統勳的故交派僕人送黃金千兩給他，請他關照自己做官的兒子。劉統勳對前來的僕人說道：「你的主人名聲甚正，希望你回去告訴他，將這些錢財送與貧苦人。」還有一次，一位帶著厚禮的客人深夜來訪，劉統勳閉門不見。次日清晨，劉

劉統勳兩次仕途受挫

劉統勳為官並非一帆風順，他先後經歷了兩次仕途的挫折。第一次是在乾隆十七年（一七五二年），劉統勳因為「查驗通倉短少米石不實」而被革職留任，不過次年就以治河有功而被擢升。

第二次是在乾隆二十年（一七五五年），劉統勳協辦陝甘總督，負責易馬、運糧等事。當時，阿睦爾撒納叛變，攻打伊犁，伊犁將軍戰死，這一情況未及時稟報乾隆。乾隆怒斥劉統勳置伊犁之事於不顧，一氣之下奪其職位，並投入大獄。不久，乾隆怒氣消解，又說：「統勳所管之事是糧餉馬駝，軍隊的事情是將軍的責任，怎麼能怪統勳？統勳一直勇於任事，應從寬免罪，發往軍營戴罪立功。」

兩次仕途受挫並未影響劉統勳的發展，乾隆對他的信任也絲毫未減。此後，他備受重用，官至大學士。

統勳召這位客人入見，嚴肅地說：「深夜叩門，非賢者所爲。你若有什麼要稟告我的，可以當眾告知，即便是我的過失也可以及時規正啊！」劉統勳曾數次擔任鄉試、會試考官，門生很多，但大多不聯絡，甚至不照面，以防結黨謀私之事。

劉統勳一身正氣，兩袖清風，每次出京辦事，僅帶僕人兩名，驛馬六、七匹。他爲官近五十年，但在山東老家的房屋、田地卻未增一尺一寸。劉統勳府中也是用物簡樸，宅門狹窄，不得不下轎才能進入。乾隆三十八年（一七七三年），劉統勳病死在上朝途中。乾隆聞訊悲痛萬分，親自趕到劉府致哀，看到劉統勳家中清貧之狀，不禁感慨萬分。回到宮中，乾隆歎道，「朕失去一股肱啊」，又稱讚說，「如統勳乃不愧真宰相」。

劉統勳死後，得清朝大臣最高謚號「文正」，入賢良祠。

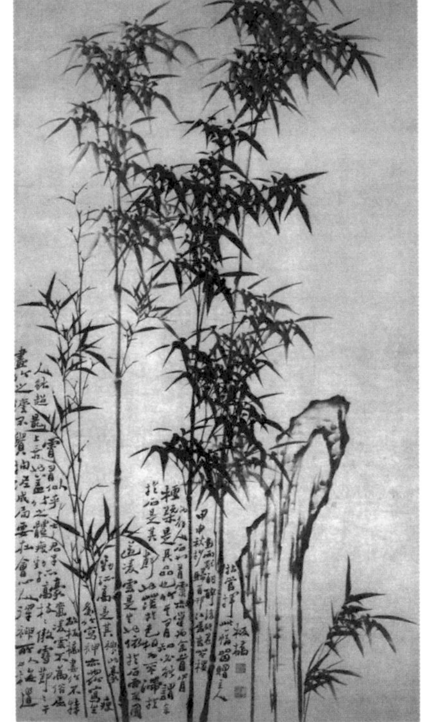

鄭板橋．墨竹圖

《墨竹圖》繪數桿墨竹，筆墨清奇，層次豐富，如影隨形，颯颯有聲。在竹與石、竹與竹之間的空隙處，題上高高低低、整整斜斜的字，巧妙地將竹石與文字連成一氣，顯得格外豐富有趣。

包羅萬象的《四庫全書》

《四庫全書》是中國古代最大的叢書，其編纂過程也是一項史無前例的文化工程。《四庫全書》囊括了清代以前諸多寶貴的文獻資料，無愧於包羅萬象的「全書」之名。然而，編書過程中的毀書、篡改等事蹟亦令人觸目驚心。直至今日，《四庫全書》的功過還在任人評説。

中國古代最大的叢書

《四庫全書》是中國古代最大的叢書，也是歷代最大的一部官修圖書。它分爲經、史、子、集四部，共收錄書籍三千六百四十一種、七萬九千三百零九卷，裝訂爲三萬六千三百零四冊，總共近二百三十萬頁、八億字左右，幾乎囊括了古代各科各類的圖書，故有「全書」之名。

《四庫全書》包羅萬象，規模龐大，其編書過程自然也是一項浩大的工程。乾隆三十七年（一七七二年），安徽學政朱筠上疏乾隆，建議彌補、完善明初編修的大型類書《永樂大典》。乾隆對朱筠的奏議深以爲然，同時也認爲，既然《永樂大典》收錄不全，那麼不妨將《永樂大典》輯佚圖書、武英殿官刻圖書以及各地所採圖書彙編，形成一部前所未有的鉅著。同年，乾隆下令在全國各省徵集圖書。爲了鼓勵獻書，乾隆還頒布獎勵措施，比如賜《古今圖書集成》或由乾隆親自題詠等。此次徵書活動歷時約七年，得各類圖書萬餘種，提供了《四庫全書》豐富的材料。乾隆三十八年（一七七三），乾隆下令設「四庫全書館」，任命內閣大學士於

《四庫全書》書影

《四庫全書》是中國現存最大的一部官修叢書。

敏中爲總裁，著名學者紀昀爲總纂官，另有陸錫熊、孫士毅等學者若干，一時間人才匯集。參與編修的文人達到三千六百餘人，謄錄人員達三千八百餘人，可見編修規模之大。

歷經十年的遴選、審查、修正和編纂，《四庫全書》終於在乾隆四十六年（一七八一年）完成。乾隆命人將《四庫全書》抄爲七部，收藏在文淵閣、文津閣等藏書樓。每部《四庫全書》充滿了整座藏書樓，用「汗牛充棟」來形容也不爲過。

千秋功過任評說

《四庫全書》是一部史無前例的鉅著，也是乾隆文治中最耀眼的成績。然而，在編撰過程中也有很多過失，主要表現在毀書與篡改兩方面。

有人說，《四庫全書》收的書還沒有毀的書多，這並非虛言。爲了禁止那些對清王朝不利的資料流傳，據瞭解，乾隆下令銷毀了一萬三千六百餘卷、十五萬冊書籍，一百七十餘種、八萬餘塊版片，總共焚燬書籍超過七十萬部。這種怵目驚心的毀書，無疑是一場文化劫難，無怪乎後人將他與秦始皇的「焚書坑儒」相提並論。

在收輯的圖書中，乾隆還下令進行諸多篡改。比如，清朝忌諱「虜」、「奴」、「戎」等詞彙，竟將岳飛的名句「壯志饑餐胡虜肉，笑談渴飲匈奴血」改爲「壯志饑餐飛食肉，笑談欲灑盈腔血」。此外，對於收藏、寫作「禁書」的人，乾隆也嚴厲處置，製造了不少血腥的文字獄。

總體來說，《四庫全書》保存了大量的古籍，避免了這些珍貴資料因晚清以後長期的戰亂而散失，也爲今人留下豐富的遺產。

閱微草堂內景

紀昀，字曉嵐，其故居位於北京市宣武區珠市口西大街，是兩進四合院格局。第二進院正房便是紀曉嵐當年的書房閱微草堂。

瑰麗的皇家園林

清朝是皇家園林集大成的時期。「萬園之園」圓明園、「熱河行宮」承德避暑山莊以及頤和園的前身清漪園，都是瑰麗無比、舉世無雙的奇景珍品。康、雍、乾時期，北京西郊、內城廣佈上百個皇家園林。這些園林蘊含著技藝高超的園藝匠工，烘托出一派蔚為壯觀的盛世氣象。

「萬園之園」圓明園

說起清朝的皇家園林，首屈一指的當屬「萬園之園」圓明園。圓明園始建於康熙四十六年（一七〇七年），後歷經雍正、乾隆、嘉慶、道光、咸豐等六朝約一百五十年的時間，耗資億萬銀兩，方得完成。這幾乎是清朝最浩大的工程。

圓明園位於北京西郊（今海澱區東部），分爲圓明、長春、綺春三園，佔地三百五十公頃。園中有百分之四十的水域面積，相當於一整個頤和園；其陸地面積則約等於紫禁城的大小。圓明園有一百六十餘處景點，其中既有極富西洋韻味的歐式建築，又有盡顯傳統特色的江南園藝，風格各異而又相得益彰，故有「萬園之園」之稱。圓明園南部是皇帝處理政務的地方，雍正、乾隆等都曾在此處辦公和休息。此外，比較著名的景點有從江南「移天縮地」而來的「杭州西湖十景」、取名爲「觀水法」的西洋噴泉、頗具文藝復興風格的西洋樓以及水城威尼斯模型等。

圓明園被公認爲中國歷代園藝作品的巔峰之作，這不僅因爲它是一座美輪美奐的園林，還因爲它是一所收藏豐富的皇家博物館。宮廷典籍、名人字畫、文物古董、稀世珍寶等陳列其中，奇花異草、珍木怪石更是隨處可見。無怪乎法國文學家雨果（Victor Hugo，一八〇二年至一八八五年）慨歎：「即便將法國所有聖母院的收藏加在一起，也無法與這座東方博物館相比。」

咸豐十年（一八六〇年），英法聯軍闖入圓明園大肆搶掠，而後一把大火將這座絕世瑰寶付之一炬。

承德避暑山莊

承德避暑山莊又名「熱河行宮」、「承德離宮」，始建於康熙四十二年（一七〇三年），乾隆五十五年（一七九〇年）完成。避暑山莊是清朝皇帝的「夏宮」，供皇帝避暑與處理政務之用。事實上，清朝皇帝一年中往往有大半年都住在承德。

避暑山莊位於承德武烈河西岸的狹長谷地上，佔地五百八十四公頃，是中國最大的皇家園林。它由宮殿區和苑景區兩大部分組成。其中，宮殿區又包括正宮、松鶴齋、萬壑松風和東宮等四組皇家建築。苑景區則分爲東南湖區、西北山區和東北草原三部分，暗合了中國版圖的佈局，可謂獨具匠心。湖區中島嶼錯落分布，各水域之間有小橋相通，流露出江南水鄉的風致。山區叢林茂密，古樹參天，中有寺廟道觀、亭台軒榭等建築，一派古樸清幽之色。草原區則是連綿起伏的草地與矮叢，粗獷質樸，展現了北國塞外的風光。避暑山莊內有康熙御題的三十六景與乾隆御題的三十六景，合爲七十二景，享譽天下。

避暑山莊因其融匯南北特色、規制雄偉，成爲皇家園林藝術的典範。

頤和園的前身：清漪園

慈禧太后修建的頤和園以萬壽山、昆明湖等勝景聞名中外，但鮮有人知，早在康乾盛世時期，頤和園就已頗具規

圓明園西洋樓大水法遺址

大水法在圓明園西洋樓遠瀛觀南端，是當年乾隆觀看噴水景色之地。

頤和園內的蘇州街

蘇州街位於頤和園北宮門內，是當年乾隆及其母后、妃子們遊玩的臨水商業街。

模，當時名爲「清漪園」。清漪園始建於乾隆十五年（一七五〇年），竣工於乾隆二十九年（一七六四年），耗資白銀近四百五十萬兩。乾隆修建此園的初衷是爲生母孝聖皇太后慶祝六十大壽。他命人大興土木，挖湖堆山，建起了清漪園；將附近的「甕山」改名「萬壽山」，在山前建造了「延壽寺」；又將園中湖泊定名爲「昆明湖」，取漢武帝挖「昆明池」以謀大業之義。

清漪園的建造充分展現乾隆對江南美景的嚮往，整個園林基本上以杭州西湖爲藍本而設計。清漪園內山水結合，以水爲主（佔全園的四分之三），背山臨水，以水環山。湖中有仿照西湖而建的湖心島，西邊有類似杭州蘇堤的西堤，連西堤六橋都是仿照杭州景點而來。此外，還以肅穆的宮殿、富麗的長廊、流光溢彩的琉璃等元素，彰顯皇家的尊貴奢華。

咸豐十年（一八六〇年），清漪園被英法聯軍破壞，後在光緒年間重修，改名爲「頤和園」。

西郊園林群集

自北京西北郊最大的集鎮海澱鎮至香山，北京西郊分布著九十餘處皇家園林，形成一片長達二十公里、蔚爲壯觀的景色。當時，西郊園林有「三山五園」的美稱，「三山」指香山、玉泉山、萬壽山，「五園」則指圓明園、清漪園、暢春園、靜宜園和靜明園。

暢春園建於康熙年間，佔地六十公頃，建有前湖、後湖、挹海堂、清雅亭、聽水音、花聚亭等山水建築，不施彩繪，不用貴石，風格自然樸素。康熙每年有半年住在暢春園，避暑聽政，最終駕崩於此。

靜宜園是皇帝在香山的行宮，建於康熙、乾隆年間，取自然之景，丘巒起伏，林木茂盛，富於山野氣息。園林佔地一百五十三公頃，大小建築群五十多處，有乾隆命名的「二十八景」，其中有著名的燕京八景之一「西山晴雪」。

靜明園位於昆明湖西，也建於康熙、乾隆年間，佔地七十五公頃。園中有乾隆命名的「天下第一泉」玉泉，以及燕京八景之一的「玉泉垂虹」。

除了著名的「五園」之外，鏡春園、西花園、熙春園、淑春園、鳴鶴園、朗潤園等園林也是各具特色，引人入勝。

內城諸園競芳妍

北京內城的皇家園林在數量上遠遜於西郊，但名氣絲毫不遜色於西郊諸園。北海、景山、中南海以及故宮御花園等群芳爭艷，美名遠播。

北海在遼、金時即爲行宮，歷史悠久。它佔地七十一公頃，園內亭台樓閣，小橋流水，山丘蔥鬱，林木櫛比，有藏式白塔、永安寺、天王殿、五龍亭等著名景致。最爲奇特的是，北海採用「一池三山」的佈局，仿照傳說中的蓬萊仙境而建，園中的瓊華島常有仙霧瀰漫之感。

景山位於故宮以北，地處北京城的中軸線上，適合登高望遠、俯視全城。它佔地三十二公頃，山上樹木蓊鬱、山峰秀美，山下遍植花果、鳥獸成群，乾隆年間還建造了五座亭台，是皇帝賞景、遊玩的好去處。

中南海是中海、南海的合稱，與北海並稱「三海」。中南海佔地一百公頃，園中有瀛台、紫光閣、懷仁堂等著名建築，清代許多盛大的典禮和宴請活動都在這裡舉行。

清朝的宮殿基本上沿用明朝建築，但是對明朝的「宮後苑」進行較大改造，並重命名爲「御花園」。御花園的面積不大（僅一．二公頃），但格局舒展而不散亂，對稱而不呆板，別有一番風韻。

瑰麗的皇家園林從各方面都展現出康乾盛世至高無上的皇權色彩和繁榮昌盛的國運。正是因爲有盛世的安定政局、雄厚財政、多彩文化爲基礎，這些珍奇的園林作品才能問世。

避暑山莊內的金山寺

承德避暑山莊，雖然經歷了二百多年的風風雨雨，依然風姿不減。

「金瓶掣簽」治西藏

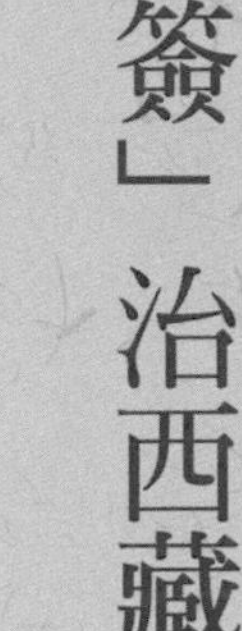

自清初以來，西藏地區紛爭不斷，叛亂事件頻傳。乾隆初年，西藏地區又發生叛亂，乾隆出兵征討，迅速平定了叛亂。不久，班禪六世大師入覲為乾隆祝壽。為了安定，乾隆創立「金瓶掣簽」制度，加強對西藏的治理。

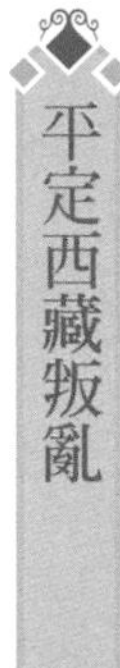

平定西藏叛亂

乾隆十一年（一七四六年）珠爾墨特那木札勒襲其父郡王爵，總理西藏事務。他上台後倒行逆施，加深了與西藏喇嘛的矛盾，又殺害其兄長，還奏請清廷撤走駐防的軍隊，公然對抗清廷。

駐藏大臣副都統傅清、左都御史拉布敦等人發現珠爾墨特圖謀不軌後，於乾隆十五年（一七五〇年）十月十三日設計將他誘騙到駐藏大臣衙門內殺死。隨後，珠爾墨特的黨羽包圍了駐藏大臣衙門，殺害了兩位駐藏大臣及其部下。拉薩陷入一片混亂。

乾隆聞訊大怒，立即命四川總督策楞、四川提督岳鍾琪發兵征討叛軍。以達賴喇嘛爲首的廣大僧俗和入藏清兵聯合作戰，很快就平定了這場叛亂。

平叛戰爭勝利後，乾隆下令從此廢西藏王爵，成立了由四名噶倫組成的西藏地方政府噶廈。不久，又制定《西藏善後章程》，提高了駐藏大臣和達賴喇嘛的權力，並決定在西藏長期駐軍一千五百名。

班禪六世入覲

乾隆中期，西藏地區維持了安定的局勢。藏傳佛教的領袖——班禪六世決定在乾隆七十大壽前夕，前往承德避暑山莊拜謁乾隆。

聽說班禪六世要來覲見的消息，乾隆喜出望外，急忙命人在承德避暑山莊附近仿班禪駐地日喀則的扎什倫布寺修建了一座須彌福壽之廟，供班禪六世休息和講經之用。爲了能直接與班禪六世交流，七十歲高齡的乾隆還學會了藏語。

乾隆四十五年（一七八〇年），班禪六世從西南邊疆的日喀則跋涉萬里，穿越高山急流、荒漠草原的重重險阻，來到承德覲見。乾隆用藏語與

金奔巴瓶

班禪六世交談了很久，並熱情地賜予他一大批金銀珠寶，包括金銀數十萬，寶冠、念珠、鏤金袈裟、彩帛等不計其數。不久，班禪六世從承德來到北京，再次受到乾隆的隆重接見。乾隆賜其玉冊、玉印等，並鼓勵他開壇講經。

同年十一月，班禪六世在北京患天花病逝。乾隆萬分悲痛，親往班禪駐地黃寺拈香，並派遣大臣護送班禪六世的遺體返藏。

「金瓶掣簽」制度

班禪六世去世不久，西藏地區再次發生戰亂，英國扶持廓爾喀（今尼泊爾）入侵西藏。乾隆兩次調遣軍隊出征，將其趕出西藏。

乾隆五十七年（一七九二年），經乾隆批准的《欽定西藏章程》頒布實施，對西藏地區的政治、宗教、軍事和外交進行整頓和改革。「金瓶掣簽」制度便是其中宗教事務改革的一項重要內容。

原來，達賴、班禪及其他大小活佛辭世後，西藏地區都要透過「靈童轉世」的方法選擇繼任者。然而由於西藏地區王公貴族勢力龐大，他們經常操縱「靈童」的人選，任意指定本族親貴繼任，造成西藏政局不安。乾隆推行的「金瓶掣簽」制度，是規定在拉薩大昭寺內供奉一尊金瓶。「靈童轉世」時，由駐藏大臣將呈報的數名「靈童」的姓名、生辰用滿、漢、藏三種文字寫在簽上，裝入金瓶內；然後誦經七天；再在駐藏大臣的監督下抽籤決定一名「靈童」。假若只找到一名「靈童」，就要將一個空白的簽牌與「靈童」的簽牌一起放入瓶內。若抽出空白的簽牌，就要另外尋找「靈童」。如此一來，王公貴族便無法操縱「靈童」的人選，清廷藉此加強對西藏的治理。

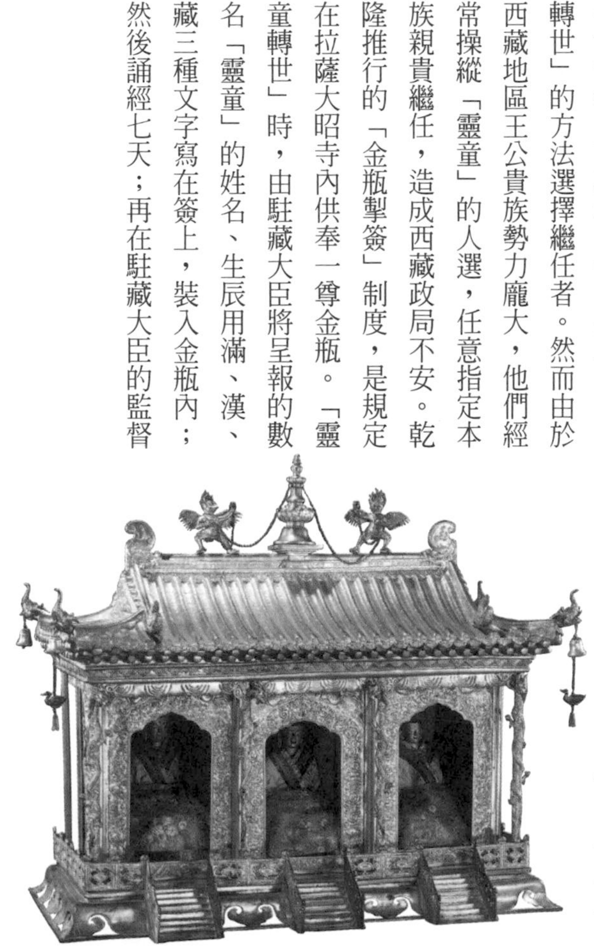
鍍金銅佛龕

西藏文管會藏清代佛龕。龕內供佛三尊，整個佛龕造型嚴謹，金碧輝煌。

四大徽班進京

清朝中葉，安定的社會環境與發達的商品經濟，使戲曲藝術更加蓬勃發展。安徽一帶的四大徽班將南北民間戲曲相融合，藝技絕倫，享譽盛名，得到乾隆的青睞。自乾隆晚年起，四大徽班相繼進京，受到京城百姓的熱烈歡迎，京劇的萌芽也在此孕育。

繁榮的戲曲藝術

乾隆年間，清朝統治出現鼎盛時期，社會穩定、商業發達，文化發展蓬勃。這一時期，詩詞小說、書畫園藝、建築文物等藝術都有很大的進步，戲曲藝術更是呈現出一派繁榮的景象。這些是四大徽班進京以至後來京劇誕生的時代背景。

明朝至清初，戲曲舞台上一度以崑曲爲主。到了清朝中葉，隨著社會文化的發展，民間地方戲曲逐步興盛，高腔（即京腔）、梆子腔、秦腔、弋陽腔、柳子腔、楚調、徽調等藝術形式流傳開來，形成百花齊放、百家爭鳴的局面。這些地方戲曲的各個劇種、各大門類之間相互影響、借鑒，漸漸形成「雅部」與「花部」爭奇的現象。其中的「雅部」是指具有高雅藝術審美與嚴整文學劇本的崑曲。「花部」又稱「亂彈」，是指表演的劇本、曲調、身段等都不甚規範的各種民間戲曲。「花部」來自民間，風格生動活潑，表演形式自由靈活，富有濃郁的生活氣息和感染力，爲戲曲藝術注入了強大的生命力。「花部」的段子多是一些家喻戶曉的歷史故事或民間傳說，唱腔明快，唱詞與念白通俗易懂，受到市井小民的歡迎。

當時，戲曲演出風靡全國，在南、北形成了兩個活動中心。北方以全國的政治、文化中心北京爲薈萃之地，南方則以商業重鎮揚州爲集中場所。自乾隆十六年（一七五一年）開始，乾隆先後六次南巡，途中經過揚州。揚州地方官員聽說乾隆喜愛戲曲，便不惜花大力氣請著名戲班爲乾隆表演各種戲曲，這使戲曲藝術得以發展，揚州城內外各種高水準的演出頻繁。

國粹京劇

京劇大約誕生於嘉慶、道光年間，一出現便迅速傳播到周邊的天津、河北、山東等省，直至紅遍全國。

與傳統的崑曲不同，京劇的曲譜、辭藻、表現形式更爲自由，音調樸實簡易，不局限於固定的曲譜，不受制於套曲的形式，也不拘泥於曲辭裡的音韻、典故。京劇中融入了很多方言、俚語，保留了許多當地的表演形態，比如後台幫唱、鑼鼓打擊樂等。基於這些特點，京劇一直爲大眾所喜聞樂見。

京劇的戲迷十分廣泛，上至皇親國戚、達官貴人，下至市井鄉間、阡陌驛站，中間有商人、文人、學者、手工業者等。所以，京劇可以說是一種名副其實的市民藝術。後來，京劇發展到南方，尤其是在上海，又得到了新的革新，京劇也因此出現了「京派」、「海派」之別。

享譽盛名的四大徽班

四大徽班就是在「花部」興起、戲曲藝術極盛的環境中成長起來的。所謂「徽班」，顧名思義，就是安徽人組辦和演出的戲曲班子。早在康熙年間，徽班在長江中、下游地區就已經小有名氣。他們主要表演安徽地方戲曲——徽調，以及崑曲、梆子腔、漢戲等各種戲曲，藝技絕倫，盛行一時。

徽班的藝人具有很強的創造力，他們吸收、融合「花部」的各種唱腔，尤其是兼容了「二黃」與「西皮」的優點。「二黃」的特點是節奏平穩舒緩，唱腔流暢深沉，適合表達憂思、感傷、慨歎等情緒，往往用於表現悲劇；「西皮」節奏活潑跳躍，唱腔明朗輕快，曲調剛勁有力，多用來表現歡快、輕鬆或堅忍、憤怒的感情。徽班將這兩種唱腔融會貫通，在乾隆朝晚期創造出一種新的戲曲聲腔——皮黃，構成了京劇聲腔系統的核心。

徽班起初活躍於安徽、江西、浙江等省，後來揚州成爲南方戲曲演出

四大徽班進京圖

京劇《打龍袍》中的包拯扮相

中心，各大徽班就匯聚在揚州梨園表演。乾隆南巡之時，安徽鹽商出資承擔了很多演出任務，使徽班不斷發展壯大。

在眾多徽班中，有四個最負盛名、後來活躍於北京劇壇的徽班，後人稱其為「四大徽班」。「四大徽班」指三慶班、四喜班、和春班和春台班。

三慶班由安徽籍的揚州鹽商江鶴亭組建，有享譽江南的戲曲演員高朗亭做台柱，還聘請了一些擅長作詞、作曲的名家為戲班指導演出。三慶班的唱腔以「二黃」為主，也表演吹腔、崑曲、柳枝腔、羅羅腔等。後來，三慶班又融入了北方的京腔、秦腔等特點，形成豐富多彩的表現風格，因而聞名大江南北，也成為四大徽班中最早進京的一個。

春台班由安徽商人江春創辦，以名旦郝天秀、楊八關等為台柱，「聚眾美而大備」。春台班擅長徽調、昆腔，多演「三小戲」（小旦、小生、小丑合演的戲），後來也兼容京腔、秦腔。其演出費非常高昂，據說，春台班的名角登台演戲，一齣便得白銀一千兩。

四喜班，據說是安徽藝人與北京崑班藝人組合而成的戲班，以崑曲聞名，曾有「新排一曲《桃花扇》，到處哄傳四喜班」的讚譽。

和春班由莊親王召集安徽藝人成立，是「王府大班」，常表演《三國》、《水滸》等戲，動作場面十分精彩。

四大徽班的特點各不相同，時人盛傳「三慶的軸子，四喜的曲子，和春的把子，春台的孩子」，意思是三慶班擅長表演整本大戲，四喜班以崑曲劇目取勝，和春班以武戲見長，而春台班的戲曲演員多為青少年，演出朝氣蓬勃。

四大徽班京華稱雄

乾隆五十五年（一七九〇年），乾隆八十大壽，選調各地著名戲曲演員進宮表演。著名藝人高朗亭被選派入宮，其所在的三慶班自然也就隨之進京。這成為四大徽班進京的開始。

乾隆八十大壽場面盛大，從西華門到西直門外的高梁橋，幾乎每隔幾十步就搭設一個戲台，來自各地的劇種輪番上演，爭奇鬥妍。在這場戲曲盛宴中，三慶班的表演獨領風騷，一戰成名。三慶班的台柱高朗亭年方三十歲，飾演旦角，體態豐腴，面容嬌媚，技藝精湛，一顰一笑、一起一坐都透露著溫婉的氣質，還未開唱，便活脫脫似一位儀態萬千的女子。他擅長二黃腔，音色優美，表演生動，充滿鮮活而新穎的氣息，引人入勝。

三慶班的戲曲演員原本以爲進京只是爲了給乾隆祝壽演出，沒想到意外地受到當地百姓歡迎。於是，他們就留在北京，繼續在民間演出。由於表演貼近百姓，通俗有趣，三慶班在北京更受歡迎。爲了迎合京城百姓的口味，三慶班還吸收了崑曲、弋陽腔、梆子腔等劇種的技藝，又融合了京腔、秦腔等北方劇種的特色。短短幾年間，三慶班就稱雄京華劇壇，成爲京城戲班之冠。

三慶班進京大獲全勝後，四喜班、和春班、春台班等徽班也紛紛效仿，陸續進京。起初，京城有六大徽班（另兩個是啓秀班、霓翠班），後來在演出的過程中，徽班逐漸合併，最終形成四大徽班。四大徽班的演出場所極爲廣泛，在京城廣德樓、廣和樓、三慶園、慶樂園等處都有大戲園。前來看戲的觀眾絡繹不絕，場場爆滿，呈現「四徽班各擅勝場」的盛景。自此，四大徽班雄踞京城達一百餘年，出現程長庚、李鳳林、楊月樓、韓小玉等一大批著名戲曲演員。

百餘年間，四大徽班繼續促進「二黃」與「西皮」的交融，將皮黃唱腔發展到成熟，並實現了徽調、楚調、崑曲、京腔、秦腔等劇種的合流，直至催生風靡全國的劇種——京劇。四大徽班進京，被認爲是京劇誕生的前奏，被後人公認爲戲曲史上的大事。

晚清時期，國勢衰弱，侵略戰爭不斷，四大徽班也隨之逐漸沒落。宣統二年（一九一〇年），四大徽班相繼解散。

關羽臉譜像

京劇《水淹七軍》中的關羽臉譜像，勾「紅色整臉」，顯出其形象莊重威嚴。

「天下第一貪官」和珅

如果要為中國歷史上的大貪官排名次，和珅十有八九會拔得頭籌。憑藉揣摩聖意、善於逢迎的本事，他平步青雲，位極人臣；憑藉五花八門的斂財門道，他聚斂了巨額財產，成為當時天下首富。顯赫的權勢與敗壞的官德結合在他的身上，反映出一個盛世官場的陰暗與沒落。

行走君側 平步青雲

和珅原名和善保，字致齋，鈕祜祿氏，乾隆十五年（一七五〇年）生於滿洲正紅旗的一戶官宦之家。他的父親和常保雖曾官居正二品，但因爲官清廉，因此家中並沒什麼產業。和珅早年父母雙亡，靠族人的接濟度日。不幸的生活境遇養成了和珅勤奮機敏的性格。

十歲時，和珅進入皇宮西華門內的咸安宮官學讀書，「少小聞詩達禮」，顯示出過人的天資。讀書期間，他接受了儒學經典和滿、漢、蒙古文字教育，由於天資聰穎、勤奮努力而得到老師吳省蘭等人的器重。據乾隆朝《平定廓爾喀十五功臣圖贊》記載，和珅精通滿、漢、蒙、藏四種文字，還掌握了鮮爲人知的西藏祕咒，這在當時的朝臣中極爲少見。

十八歲那年，和珅與官階正二品的內務府總管大臣英廉的孫女結婚。

二十歲時，和珅繼承了祖上傳下來的三等輕車都尉的世襲爵位。二十二歲時，和珅當上了官階正五品的三等侍衛，隨即充任「粘桿處侍衛」。所謂「粘桿處侍衛」，就是負責皇帝巡狩時扶車撐傘的差使，和珅也因此有了與皇帝接觸的機會。

在許多歷史劇中，和珅都被塑造成不學無術、醜態百出的形象。然而，眞實的和珅不僅聰明決斷、多才多藝，還是一位相貌英俊的美男子。這些出色的個人資質成爲他最初發跡的重要條件。在「粘桿處侍衛」的職位上，和珅憑藉其才貌和逢迎得到了乾隆的賞識，逐漸升任乾清門侍衛、御前侍衛、正藍旗滿洲都統等職。

乾隆四十五年（一七八一年）正月，三十一歲的和珅被派遣查辦雲貴總督李侍堯的貪污案。類似的案件通常由於缺乏證據而很難處理，但和珅首先拘審了李侍堯的管家，取得了貪污的實據，然後迫使老謀深算的李侍堯不得不低頭認罪。和珅前後只用了兩個月的時間就了斷此案，令乾隆大加讚賞。之後，和珅的官運可謂青雲直上。

無上尊榮的「二皇帝」

飛黃騰達之後的和珅。集萬千寵信於一身，身兼領班軍機大臣、首輔大學士、文華殿大學士、理藩院尚書、內務府總管、領侍衛內大臣、《四庫全書》總裁官、步軍統領、九門提督，戶、兵、吏部三部尚書等顯赫之職。此外，和珅還成爲了乾隆的親家翁——乾隆將自己最寵愛的十公主賜婚給了和珅的兒子豐紳殷德。

和珅的官階之高、兼職之多、掌權之廣、權力之大，清代歷史上找不出第二位，無怪乎被稱爲「清代第一權臣」。乾隆晚年，英國使臣馬戛爾尼曾來訪華，他在日記中寫道：「許多中國人私下稱和珅爲『二皇帝』。」

面對和珅的無上尊榮，人們不禁疑問，乾隆爲何如此寵信和珅呢？如前所述，和珅有學識、有能力，但是這些畢竟只是基礎，況且，和珅並沒有經天緯地之大才，他的學識、治政、軍事、人品、資歷等各方面與朝中同僚相比還遜色不少。和珅的才能遠不足以使他成爲「一人之下、萬人之上」的「二皇帝」，他所眞正倚仗的是揣摩聖意、逢迎人主的出色本領。和珅發跡之時，乾隆已步入老年。此時的乾隆已是志得意滿，自詡爲一代聖君，他最喜歡的就是身邊有人迎合他的自滿心理。和珅恰恰摸透了這心思，做了乾隆「爲君父解憂，捨汝其

恭王府內景

恭王府位於北京前海西街，是清代規模最大的王府，曾是和珅的宅邸。其建築規模宏大，佈局嚴整，內部裝飾富麗堂皇，盡顯奢華。

誰」的知心紅人。

例如，乾隆晚年生活奢靡無度。爲了慶祝自己八十大壽，他計畫舉行萬壽大典和千叟宴，但這需要大把的銀子。當時，國庫已經瀕臨枯竭，無處籌款，滿朝大臣或無計可施，或主張節省，使乾隆大爲掃興。而和珅卻堅決支持乾隆的想法，想出很多「邪門歪道」爲皇帝斂財。在被任命爲大壽慶典的籌辦總管後，和珅想出主意，讓外省三品以上大員都要進獻大量的銀子來祝壽。如此一來，和珅很快滿足了乾隆八十大壽的金錢需要，討得皇帝的歡心。

青玉童子葫蘆瓶

除此之外，和珅還很能投乾隆之所好。乾隆一生喜愛詩文和書法，和珅就在這些方面下工夫。他常與乾隆和詩，所作中有不少佳篇；他還潛心臨摹乾隆的書法，以至後來他的字酷似乾隆的筆跡。乾隆晚年時乾脆把一些題匾交由和珅代筆。

一些史料記載，到了晚年，乾隆很多事情已經再也離不開和珅。老到口齒不清的乾隆，只需一個動作或者一個眼神，和珅就能明白他的意思，並馬上辦好。換言之，和珅可謂「看穿」了乾隆，如此一來又怎能不呼風喚雨呢？

貪斂無度終「跌倒」

位極人臣的和珅充分暴露出他的貪官本質，爲了聚斂巨額的財富，他動用各種權力關係貪污錢財。

和珅聚斂財富的方式五花八門，最主要的方式是任用官員索取賄銀。內到九卿，外到督撫司道，不向和珅行賄，就很難有官做。一時間，朝廷出現了「政以賄成」的嚴重情勢。當時，不同官階的官職甚至明碼標價，官員靠買官上任後，自然加倍搜刮民脂民膏，於是民間流傳起「三年清知府，十萬雪花銀」的諺語。

和珅斂財的第二種方式是直接貪污，利用職務之便，私吞各地進貢的銀兩和寶物。甚至皇宮裡的財物，和珅也敢私運出宮，據爲己有。爲了斂財，和珅還「發明」了不少奇招。比如，他創立了一項名爲「議罪銀」的制度，就是讓有過失的地方官員用交納罰款來代替處分。「議罪銀」少則數千兩，多則幾十萬兩，既滿足了皇帝的奢欲，也塡滿了和珅的腰包。此外，和珅也經營各種產業，透過買賣土地、古玩，收取租費，經營瓦廠等方式，聚斂了不少財富。

和珅貪贓如山，享盡富貴，然而，他貪斂無度、禍國殃民的行為，終究沒有逃過制裁。乾隆的繼任者嘉慶對和珅深惡痛疾，嘉慶四年（一七九九年），做了三年太上皇的乾隆與世長辭。幾天後，和珅就以二十條大罪被抄家入獄，最終被嘉慶賜白綾自盡。

根據中國第一歷史檔案館館藏的《和珅犯罪全案檔》中記載，嘉慶四年（一七九九年）查抄和珅財產時，已發現的家資有：「地畝八千餘頃、房屋三千餘間、當鋪七十五座、銀號四十二座、古玩鋪十五座、綢緞庫四間、玉器庫二間、瓷器庫二間、洋貨庫二間、皮張庫二間……。赤金元寶一百個、白銀元寶一百個、赤金五百八十萬兩、生金沙二萬餘兩……。金碗碟三十二桌（共四千二百八十八件）、銀碗碟三十二桌（共四千二百八十八件）、金鑲玉的筷子二百副、金鑲象牙筷子二百副、水晶杯一百二十個……。大紅寶石二百八十塊、小紅寶石三百八十三塊、各色玉如意四千一百二十六支……。貂皮男衣七百一十三件、貂皮女衣六百五十餘件，雜皮男衣八百零六件，雜皮女衣四百三十六件……。」

有人估算，查抄的和珅資產總共約白銀十一億兩，相當於當時清廷約十五年的國庫收入，因此有學者稱和珅是「世界歷史上的第一大貪官」。

聖製平定臺灣詠大埔林之戰詩
諸羅圍解迤南通斗六門當所必攻不與暇因操勝
計破其堅乃易成功路經三埔皆酣戰賊擁千羣尚
肆訌大膊大鞣消頃刻雄風何異捲飛蓬 賜凱旋將軍福康安
參贊海蘭察等 宴即席成句 西域金川宴紫光臺灣凱席值山莊
敢稱七德七功就戒滿持盈增惕永安民和衆繫懷
長養年歸政應非遠 臣 和珅敬書

和珅書法

和珅的書法，法度謹嚴，剛正勁健，頗具乾隆書法的神韻。

屢興文字獄

乾隆年間，屢興文字獄，總數竟達康熙、雍正兩朝文字獄總和的近三倍。乾隆製造文字獄的手法五花八門，或牽強附會，或斷章取義，或捕風捉影，將大批文人士子以「欲加之罪」陷入刑獄，致使讀書人無不自危。

僞孫嘉淦奏稿案

乾隆執政以祖父康熙爲榜樣，主張寬仁。但是在對待文字著作方面，乾隆卻一點也不寬仁。他在位期間，共興起文字獄一百三十餘起，相當於康熙朝、雍正朝文字獄總和的近三倍。要說乾隆年間的文字獄是一場駭人聽聞的文化浩劫，絲毫不爲過。

乾隆初年發生的第一件文字大獄是轟動全國的「僞孫嘉淦奏稿案」。乾隆十五年（一七五〇年），民間出現了一份假冒孫嘉淦之名寫的奏稿，文中以「五不解，十大過」直接批判了乾隆的施政不當，而且幾乎揭露了朝中所有大臣的過失。由於孫嘉淦曾歷任吏部尚書、刑部尚書、直隸總督、湖廣總督等要職，爲官清正，仗義執言，在民間威望極高，所以這份奏稿一出現便迅速傳播，遍及各地。

乾隆接到地方官員的奏報後，大發雷霆，下令各省祕密追查「僞孫嘉淦奏稿案」的案犯。各省大動干戈地追查了一年，查處傳抄「僞稿」的人犯無數，湖廣、江西、四川等省各自抓捕的人犯達數百人。自乾隆十七年（一七五二年）開始，各省開始公開追查。然而，所抓人犯或推諉責任，或反覆翻供，又過了一年，主犯仍然沒有眉目。

「僞稿」一案的追查耗費了大量人力和物力，卻毫無結果，因此不少官員上疏請乾隆寬赦處理。恰在此時，江西省查獲「僞稿」傳抄者盧魯生、劉時達、劉守樸等人。乾隆也深知此案不宜再拖，只好將這幾人當做替罪羊，倉促地詔告天下此案已結。最終，「主犯」盧魯生被凌遲處死，其他傳抄者「加恩寬免」。

胡中藻案

「僞孫嘉淦奏稿案」剛剛平息，「胡中藻案」又起。胡中藻，江西新

青花雲龍管鬆毫提筆

建人，是乾隆元年（一七三六年）進士，著名大學士鄂爾泰的門生，曾任翰林學士、陝西學政、廣西學政等職。然而，由於官運前途迷茫，胡中藻心情鬱悶，常作一些牢騷洩憤的詩文。他以韓愈自比，蒐集了自己所寫的很多癲狂險怪之作，著成《堅磨生詩抄》，並由其門人捐資刻印。

乾隆十八年（一七五三年），有人將《堅磨生詩抄》呈獻給乾隆。乾隆博學多聞，知道「堅磨」二字取自《論語．陽貨》中的「不曰堅乎？磨而不磷」一句，意思是磨而不損的東西叫做堅硬。乾隆認爲，胡中藻將自己的著作取名爲「堅磨生」，顯然有仕途坎坷、憤憤不平的牢騷味。於是，他立即命朝臣細讀《堅磨生詩抄》，以檢舉胡中藻的悖逆之辭。乾隆還親自摘出了許多胡中藻詩中的「逆語」，如「一世無日月」、「又降一世夏秋冬」等，是暗諷本朝暗無天日；「一把心腸論濁清」、「斯文欲被蠻滿洲」等，則是將「濁」、「蠻」加在「清」和滿洲之前，大逆不道；「一川水已快南巡，周王湃被因時邁」，是用周昭王南下狩獵而溺水一事詛咒乾隆南巡等等。

乾隆以此怒斥胡中藻「鬼蜮爲心」、「肆其悖逆、詆訕、怨望」，最終判胡中藻斬立決，家產充公。

《字貫》案

王錫侯的「《字貫》案」是乾隆年間最著名的「逆書案」，也是最大的一樁冤案。王錫侯是乾隆年間的舉人。他博學多才，擅長詩文、訓詁學，通天文氣象，一生共寫下了十幾部著作。

王錫侯對字學很感興趣。他認爲當時最流行的字書《康熙字典》收錄的字太多，查找時難免倦怠且容易遺漏，另外字與字之間缺少聯繫，顯得分散零落。乾隆三十四年（一七六九年），王錫侯決定編寫一部新的字書，用字義來貫穿所有的字，將字音或字義相同的字歸爲一類，並將這部書取名爲《字貫》。全書分爲天文、地理、人事、物類等四大類，每類十卷。《字貫》便於查閱，通俗易懂。正式刻印後，得到了很多學者的讚賞。

乾隆寫字圖

圖繪乾隆在書房內寫字的情景。室內，乾隆身穿漢服，一手拈鬚，一手執筆，似在沉思。窗外，有「君子」美譽的梅與竹沐浴於春風中，煥發著勃勃生機，為書齋平添了幾分清幽與雅致。

然而，三年後，《字貫》竟被告發爲「逆書」。原因是該書的序中有「然而穿貫之難也」一句，指出《康熙字典》有缺陷，是「詆毀」、「狂妄不法」；書中還將康熙、乾隆的名諱列出，實在是「大逆」、「罪不容誅」。事實上，王錫侯的本意是想使《康熙字典》更加完善，列出名諱則是爲了提醒世人注意避諱，不料卻被強加「逆書」的罪名。這年十二月，王錫侯被乾隆判滿門抄斬。

《一柱樓詩集》案

乾隆後期，由詩詞引發的文字獄愈演愈烈。其中，「《一柱樓詩集》案」爲其代表。

江蘇文人徐述夔著有《一柱樓詩集》。他死後，其子將《一柱樓詩集》刊印發行。乾隆四十三年（一七七八年），這本詩集被告發，一場大獄就此展開。乾隆獲悉此案後，認爲詩集中的「明朝期振翮，一舉去清都」一句有反清復明的意思，而「舉杯忽見明天子，且把壺兒擱半邊」（「壺」與「胡」同音）分明是貶損清王朝。

盛怒之下，乾隆下令對此案嚴查重辦，凡是與《一柱樓詩集》有牽連的人都不得漏網。乾隆的寵臣沈德潛曾爲徐述夔作傳，此時雖早已過世，仍未能倖免；而徐述夔的族人徐首發、徐成濯，只因名字連起來是「首發成濯」（頭髮光禿的意思），便被指爲有嘲笑清朝薙髮令的居心。最終，徐述夔被開棺戮屍，沈德潛被開棺碎屍，徐述夔家人慘遭滅門，族人也被連累抄家。

萬馬齊喑究可哀

乾隆在位六十年間，屢興文字獄，掀起了乾隆十六年至四十一年（一七五一年至一七七六年）和乾隆四十二年至四十八年（一七七七年至一七七八年）兩次文字獄高峰，累計達三十一年之久。這些文字獄不僅打擊上層官員，也波及普通百姓，甚至連瘋癲之人也不放過，或牽強附會，或斷章取義，或捕風捉影，可謂無所不用其極。

例如，有個冀州秀才爲了吹捧乾隆，作詩「知主多宿憂，能排難者誰」，卻被指爲詛咒乾隆有憂難，被打入大獄；告老還鄉的老臣尹嘉銓自稱爲「古稀老人」，惹得乾隆大怒，因爲天下只有乾隆才有資格稱「古稀老人」，尹嘉銓竟因此被殺；還有個名爲劉三元的瘋癲之人曾自稱漢室後裔，也因此獲罪被殺。諸如此類，不勝枚舉。

直到乾隆晚年，文字獄才漸漸消停。那是因爲朝政日趨腐敗，叛亂四起，乾隆不敢再以文字獄招致民怨。但是，數十年的文字獄已令文人士子人人自危，「萬馬齊喑究可哀」的危害已無可挽回。

「不單純」的文字獄

文字獄背後往往有複雜的因素，常與官場鬥爭、私人恩怨、清除異己、鞏固統治等息息相關。如「胡中藻案」，名為因詩文獲罪，實際上是乾隆剷除鄂爾泰朋黨的行為。鄂爾泰黨羽勢力過大，他死後，乾隆便假借一些理由來清除其朋黨，胡中藻便是其中一個以文字獄為名義的犧牲者。再如著名學者全祖望曾著有文章《皇雅篇》，其仇敵為了挾私報復，便故意將其中「為我討賊清乾坤」一句曲解為詆謗清為「賊」，險些害全祖望獲罪。轟動一時的「《字貫》案」、「《一柱樓詩集》案」也是因仇人告發而造成的。文字獄一旦與這些不可告人的目的相結合，便愈發不可收拾，造成冤獄橫生。

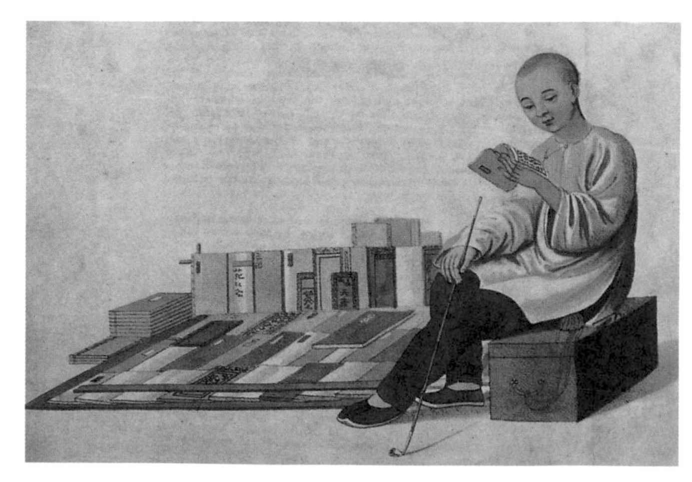

清代的書商

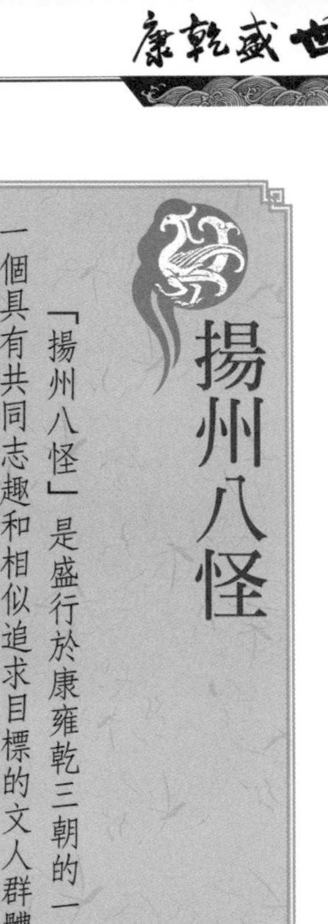

揚州八怪

「揚州八怪」是盛行於康雍乾三朝的一個革新畫派，也是一個具有共同志趣和相似追求目標的文人群體。他們厭惡官場，清貧度日；同情百姓，憤世嫉俗；突破傳統，標新立異。也正是由於這些特點，他們被後人謂之「怪」。而「揚州八怪」拍賣字畫的生活也反映出當時江南商業的繁榮。

揚州八怪

「揚州八怪」是康雍乾時期活躍在揚州畫壇上的一個繪畫流派，興起於康熙末年，匿跡於乾隆晚年，前後流行達百餘年。這一稱謂由來已久，但沒有統一的說法。有人說，「揚州八怪」有八位名家，有人則說有十幾位。即便是認可有八位的，對於八人的名字之說也有出入。一般而言，後人採納晚清學者李玉棻的觀點，認爲「揚州八怪」指汪士愼、鄭燮、高翔、金農、李　、黃愼、李方膺、羅聘八位。之所以將八位名家並稱，是因爲他們在人生經歷、志趣追求、藝術風格等方面有很多共同的特點；而這些特點多是挑戰世俗、突破傳統的，故世人謂之「怪」。

在人生經歷方面，「揚州八怪」大多出身普通文人階層，博學多才，擅長詩文書畫。他們的人生大都經歷坎坷，有的仕途不順，有的終生不仕，以致生活清貧潦倒，不得不依靠賣畫爲生。

在志趣追求方面，他們都孤芳自許，憤世嫉俗，厭惡官場惡習，關注民間疾苦，同情百姓。「八怪」之中，只有鄭燮、李鱓、李方膺三人做過知縣，其餘幾人皆是布衣。

在藝術風格方面，「揚州八怪」都是以畫寄情、以文諷世，將百姓的疾苦、世道的醜惡、內心的憤懣壓抑都融入作品中。他們雖然賣畫，卻不甘於淪爲一般的畫工，而是追求更高的藝術理想。他們不拘泥於畫壇上保守的戒律清規，而是講求個性，力主創新，甚至在某些方面大膽突破傳統審美標準，顯得有些離經叛道，開創一派新的畫風。

從具體的技藝層面來說，「揚州八怪」大多以花鳥、山水、人物入畫，最喜梅、竹、石、蘭等意象，以寫意爲主要手法，從取材立意到構圖用筆都獨樹一幟。此外，「揚州八怪」在書法、詩文、印章方面的造詣也很高，常作出詩、書、畫俱佳的作品，時人稱爲「三絕」。

清廉爲民的「怪」縣官鄭板橋

「揚州八怪」中，最負盛名的一位當屬鄭燮，亦即人們熟知的清貧縣官鄭板橋。後人皆推鄭板橋爲「揚州八怪」的核心人物，不僅因爲其藝術、文學修養頗高，更是因爲其高潔的品行與堅貞的持守。

鄭燮，字克柔，號板橋，康熙三十二年（一六九三年）生於揚州的一戶書香門第。鄭家的家境曾很富裕，有良田三百畝，僱傭大批傭工奴僕，但至鄭板橋出生時，家道已逐漸衰敗。因此，鄭板橋自幼過著比較清貧的生活。鄭板橋少時遍讀儒學、歷史、詩詞等著作，曾拜家鄉的陸種園先生爲師，學習書法、填詞、繪畫等。二十歲左右，鄭板橋考中秀才，成爲聞名鄉里的才子。

由於生活困苦，鄭板橋在三十歲以後就棄館到揚州賣畫爲生，「實救困貧，托名風雅」。然而，這仍不能滿足家用。鄭板橋復又開辦私塾，當起了教書先生，但薪水微薄，一家人只能過著粗茶淡飯的日子。三十幾歲時，鄭板橋相繼喪父、喪子（獨生子）、喪妻，一連串的打擊使鄭板橋悲觀萬分，生計更爲艱難。

雍正十年（一七三二年），四十歲的鄭板橋考中舉人；四年後，考中進士，步入仕途。自此，鄭板橋步入人生的第二個階段，懷著「匡時濟世」的理想，開始了清廉爲官的生活。

由於性情豪爽，不拘一格，鄭板橋爲官期間也頗多「怪異」之舉。有一次，縣裡有一個年輕和尚與尼姑相

汪士慎·梅花圖軸

《梅花圖》繪一枝老梅主幹直貫畫面，瘦硬倔勁，濃墨點苔，寒風中傲然不屈，正是汪士慎「人與梅花一樣清」的寫照。

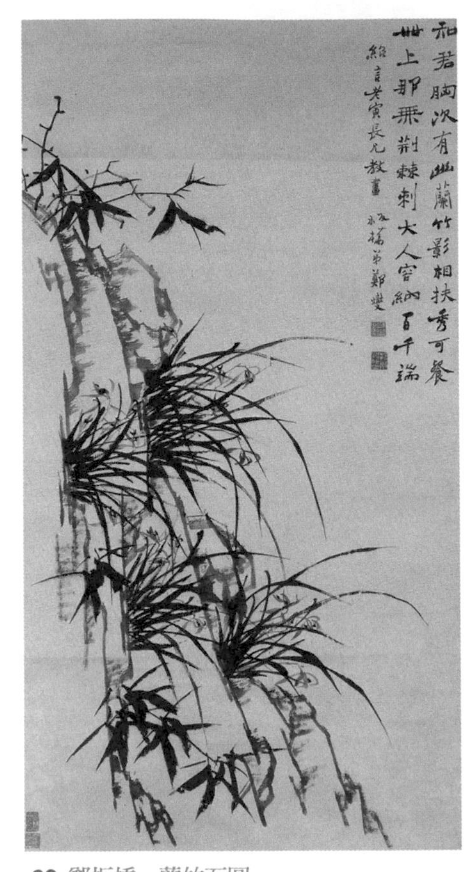

鄭板橋．蘭竹石圖

《蘭竹石圖》以濃墨畫蘭竹，淡墨畫石，蘭竹從石中叢叢撇出，生機勃勃。以草書中豎長撇法運筆，多不亂，少不疏，體貌疏朗，筆力勁峭，自稱「四時不謝之蘭，百節長青之竹，萬古不敗之石，千秋不變之人」。

愛，被鄉鄰認爲是大逆不道，押送到縣衙治罪。鄭板橋看到二人年齡相仿，兩情相悅，竟不顧所謂的「戒規」，當堂賜二人還俗成親，還特地寫了一首詩送給他們，其中有一句是：「是誰勾卻風流案？記取當堂鄭板橋。」此事一時被傳爲奇談。

後來，鄭板橋又到濰縣當知縣。在任期間，縣裡遭遇連年災荒，出現了「人相食」的慘象。鄭板橋顧不得請示上司，自己做主發放官倉糧食給受災百姓，救活了上萬人。他讓百姓寫了借據，但看到秋後仍然收成不濟，便當眾將借據燒燬。

鄭板橋清廉爲民的政行，被百姓稱讚爲「愛民如子」、「忘其爲長吏」，但因爲他從不逢迎送禮，剛正不阿，也得罪了很多上司和富賈。乾隆十八年（一七五三年），鄭板橋竟被誣告貪污而被罷官。他卸任時，百姓夾道挽留，爲他鳴冤，家家爲他畫像、祭祀，還集資爲他建祠堂。

含冤罷官的鄭板橋並不沮喪，經過十幾年的官場生活，他飽嘗社會黑暗和民間疾苦，對仕途再無留戀。正如他戲稱，爲官時是比以前「稍稍富貴」，如今只是又「稍稍貧」而已。從此，他徹底脫離官場，回到老家揚州，重新過著賣畫爲生的日子。

晚年的鄭板橋在字畫方面已經很有成就，名氣也遠播江南。他依舊喜愛畫蘭和竹，以寄托自己不向世俗低頭的心志，代表作有《竹石圖》等。他的畫有時寥寥數筆，有時密密滿幅，取景自然，下筆隨意，風格清朗，意境深遠。鄭板橋的詩文頗多現實主義作品，《悍吏》、《逃荒行》等都是爲民立言、打抱不平之作。

乾隆三十年（一七六五年），鄭板橋病逝，享年七十三歲。

「三朝老民」金農

與鄭板橋一樣，金農也是「揚州八怪」的領袖人物，時稱「揚州八怪」之首。

金農，字壽門，號冬心，別號江湖聽雨翁、金牛湖詩老、老丁、古泉居士等。康熙二十六年（一六八七年），金農生於浙江錢塘（今杭州），後來久居揚州。他自幼研習詩書散文，博學多才，學養豐厚，在詩詞、書法、繪畫、印章、樂器、譜曲、收藏、鑒賞等諸多方面都堪稱大家。正因如此，金農被推舉爲「揚州八怪」之首。

金農雖然才高，但天性淡泊，與世無爭。他一生不參加科舉，也無心爲官，只是在乾隆元年（一七三六年）被薦舉參加清廷舉辦的博學鴻詞科。但他到了京城後，沒有參加考試就折返而回了。因此，金農終生布衣，度日清貧，靠賣書畫爲生。他經歷了康熙朝的三十四年、雍正朝的十四年，乾隆朝的二十八年，故風趣地給自己取了個「三朝老民」的稱號。這一稱號既表明了金農清靜高遠的心志，也表現出其安貧樂道的生活態度。

金農喜愛遊歷名山大川，號稱「足跡半天下」；也喜好結識名士，廣交好友。年輕時，他與何焯、丁敬等名士結交。到了晚年，他與鄭板橋的交情很深。二人書信往來十分頻繁，暢談詩詞、金石、古董等學問，引爲知己。鄭板橋在濰縣做官時，誤聽金農病逝的噩耗，頓時號啕大哭，不久又得知金農還健在，立即修書一封，以示問候。金農看到千里之外的

金農．金農自畫像

《金農自畫像》純用白描，不著一筆背景。畫中的他雙目微閉，長袍及地，扶策緩行，「布衣雄世」的傲世脫俗、高迥出塵形象呼之欲出。

鄭板橋如此掛念自己，感動地繪了一幅自畫像，並配詩一首寄給鄭板橋。

金農大器晚成，五十歲以後才開始作畫。他的畫造型奇異，畫中山水、花卉、人物、走獸等無不令人叫絕，有《墨梅圖》、《月花圖》等代表作。金農的書法造詣很高，兼收漢隸、魏楷之長。他還自創一種新書體，名爲「漆書」，橫劃粗，豎劃細，撇劃飄，捺劃厚，頭重腳輕，墨色烏亮，如同漆成的一般，可謂獨闢蹊徑，驚世駭俗。

突破傳統的「八怪」

「揚州八怪」的其他六位也是突破傳統、標新立異之輩。

李鱓，字宗揚，號復堂、懊道人，年輕時曾入內廷擔任宮廷畫師，但因厭惡宮廷畫的死氣沉沉、毫無創新而遭到排擠。後來，李鱓出任山東滕縣知縣，又因忤逆權貴而被罷官。李鱓回到揚州賣畫爲生，與鄭板橋過從甚密。二人本爲同鄉，又成知己，相似的人生境遇使彼此惺惺相惜。李鱓作畫擅長破筆潑墨，任意揮灑，對花鳥畫的發展影響很大。李鱓死後，鄭板橋十分懷念，曾在自己的畫作《蘭竹石》上題字曰：「惜復堂李鱓不再，不復有商量畫事之人也。」

李方膺，字虬仲，號晴江、秋池、衣白山人。他曾任山東蘭山知縣，因得罪上官而被捕入獄，後遇大赦獲釋，官復原職，又歷任安徽潛山、合肥知縣。李方膺爲官期間，施政公正，受百姓敬重，但終因不會諂媚上司而去官。去官後，他常在揚州賣畫，其作品豪放粗獷，不拘一格。李方膺與李鱓、鄭板橋交情很好，三人曾合作《歲寒三友圖》，還常常一起寫詩。

汪士慎，字近人，號巢林，別號溪東外史、晚春老人等。他久居揚州賣畫，其作品清秀淡雅，富有生趣。五十四歲時，他左眼失明，但仍能畫梅；六十七歲時，雙目俱盲，還能寫狂草大字。

高翔是汪士慎、金農的好友，字鳳崗，號西唐、樨堂。他世居揚州，終生不仕。高翔喜愛寫生，擅畫山水、花卉，精通刻印、寫眞，筆法簡練，形神兼備。晚年時，他右手殘廢，仍堅持以左手作畫。

黃愼，字恭懋，一字恭壽，號瘿瓢。他擅長畫人物，或取材神話故事，或描繪現實生活中的漁翁樵夫、貧民乞丐等，用筆寫意，頗具特色。黃愼的書法也很有名，發展了懷素草書，並將草書的筆法用到畫中，風格狂放。

羅聘，字遯夫，號兩峰、衣雲等，是金農的入室弟子。他擅長畫人物、佛像、山水、花卉等，最特別的是畫鬼。羅聘筆下的鬼形態醜惡，具有強烈的諷刺世事之意。

「八怪」字畫與商業繁榮

「揚州八怪」賣畫的生活反映出當時揚州商業繁榮的景象。鄭板橋、金農等人之所以能夠靠賣畫維繫生計，其中一個重要的原因就是揚州經濟發達，富賈雲集，對書畫有較強的市場需求。

自隋唐開闢大運河以來，揚州一帶由於交通便利、物產豐盈，又是鹽業集散地，經濟得以逐步發展。到了清初，經過康、雍、乾三朝的勵精圖治，揚州乃至整個江南地區都進一步繁榮，成爲全國手工業、商業最發達的地區。絲織、棉紡等行業也異常興盛，因而產生一大批富商巨賈。這些富商坐擁巨額財富，一擲千金，除了在物質享受上極盡能事，自然少不了文化消費，附庸風雅。於是，在富商和地方官的召集下，四方文人名士集聚江南，飲宴聚會，吟詩作賦，寫字作畫，這其中，就包括畫藝不凡的「揚州八怪」。

江南富商喜愛的文化產品很多，字畫是其中最重要的一項。當時，凡家中有些積蓄的富戶，無不求一些書畫掛在室內，正所謂「家中無字畫，不是舊人家」。而那些富商巨賈更是在名人字畫上著力追求。如此一來，「揚州八怪」的字畫就有了市場需求。

根據記載，鄭板橋晚年賣畫，遠近的士紳官民無不搜求搶購，即便出很高的價格，也未必能求得一幅。有些富商爲了求得鄭板橋的作品，竟不惜大費周折以求一畫，其作品炙手可熱可見一斑。

李鱓・芭蕉睡鵝圖

李　的《芭蕉睡鵝圖》構圖簡練、豐滿，乍看粗率，但不拘法度，於形態之外，寄豪放之情，虛實結合，在對比之中頗有意趣。鵝曲頸而睡，羽毛勾勒簡練，頭與掌染紅色，芭蕉與地面幾筆粗成，有自題五言詩一首開拓畫意。

曹雪芹與《紅樓夢》

曹雪芹出身望族，卻遭逢家敗，一生坎坷，度日維艱。起伏的經歷與不尋常的見聞，讓他洞穿世事，飽蘸著十年苦熬的心血，匯成一部流傳千古的《紅樓夢》。世人皆知《紅樓夢》是巔峰之作，可有幾人懂得它隱含的兒女悲歡、家族榮辱、時代興衰，又有誰能解其中況味呢？

顯盛的家世

曹雪芹的祖先是漢人，明朝末年定居於遼寧遼陽。在清太祖努爾哈赤用兵時被擄去做奴僕。後來，曹雪芹的高祖曹振彥成爲攝政王多爾袞的家奴，頗受賞識，曾任知州、知府、都轉運鹽使等職，官居三品。

康熙二年（一六六三年），曹雪芹的曾祖父曹璽被委任爲江寧（今江蘇南京）織造，曹家的望族基業從此奠定。江寧織造的品級雖不高，但專門負責皇家的織造、生活用品採辦，握有實權，深受皇帝器重。

到了曹雪芹的祖父曹寅時，曹家的名望和地位更是達到極盛。曹寅的母親是康熙的奶母，曹寅自幼陪伴康熙讀書，親如兄弟。曹璽過世後，曹寅承襲江寧織造一職，又幾次兼任兩淮巡鹽御史，還多次奉命協助康熙編修各類文集、圖書。康熙六次南巡，有四次命曹寅接駕，曹寅的女兒嫁給平郡王納爾蘇，成爲王妃。曹寅死後，康熙又命曹雪芹之父曹顒襲任江寧織造。就這樣，三代世襲江寧織造，累計時間達六十年之久，期間享盡帝寵，曹家盛極一時。

曹雪芹一生恰值曹家盛極而衰。顯盛的家世不僅影響了曹雪芹的人生，也融入到他的文學創作。

《石頭記》書影

《紅樓夢》前八十回抄本，稱《石頭記》（或《脂硯齋重評石頭記》），附有脂硯齋等的評語，故又稱「脂評本」或「脂本」。

曹雪芹的人生坎坷

曹雪芹，名霑（取感念皇恩之義），字夢阮，號雪芹、芹圃、芹溪。其生卒年有爭議，一說爲康熙五十四年至乾隆二十七年（一七一五年至一七六二年），一說爲雍正二年至乾隆二十九年（一七二四年至一七六四年）。

四美釣魚

描繪《紅樓夢》中的探春、邢岫煙、李紋和李綺四位小姐在大觀園的池塘邊釣魚的情景。

曹雪芹幼年時，曹家正值鼎盛，然而此時其祖父曹寅由於憑恃恩寵，已經留下了不少虧空，爲曹家的衰落埋下了隱患。其父曹顒接管織造不久就病逝了，康熙又命曹顒的堂弟曹頫繼任。曹頫忠厚老實，不善經營，不僅未能將多年的虧空彌補，反而屢次出錯。

雍正即位後，開始大規模清查錢糧。曹家因爲虧欠太多，本已岌岌可危，又受官場鬥爭的牽連失寵於皇帝，且在進貢的織物中多次出現不合格的現象，最終被抄家。雍正六年（一七二八年），曹頫以「行爲不端」、「騷擾驛站」、「虧空」等罪名被革職查辦，入獄一年多；曹家的家產、奴僕都被充抵虧欠；曹雪芹被迫隨家人遷到北京崇文門外的蒜市口居住。至此，曹家徹底沒落。

經歷了這場巨大變故，曹雪芹深感世態炎涼，對社會也有了更深刻的認識。從此，他遠離官場，清貧度日。此間，他寫詩作畫，結交友人，與張宜泉、敦敏、敦誠等人交情很好。在生命的最後十年裡，曹雪芹的生計更加艱難，常常是「滿徑蓬蒿」、「舉家食粥」，只能靠賣畫和朋友接濟維生。晚年時，曹雪芹的幼子不幸感染天花，因貧困而無力醫治不幸夭折。曹雪芹因而遭受沉重的精神打擊，不久，他就在貧病無醫的窘境中離開人世。

十年心血著《紅樓夢》

曹家被抄家後，曹雪芹在極其艱難的環境下，開始梳理自己不尋常的經歷、見聞、感知、體悟，開始創作長篇小說《紅樓夢》。

曹雪芹著《紅樓夢》的過程非常

瀟湘館林黛玉撫琴

林黛玉煩悶，獨坐瀟湘館，以撫琴解之。想到身世，傷心淒惶，不由引入琴音。君弦過高，忽為之斷。其時寶玉與妙玉路經於此，聆聽琴聲，亦為之歎息。弦斷無聲，乃默然離去。

艱苦，被稱爲「字字看來皆是血，十年辛苦不尋常」。他在悼紅軒中至少花費了十年時間，先後修改五次，才最終確定目錄，分出章回，完成這部鉅著。關於《紅樓夢》的成書時間，一說是曹雪芹臨終前，一說是曹雪芹與敦敏、敦誠兄弟交往期間，迄今尚無定論。

《紅樓夢》的名字曾有《石頭記》、《風月寶鑒》等說法，其流傳版本更是各式各樣。一般而言，現在通行的版本是乾隆甲戌本《紅樓夢》，章回體小說，共分一百二十回。學界一般認爲，前八十回是曹雪芹所作，後四十回是乾隆年間的文人高鶚與程偉元合作續成。關於曹雪芹是否完成了《紅樓夢》，有學者認爲，曹雪芹生前只著了八十回，就「淚盡而逝」；也有人認爲，曹雪芹完成了全部書稿，只是後四十回不幸佚失。

《紅樓夢》是一部鴻篇鉅著，小說以賈、史、王、薛這四大顯盛家族爲背景，以賈寶玉、林黛玉的愛情悲劇爲主線，描述了賈家榮國府、寧國府由盛而衰的過程，反映了當時人民生活與社會百態。

中國古典小說的巔峰

曹雪芹所著《紅樓夢》被譽爲中國古典小說的巔峰之作、古代最偉大的長篇小說、世界文學經典鉅著。它與《三國演義》、《水滸傳》、《西遊記》等三部小說並稱爲中國古代四大名著，又被後人公認爲是其中寫得最好的一部。

《紅樓夢》總字數達七十三萬字，書中所寫人物合計九百七十五人，其中有姓名的七百三十二人，無姓名的二百四十三人，男性人物四百九十五人，女性人物四百八十人。這些人物包括四大家族的家眷、姻親、僕人、皇室王爵、宮女太監、大小官吏，社會上的醫生、門客、戲子、僧人、尼姑等，還有外國人，以及「警幻仙境」的仙人。近千名人物無一雷同，大都具有鮮明的個性，而能巧妙地統一於一部小說中。

《紅樓夢》具有很高的藝術價值與文學技巧。全書多處運用諧音、伏筆等手法含蓄表達作者的意思。例如，甄士隱（眞事隱）、賈雨村（假語存）、甄英蓮（眞應憐）、元春、迎春、探春、惜春（取首字「原應歎息」）等。作者還在前面幾回透過傳說、判詞等形式，暗暗爲主要人物的命運埋下伏筆，而後面的詩詞、對聯、燈謎等，更是多處隱含了人物命運的訊息。

除了文學上的成就外，《紅樓夢》在園林、建築、服飾、醫學等方面都具有很高的研究價值。

誰解其中味

《紅樓夢》開篇有詩一首：「滿紙荒唐言，一把辛酸淚。都云作者癡，誰解其中味？」這部偉大的作品蘊含的內容太廣，兒女之情、家族興衰、時代變遷，無所不包，加上原作者的書稿不全，使得《紅樓夢》的「其中味」顯得尤爲神秘。

有的學者認爲，《紅樓夢》是曹雪芹自傳性很強的一部小說。的確，書中賈府的興衰正好映襯了曹家的變故，皇帝恩寵、有女爲妃、生活富貴再至後來的虧空抄家等情節，恐怕都是曹雪芹親身經歷的片段。於是，又有人提出《紅樓夢》實際上是以納蘭性德爲原型所作，或說以皇室生活爲影射所作。不少學者甚至手由絲剝繭找出了能與書中人物相對應的眞實歷史人物。

事實上，《紅樓夢》既有興衰榮辱的感慨，也有社會黑暗的揭露，既有對虛僞的道德禮教、科舉政治的反叛，也有對眞誠的男女愛情、主僕情誼的頌揚，還有對遭到不公平歧視的女子、底層人民的同情……。可以說，一千個人眼中就有一千個《紅樓夢》，與其穿鑿附會、追根究柢，不如用心體會。

紅學會

由於《紅樓夢》一書留下的疑問很多，加上書中涉及的詩詞、園藝、建築、服飾乃至醫學等學問博大精深，後世學者通常從不同角度對其進行孜孜不倦的研究。漸漸地，便衍生出「紅學」。

西元一九八〇年，中國紅學會成立，專門研究曹雪芹與《紅樓夢》。「紅學會」成立後，對於《紅樓夢》的情節發展、人物原型及其與曹雪芹家世、清朝中期時代背景的關係等問題進行深入探討，也出現了馮其庸、王崑崙、俞平伯、周汝昌等一批著名的「紅學家」。

如今，研究紅學機構甚多，紅學的學術交流活動更是擴及海、內外。

馬戛爾尼訪華

乾隆朝晚期，馬戛爾尼率領盛大的船隊，從英國遠渡重洋來到中國。不過，他並不是如乾隆想像的那樣，是前來朝貢和祝壽。他不願下跪和要求平等貿易，都令故步自封的乾隆極為不悅。馬戛爾尼的到來，是天朝上國與工業新貴的衝突，封閉落後與開放先進的碰撞。

不願下跪的英國使臣

乾隆五十八年（一七九三年），英國外交官馬戛爾尼（George Macartney，一七三七年至一八〇六年）率領包括官員、貴族、商人、學者、醫生等各類成員約七百餘人的龐大使團，帶著六百箱禮物，乘著「獅子號」、「豺狼號」等五艘大船，浩浩蕩蕩地穿越重洋，抵達中國天津。這種出使的陣容在歐洲是空前的，英國使團以向乾隆「祝壽」爲名，實則承擔著更重大的任務。

一踏上中國的領土，馬戛爾尼所率使團的船隻就被插上各色彩旗，旗子上寫著「英吉利貢使」的字樣，他們的禮品箱也被貼上「貢物」的標誌。一路上，他們受到直隸總督等官員的熱情招待，但同時，這些官員也藉機大肆宣稱，「英吉利貢使」如何對乾隆表現得恭敬膜拜，如何對物產豐盛的天朝上國歎爲觀止等。

這些令馬戛爾尼非常不解，他原本認爲自己是身爲使臣來與中國政府平等談判的。他有英國的勳爵身分，曾擔任過駐俄國聖彼得堡的使臣，進過英國議會，做過愛爾蘭議員、印度馬德拉斯總督等。身爲一位經驗豐富的外交官，馬戛爾尼還是第一次面對這樣的「奇遇」。

不過，爲了表示最大的誠意，馬戛爾尼還是盡力尊重中國文化，用中國人的思維習慣來說話、行事。比如，他聽說中國皇帝的特派官員叫做「欽差」，便自稱爲英國的「欽差」，誰知卻惹得中國官員大怒，原因是天下只有一個天朝皇帝，蠻夷之國怎麼有資格派遣「欽差」。馬戛爾尼又嘗試將自己帶來的各種新奇禮品和西洋發明介紹給中國，如蒸汽機、棉紡機、熱氣球、戰艦模型、望遠鏡、地球儀、天文觀測儀器以及很多先進的槍砲武器等。他將這些禮品名稱先從英文譯成拉丁文，然後再譯成中文，以便中國皇帝和官員能夠理解。比如，天體運行儀器被別出心裁地翻譯爲「天文地理音樂鐘」。可是，這些新奇玩意兒並沒有得到中國官員的好感，他們大多認爲這些只是奇巧之物，反而對精美的吊燈、各式的鐘錶等擺設物品愛不釋手。地位、文化的差異，已經爲馬戛爾尼訪華的不利埋下了伏筆。

兩個月後，馬戛爾尼所率使團到達承德。這時，中國官員又向馬戛爾尼提出了一個讓他無法接受的要求，那就是對乾隆行三叩九拜之禮。馬戛爾尼嚴詞拒絕道：「我們英國是獨立的國家，讓我們向中國皇帝下跪，是對我們的侮辱。我們只有在上帝面前才會雙膝跪地，即使是面對我們的女王，我們也只是單膝跪下行吻手禮。」這番言論在中國官員看來簡直是大逆不道。然而經過反覆協商，馬戛爾尼仍然不肯讓步。

馬戛爾尼不願跪拜的消息傳到乾隆耳中，自然引起乾隆的不悅。但乾隆想到馬戛爾尼不遠千里來到中國爲自己祝壽，便格外開恩，以「蠻夷不開化」爲名，允許馬戛爾尼單膝跪拜行禮。馬戛爾尼只好同意。這年八月，乾隆在承德避暑山莊隆重地接見了馬戛爾尼所率使團，賞其一年糧米，並派大學士和珅等重臣陪馬戛爾尼遊覽周邊的名勝古蹟。

金嵌珍珠天球儀

清代乾隆年間造。天球儀通高八十二公分，球體和支架都用純金打造而成。球體上鑲嵌著三千多顆代表星辰的珍珠，是一件華麗精巧、中西合璧的科學儀器。

貿易請求引發不快

然而，一切並非如乾隆想像的那樣，馬戛爾尼訪華的主要目的不是「朝貢」，而是爭取擴大通商貿易。

乾隆年間，英國的工業革命已經開始，資本主義經濟快速發展，貿易需求大大增加。在中國的對外貿易中，英國的貿易數量佔到一半以上，是中國最大的貿易國。英國向中國輸送呢絨、棉紗、鐘錶、玻璃等商品，中國則向英國出口茶葉、土布、陶瓷、生絲、藥材等。由於中國是自給自足的經濟，英國商品在中國的銷售情況並不好。而中國出口的商品由於物美價廉，在歐洲各國廣受歡迎。因而，中英貿易一直處於不平衡狀態，

英使覲見乾隆

乾隆五十八年（一七九三年），英國以馬戛爾尼為首的龐大使團在熱河行宮覲見乾隆皇帝。英國馬戛爾尼使團畫師威廉・亞歷山大（乾隆三十二年至嘉慶二十一年，一七六七年至一八一六年）根據描述繪製了英使覲見皇帝場面。圖中英使馬戛爾尼和他的侍童小斯當東都是單膝下跪呈送國書和接受皇帝贈品，而不是行三跪九叩之禮。這是歷史上著名的禮儀之爭。

大量白銀從英國流入中國。馬戛爾尼訪華就是在這樣的背景之下展開。

英國政府派遣馬戛爾尼訪華，意在向中國推銷更多的商品，請求乾隆開放更多的通商口岸，給予更多的貿易優惠政策。於是，在覲見乾隆後，馬戛爾尼就正式向乾隆提出希望長期留在北京，協商英國政府對中國提出的各項要求。

馬戛爾尼提出的要求包括：英國派使臣常駐北京；開放寧波、舟山、天津、廣東等地供英國進行自由貿易；允許英國在北京設立商館負責收發貨物；將舟山附近的一個海島給英國商人存放貨物及居住；減免英國商人在廣州、澳門之間透過內河運貨的稅額；選擇廣州附近的一塊土地供英國商人居住，並允許其自由出入廣東；規定廣東及其他貿易港口統一公布稅率，禁止收取雜費；允許英國傳教士在中國自由傳教等。這些要求有些是合理的貿易請求，有些則帶有侵略性。

乾隆聽到馬戛爾尼的要求後大怒，認爲這些要求荒謬之極，不可理喻。他堅信中國除了需要英國來的鐘錶等稀奇玩物，根本不需要與英國擴大貿易，至於派使臣等要求更是毫無必要。乾隆立即責令馬戛爾尼一行人盡快離開北京，並發了一封「敕書」命其帶給英國女王，其內容大概是「爾等小國前來朝拜，我朝深予嘉獎」云云。

馬戛爾尼出使就這樣以失敗告終。禮節上的矛盾與貿易談判上的崩裂，讓中英雙方都十分不快。

馬戛爾尼眼中的中國

馬戛爾尼離開中國以後，將他的

乾隆年間的外交

乾隆年間，清廷除了與英國的外交來往之外，還與俄國、日本、朝鮮、緬甸等周邊國家保持聯繫。乾隆對外交往的態度是一致的，那就是將中國擺在「天朝」的位置，其餘國家都是地位低一級的小國。

在對俄國的外交上，主要是對俄國不斷侵略的抵抗與交涉。早在雍正年間，清廷就與俄國締結《布連斯奇條約》與《恰克圖條約》。乾隆堅守條約的規定，數次驅逐俄國對東北地區的騷擾，並建立了與俄國邊境的和平通商關係。

日本在乾隆年間與中國的商業、文化交流都比較頻繁。朝鮮與中國的關係友好密切，定期派使臣來北京納貢。緬甸在乾隆年間一度與中國開戰，起因是緬甸進犯中國邊境。戰後，中緬議和，重建和平友好關係。此外，中國與東南亞一些國家也有密切的商業往來。

印象、感受記錄下來。雖然其中不乏由於情緒、偏見而導致的片面之詞，但也眞實地反映了乾隆晚年中國腐敗落後的狀況。

馬戛爾尼認爲，中國不過就是一個腐朽的朝廷、衰落的國家。

馬戛爾尼爲乾隆展示天文望遠鏡，被乾隆嗤笑爲「兒童玩具」。對於英國使團中那些一流的天文學家，乾隆只給他們每人賞賜四兩銀子。馬戛爾尼要給乾隆示範大砲發射，乾隆傲慢地說：「天朝不需要，我們的砲手多的是，自己會發射。」英國使團原本準備好的熱氣球上天的表演也被取消，原因是這樣對天庭不敬。一位陪同馬戛爾尼的中國官員看到馬戛爾尼從口袋裡掏出火柴點火，驚恐地問：「火怎麼可以藏在衣服裡？」馬戛爾尼笑著說：「這原本是你們中國人發明的。」

馬戛爾尼還在中國官員的陪同下參觀了瑰麗的圓明園。圓明園內到處懸掛著精美的西洋玩具、掛鐘、地球儀等，頓時使英國使團帶來的禮品黯然失色。中國官員以爲英國人從未見過這些稀罕物品，便得意地問：「你們英國也有這些東西嗎？」結果馬戛爾尼回答道：「這些就是從我們英國運來的。」

馬戛爾尼還看到了中國的武器和軍隊。在他眼中，中國士兵都缺乏戰鬥力，穿著寬衣大袖的裝束，根本無法打仗。中國的武器也很落後，用的都是英國早已淘汰的刀槍弓箭。中國的造船工藝和航海技術與西方差距很大，但是中國人頑固地沿用祖先的笨拙方法。

總之，在馬戛爾尼看來，中國人都是愚昧無知、自大懶惰。馬戛爾尼對乾隆晚年衰敗狀況的敘述，成爲後來英國武力侵略中國的一個誘因。

減租蠲賦與普免天下錢糧

乾隆承襲康、雍兩朝的政策，重視發展農業，曾多次減免各省賦稅。乾隆減租蠲賦、普免錢糧的諭令幾乎年年都有，其次數之多、數量之大實屬古之罕見。此外，他還繼續推行「攤丁入畝」政策，獎勵墾荒，大興屯田，促進了農業經濟的發展。乾隆年間，經濟、人口成長達到前所未有的繁榮。

蠲減賦稅與普免錢糧

乾隆即位之初，便昭告天下：「雍正十二年（一七九四年）以前，各省百姓虧欠的錢糧一律豁免。」這表明了乾隆減租蠲賦、鼓勵農桑的態度。此後，乾隆幾乎年年都頒布減免賦稅、錢糧的諭令，其次數之多、數量之大遠遠超過了在此之前的康、雍兩朝，甚至在歷朝也相當少見。

乾隆元年（一七三六年），乾隆聽說黃河沿岸的很多土地或被淹沒，或乾涸異常，便下令將沿河的宿遷、桃源、睢寧等縣應徵的六千五百餘兩錢糧全部豁免，同時這些地方在雍正十三年（一七三五年）未交完的錢糧也不予追究。次年，乾隆又聞知鹽城、阜寧兩縣有三千餘頃田地旱澇不定，百姓交納賦稅十分艱難，便下令將應納的四千四百餘兩錢糧全部豁免。乾隆七年（一七四二年），乾隆又下令蠲免江蘇、安徽、福建、甘肅等省應納錢糧近十八萬兩，各項米糧近十萬石。

乾隆南巡期間，曾經大幅蠲免江南各省賦稅。前三次南巡，乾隆將江南各省積欠的地、丁銀等錢糧蠲減至二百餘萬兩。第四次南巡，乾隆又減免江蘇、安徽兩省積欠的錢糧一百四十餘萬兩，米麥豆穀等雜糧十一萬石。晚年時，乾隆在六旬、七旬、八旬壽誕時，又多次減免各省的賦稅。

同時，乾隆繼續推行「攤丁入畝」的政策，他還下令對百姓經營的魚蝦、蔬果、薪炭等副產品減免賦稅，革除各省因修建堤壩、河閘等工程而向百姓攤派的雜費，嚴禁偏遠鄉村地區官吏對百姓的勒索等。這些措施減輕了百姓的負擔，使百姓更積極投入農耕生產。

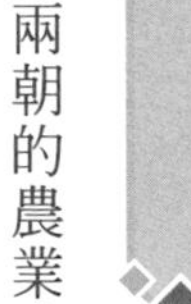

獎墾荒 興屯田

乾隆沿襲康、雍兩朝的農業政策，繼續實行獎勵墾荒、大興屯田的措施，使耕地面積大幅增加，農業產量顯著提升。

乾隆年間，四川、雲貴、湖廣、東北等地區雖經長期開發，但仍處於地廣人稀的狀況。乾隆繼續獎勵當地百姓開拓荒地，對成效卓著的人給予獎賞，同時還鼓勵富人到這些相對偏遠的地區雇工墾荒。在西北、西南等少數民族聚居區，採取的墾荒獎勵條件更為優惠。經過幾十年的努力，數以百萬計的漢族百姓遷居至西南等地區墾荒。乾隆還在新疆、青海、西藏等地大力推行屯田，以兵屯與民屯兩種形式進行，規模很大。屯田不僅保證了邊疆地區的軍隊糧餉供給，也增加了這些地區的農產與人口。

由於墾荒與屯田「雙管齊下」，乾隆年間的耕地面積迅速擴大。順治八年（一六五一年），清廷公布的耕地面積僅二百餘萬頃；而乾隆三十一年（一七六六年），正式記載的耕地面積達到七百四十一萬餘頃。如果考慮到各地瞞報和統計不完全等因素，實際的耕地面積應該還要大得多。

農業經濟的空前發展

在多項措施的推動下，乾隆年間的農業經濟得到蓬勃發展。

從農作物生產方面來看，江浙、湖廣、四川等地的一畝產量達到五石至七石，大量糧食源源不斷地從南方運至北方。儘管乾隆年間戰爭軍需、災年賑濟、救助少數民族等用去了大量存糧，但國家的糧食儲備始終保持充盈的狀態。此外，經濟作物的種類大大增加，種植面積擴大，商品化程度提高。

從國庫存銀來看，康熙年間的國庫存銀通常保持在三千萬兩至五千萬兩，而乾隆中期的國庫存銀達到了七千五百萬兩。這還不包括各種戰事、工程、巡行等耗去的費用。如果算上這些，乾隆年間的庫銀要遠遠高出前兩朝。

從人口數量來看，康熙、雍正年間的全國人口總量都在一億多，而乾隆中期，人口總數猛增至二億多，至乾隆五十五年（一七九〇年），人口數量已突破三億。

乾隆年間的經濟發展、人口成長都達到了前所未有的程度，社會呈現出一派繁榮的景象，經濟十分鼎盛。

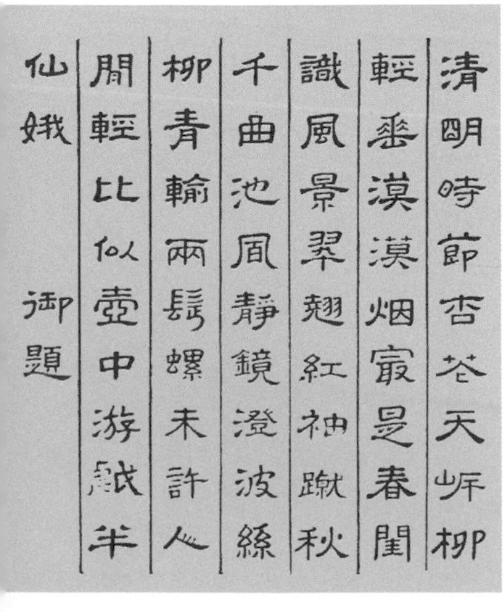

乾隆手跡《清明》

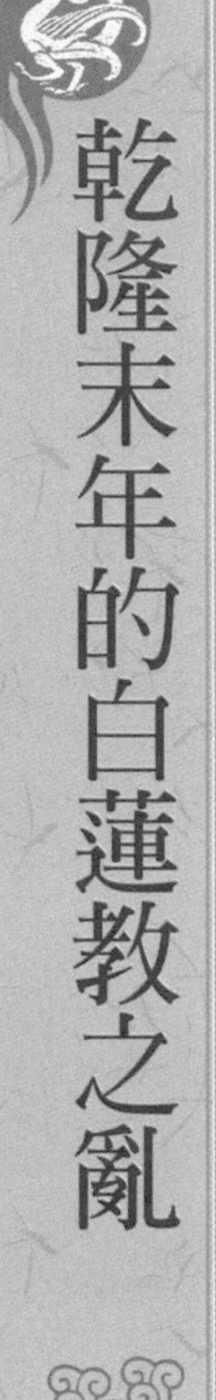

乾隆末年的白蓮教之亂

乾隆晚年執政的種種過失，終於釀成了一場政治危機——白蓮教之亂。這場戰亂波及五個省，歷時九年多，耗去清廷軍費二億兩，相當於全國四年的財政收入。同時，戰爭也使人口銳減。儘管白蓮教之亂最終被平息，但清廷付出了昂貴的代價，清朝也從此由盛轉衰。

白蓮教的興起

白蓮教是清朝初期、中期在民間較爲盛行的一個祕密組織。據記載，它由南宋時創立的佛教分支「白蓮宗」發展而來。創立之初，白蓮教的影響並不大。到了元朝，教內一派勢力開始反抗蒙古族統治，後來還參與紅巾軍的起事。清朝初期，白蓮教繼續反抗異族統治，以「日月復來」爲宗旨，頻繁地開展反清復明活動，遭到順治、康熙、雍正和乾隆的鎮壓。

乾隆後期，乾隆過於驕奢，治政懈怠，中央、地方官員貪污腐敗，吏治墮壞，對百姓的盤剝欺壓加重。土地兼併愈演愈烈，人口成長卻愈來愈快，造成中原各地大批農民無地無糧，只能背井離鄉自謀生路。

乾隆晚年，自然災害頻發，乾隆五十三年（一七八八年）、五十九年（一七九四年），長江中下游地區連遭大洪水，使農業生產遭到嚴重破壞，饑荒遍野，民不聊生，因而有白蓮教的起兵抗清。

當時，四川、湖北、陝西等省交界的南山老林地區，聚集了數以百萬計的貧民、流民。白蓮教將教中所獲的資產錢財，全部均分給這些貧民，提出「有患相救，有難相死，不持一錢可周行天下」的口號，並宣揚「大劫在遇，天地皆黑，日月無光」和「世界必一大變」等思想。白蓮教的救助行爲與理念得到響應，使白蓮教在四川、湖北、陝西、河南一帶迅速發展，教眾達到幾百萬之多。

乾隆四十年（一七七五年），白蓮教某支派首領劉松率先在河南起兵，結果失敗，其弟子劉之協、宋之清等人轉戰四川、湖北、陝西等地，繼續傳教。乾隆五十八年（一七九三年），劉之協不慎被捕，後又逃脫。

清廷由此廣發通緝令，藉機對白蓮教教徒實行嚴密搜索和殘酷迫害。不少白蓮教首領慘遭殺害，教徒中的富戶被奪財抄家，貧戶則被陷害至死。僅荊州、宜昌等地，株連受害的教徒就達數千人。更有甚者，大批地方官員趁機敲詐勒索，中飽私囊，「不論習教不習教，但論給錢不給錢」，只要不滿足其索賄，就羅織「邪教」的罪名來處置，一時間民怨四起。

忍無可忍之下，白蓮教諸首領緊急決定興兵起事。他們以「官逼民反」爲由，得到了很多百姓的支持和參與，聲勢大振。

川、楚、陝民變

乾隆六十年（一七九五年），白蓮教各地首領祕密集會，決定於次年三月十日同時舉兵。不料消息洩露，被清廷獲悉，白蓮教只好提前行動。

嘉慶元年（一七九六年）正月，湖北荊州的聶傑人、張正謨，襄陽的王聰兒、姚之富率領兩支部隊率先舉兵。緊接著，四川達州的徐天德、王三槐起兵響應。很快便增至十幾支部隊，無論男女，都以白布纏頭作爲標記。白蓮教深得百姓擁護，所到之處，百姓提供房舍給他們居住，提供他們衣服、糧食、火藥、騾馬、草料等。白蓮教起事迅速蔓延至河南、陝西、甘肅一帶，攻陷了數十個州縣，控制了大片農村地區。中部五省告急，舉朝爲之震驚。

乾隆與嘉慶急忙派人鎮壓，先後徵調陝西、廣西、山東、湖北、四

清軍鎮壓白蓮教起事佈防圖

「春華秋實」御墨

川、直隸、山西、湖南等省的三、四萬重兵與之作戰。然而叛軍按不同地區和編制，分爲白、黃、藍、青、綠五大兵團，分別以這五種顏色爲編號，並設元帥、總兵等職務。各地軍隊分區防守，修營築寨，連續擊退清兵，斬殺其幾名大將，有幾次還將數千清兵全部殲滅。然而，白蓮教的兵力與清兵相比畢竟太弱，武器也遠遠落後，因此，在經過幾個月的激戰以後，白蓮教的戰略由「陣地戰」改爲「游擊戰」。

白蓮教的「游擊戰」果然奏效，在各支軍隊中，以王聰兒、姚之富率領的「襄陽黃號」軍隊運用最爲自如。王聰兒是已故白蓮教首領齊林的妻子，能征善戰，英姿颯爽，被推舉爲總統領。她率領軍隊「忽分忽合，忽南忽北」，數百人爲一小隊，伺機偷襲、伏擊，打擊清兵力量，迫使清廷數次更換主帥，嘉慶忌憚地稱她爲「賊中首逆」。四川的羅其清、王三槐、徐天德等部亦是作戰英勇，連挫清兵。

三年過去了，清廷仍未能平定白蓮教之亂。

嘉慶初年的強力鎮壓

乾隆駕崩後，嘉慶得以親政，記取了平叛三年的教訓，決心平定這場戰亂。

他首先針對白蓮教「官逼民反」的口號，處置了百姓痛恨的大貪官和珅，抄其家，賜其自盡，以此稍稍平息民怨。然後，嘉慶撤換了一批出征不利的將領，改任勒保爲經略大臣，統籌五省軍務。他大力推行鄉勇、團練、保甲制度，增強清兵的戰鬥力，又採取「堅壁清野」的做法，築堡團守，將村落百姓強行移居到堡中，使白蓮教軍隊失去食物、住宿的接濟。同時，嘉慶還宣稱對悔罪投誠的白蓮教士兵既往不咎。這一連串措施果然發揮功效。

而另一方面，白蓮教長時間內沒有建立政權，缺乏統一的領導，也沒有攻取城市，或提出更高遠的目標，造成軍隊各自為戰，力量分散，容易被清兵逐個擊破。在白帝城、馬蹄岡等大戰中，白蓮教均告失敗。王聰兒、羅其清、冉天元等主要首領接連死去，蒙受重大損失。自嘉慶五年（一八〇〇年）起，白蓮教開始在戰局上處於不利的地位。

此起彼伏的各地民變

乾隆末年至嘉慶初年，除了白蓮教之亂以外，各地民變此起彼伏，使清廷應接不暇。乾隆五十九年（一七九四年），東南沿海的漁民不堪重負，在蔡牽的領導下公然反清。隊伍一度達到二萬人、戰船近百艘、大砲十幾門，蔡幸被擁戴為鎮海王。直至嘉慶十五年（一八一〇年）才被平息。

嘉慶七年（一八〇二年），廣東爆發天地會之亂，參與者上萬人。嘉慶十八年（一八一三年），白蓮教的支派天理教舉兵抗清，率數百人潛入京城，一舉攻入紫禁城，衝進宮中。當時，嘉慶正在熱河行獵，逃過一劫。不久，清廷便平定了此亂，嘉慶不禁哀歎：「從來未有事，竟出大清朝！」

不過，清兵仍無法在短期內取勝，雙方持續僵持中。在長期的對峙中，雙方都損失慘重，而白蓮教則略處劣勢。「堅壁清野」實行了兩、三年，白蓮教逐漸陷入了缺乏糧食、無處安身的困境，無力組織大規模的流動戰，只能隱蔽在深山老林中。至嘉慶八年（一八〇三年），白蓮教已經元氣大傷，只餘下幾支殘餘部隊仍然堅持抗清。

起兵失敗與清朝轉衰

在困苦的環境下，其餘的白蓮教殘餘勢力又艱守了一年。嘉慶九年（一八〇四年），餘部的首領苟朝九、王世貴被捕，最後一名首領苟文潤則被叛徒所殺。至此，白蓮教之亂被平定。

這場戰亂歷時九年，波及四川、湖北、河南、陝西、甘肅五個省，轉戰大半個中國，攻佔二百零四個州、縣，抗擊清廷從十六個省調來的大批兵力，擊斃一品、二品的將領和官員二十餘名。

為了對抗這場戰爭，清廷付出慘重代價：耗去軍費二億兩，相當於全國四年的財政收入，國庫為之一空；犧牲大將數十名，士兵無數。而且，白蓮教之亂後，各地民變也隨之風起雲湧。

總之，經此一役，康乾盛世百餘年累積的政局、經濟、人口等優勢毀於一旦，清朝從此由盛轉衰。

奢靡腐敗之風盛行

乾隆後期，由於乾隆的好大喜功、用度奢侈，宮中、朝中的奢靡腐敗之風盛行。六次南巡耗資無數，宴會慶典揮霍無度，園林工程花費巨大，官場吏治貪污腐化。康乾盛世的國庫存銀瀕臨空虛。正所謂「由奢入儉難」，清初克勤克儉的風氣不再，政通人和的局面也一去不復返。

耗資無數的南巡

乾隆一生六次南巡，歷來被認爲是無比奢華之旅。每次南巡，隨行官員侍衛動輒兩、三千人，船隻千餘艘。途中所經各處，三十里以內的文武百官均要盛裝接駕，鄉紳監生、老少婦孺則遠遠地夾道跪拜。由於隨行人員眾多，每到一處，都要佔用四、五百座民房居住；隨駕人員都有賞賜，從侍衛兵丁到王公大臣，每人賞銀一、二兩到五、六百兩不等；前來接駕的七十歲以上的滿漢官兵、百姓，也都有賞賜。這些開支之大，已經到了無法估量的地步。

乾隆南巡所至各地，大小官員爭相送禮，進獻物品的種類、數量、價值不可勝計。在揚州、蘇州、杭州等繁華的城市，沿途都用彩綢、花布裝飾成綵棚、景點，河中有龍舟、燈舫，陸地上設立香案。

粉彩鏤空轉心瓶

轉心瓶為乾隆時的創新品種。該瓶高四十・二公分，口徑十九・二公分，工藝精巧，色彩艷麗。

乾隆遊遍江南風景名勝。有一次，乾隆在揚州遊覽大虹園的美麗風光，由衷地感歎說，「這裡景色甚美，頗似南海的『瓊島春蔭』，只是少了一尊喇嘛塔。」隨行的揚州商人聽到後，立刻比照喇嘛塔的圖樣，請能工巧匠連夜打造出一尊白石喇嘛塔，獻給乾隆。乾隆欣喜異常。

六次南巡耗掉了巨額的國庫存銀，可這還遠遠不夠滿足乾隆的用度。江南各省大肆搜刮民脂民膏，地

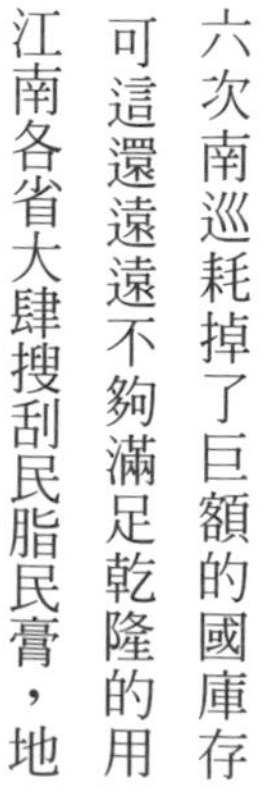

方官員更是借南巡名義私斂錢財，中飽私囊，使官場貪污腐敗現象蔓延。與之相對的是，康熙南巡時力行節儉，非用兵和賑災不敢妄用錢財，所有行宮車船不施彩繪，每到一處花費的銀兩不過一、兩萬。相比之下乾隆南巡可謂奢靡已極。

揮霍無度的慶典

乾隆喜歡熱鬧，好大喜功，因而對吉慶飲宴等盛大活動非常喜愛。乾隆年間的宴會慶典，次數與規模都超過了前後各代，甚爲鋪張浪費。

乾隆舉辦慶典的理由非常多：比如自己和皇族成員的生日，每到逢五、逢十都要擴大舉辦；戰爭勝利，工程順利完工，都要舉行慶功宴；各族首領的朝拜，外國使臣的覲見，如阿睦爾撒納覲見、班禪六世覲見、土爾扈特部回歸等，都舉辦了盛大的宴會款待；乾隆還經常召集忠心有功的文武官員或滿、蒙各族的親王貴族，設宴招待，以此作爲慰勞、籠絡的手段。除此之外，軍隊出征要宴請將士，科舉放榜要宴請主考官及貢士，編修《聖訓》、《實錄》要宴請總裁及以下各官……。宴會的名目之多，不一而足。

在這些宴會中，最爲盛大的宴會當屬乾隆晚年的兩次「千叟宴」。乾隆四十九年（一七八四年），前無古人的鉅著《四庫全書》編纂完成，乾隆又添五世元孫，陶醉自喜，於是決定在次年（一七八五年）正月舉辦一場比康熙年間更爲盛大的「千叟宴」。乾隆廣邀年過六十歲的各行老人三千餘人，在殿堂擺宴五十席，殿前台階及空地擺二百四十四席，甬道擺一百二十四席，再往外又擺三百八十二席，共計八百席之多。乾隆賞賜赴宴老人如意、朝珠、詩刻、貂皮、文物、古玩等寶物不計其數，花費巨大。乾隆六十年（一七九五年），乾隆得奏報稱各地「風調雨順、喜慶豐收」，又兼自己將歸政於嘉慶，故於次年再次舉行「千叟宴」。這次宴會的排場更大，有五千餘名老臣入席，寧壽宮、皇極殿中人頭攢動、觥籌交錯，被傳爲盛極一時的慶典。

蘇州木瀆古鎮虹飲山房

虹飲山房在蘇州山塘街，是清乾隆年間木瀆文人徐士元的私家花園。乾隆南巡遊木瀆，曾在此棄舟登岸，遊園看戲。

國家圖書館出版品預行編目 (CIP) 資料

康乾盛世 / 童超主編 . -- 第一版 . -- 新北市 :
風格司藝術創作坊出版 : 知書房出版發行 ,
2021.03
面 ; 公分 . -- (圖說天下) (中國大歷史)
ISBN 978-986-5493-08-0(平裝)

1. 清史

627.2 110003303

康乾盛世

主　　編：童　超
責任編輯：苗　龍
發　　行：知書房出版
出　　版：風格司藝術創作坊
地　　址：235 新北市中和區連勝街 28 號 1 樓
Tel：（02）8245-8890
總 經 銷：紅螞蟻圖書有限公司
Tel:（02）2795-3656　Fax:（02）2795-4100
地　　址：台北市內湖區舊宗路二段 121 巷 19 號
http://www.e-redant.com
版　　次：2021 年 7 月初版　第一版第一刷
訂　　價：320 元

ISBN　978-986-5493-08-0　　Printed in Taiwan